依附關係的修復

喚醒嚴重創傷兒童的愛

第二版

Daniel A. Hughes——著

鄭玉英——校閱

黃素娟——譯

BUILDING
THE BONDS OF
ATTACHMENT
Awakening Love in Deeply Traumatized Children

THIRD EDITION

DANIEL A . HUGHES

Published by agreement with the Rowman & Littlefield Publishing Group through the Chinese Connection Agency, a division of The Yao Enterprises, LLC.

Second edition 2004. First edition 1998.

CONTENTS 目次

作者簡介

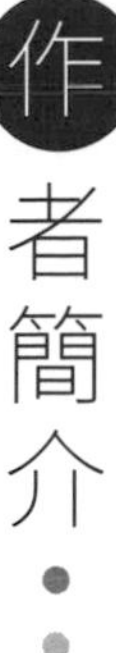

Daniel A. Hughes 博士

臨床心理學家，專門從事受虐和被疏忽兒童、依附關係、寄養照顧，及領養兒童的問題。他在美國和世界各地培訓治療師使用「依附關係重建治療」（dyadic developmental psychotherapy，簡稱 DDP）治療模式。

校閱者簡介

鄭玉英

學歷：國立臺灣師範大學心理輔導博士

經歷：曾創辦返璞歸真心理工作室，目前為懷仁全人發展中心諮商心理師

專長：婚姻輔導、家庭重塑、眼動治療

著譯作：著有《走過痛苦》；譯有《家庭會傷人》、《伴侶療傷》等

譯者簡介

黃素娟

學歷：美國北德大學教育碩士

現任：懷仁全人發展中心兒童及親職訓練及督導
兒童機構兼任督導及訓練
荷光性諮商中心親職訓練及督導

專長：親子輔導、兒童遊戲治療、父母及成人依附關係治療、親子依附關係治療模式專業訓練及督導、親職專業訓練及督導、父母親及主要照顧者親職工作坊

作者序

在本文開始之前，我想感謝遍布在緬因州及其他州的眾多寄養父母和領養父母。在我努力去了解和協助他們與他們的孩子時，他們曾經給我挑戰、教導和支持。我從他們那裡學到很多，也常常受到他們的啟發。

我還要感謝很多人，包括治療師、個案工作者和不同領域的專業人員，感謝他們的合作及創意讓本書得以問世。他們奉獻自己，找尋方法協助無法依附的孩子，全然地融入他們所在的家庭及社區中。我想向英國 Dyadic Developmental Psychotherapy 治療協會的兩位心理學家和成員 Deborah Page 及 Kim Golding 致謝，他們閱讀我的第三版手稿（按：此中文版為原文書第三版），並提出了寶貴的建議。我也很感激那些對之前和現在版本修訂提供寶貴意見的人，包括 Peru State College 的 Mark Beischel；Michigan State University 的 Victoria A. Fitton；Saint Louis University 的 Katie Heiden-Rootes；和 University of La Verne 的 Barbara Nicoll。直到現在，我們對孩子所呈現的潛藏性問題，以及如何提供他們所需的介入，尚無足夠的專業了解。跟這些孩子工作的專業人員，必須以謙卑的心、奉獻、關懷和創造力，來面對他們的責任，才能有不一樣的結果。我知道有很多人正為此努力。在工作上，我們需要彼此支持，並了解有許多人都在找尋各種有效的助人方法。

我對依附關係的了解，無疑是來自我的原生家庭。我的父母 Marie 和 William，以及我那些可愛和有趣的兄弟姊妹們，Jim、Mary Pat、Kathleen、Bill、John 和 Mike，至今他們還深深影響著我對自己和他人的感覺。最後，我的孩子 Megan、Kristin 和 Madeline，還有我的孫女 Alice Rose，為我的生活帶來了深刻的意義，成為我安慰和喜悅的泉源直到終老。

校閱者序──導讀

這是一本很有層次的書。有好幾個角度的討論同時穿插在一個長篇故事和各章的評論當中。如果分出層次來閱讀，我們是可以學習和反思下面這些議題。

一、在依附關係上受到重創的孩子可以有多麼深遠的影響。二、這種困難孩子的主要照顧者要怎麼做，才能一步一步帶來成長。三、本書介紹一種非常特別的治療方式 DDP（dyadic developmental psychotherapy）。四、助人工作者的團隊互動。督導、社工、資深 DDP 心理師、第一線照顧者之間可能出現的衝突、協調及合作。

依附關係創傷是在年紀幼小正要發展依附關係的時候，受到應該照顧他的人嚴重傷害或疏忽，以致在日後發展成為一個極難相處、極難照顧、幾乎無法教育訓練的孩子。作者在本書提出「封鎖信任」（blocked trust）和「封鎖照顧」（blocked care）兩個名詞，說明受創孩子接受照顧的能力似乎損壞了，無法信任他人，只能依靠自己掌控一切，且破壞性十足；而這情況也常引發照顧者的脆弱，使其愛心受挫，照顧的能力卡住。

我想起多年前曾聽一位優秀的年輕社工說：「在少年安置機構工作一年，我對人性徹底失望，過去的熱忱磨損。」當年我自己資歷尚淺，直覺震撼並不理解。這些年來，學校和社福機構內專業人員的「不當管教」時有所聞；這些現象在了解了封鎖信任和封鎖照顧的概念之後，或許能夠說明某些案例。新近在家防中心多次參與「兒保變成保」的個案研討，就是兒時受虐開案的孩子在青少年期再度進案，卻已經成為對家中成人施暴的相對人。這些現象都說明了依附關係嚴重受創傷的孩子，在日後成長的過

程中對於照顧他們的成年人之間有怎麼樣困難的互動。在惡性循環中孩子和成人都越發陷入絕望。倘若未能及時輔導，成年以後，縱然因年紀而能力增長，但是所面臨的人際困難仍然可以預見。

若要輔導這些掙扎中的孩子，一般有效的方法對他們可能沒有效果，甚至引發照顧者的內在挫折和創傷記憶。作者藉著本書中的賈姬示範了實際生活在一起的照顧者可以怎麼做。最主要是要對這些孩子的「不尋常」有心理準備。既要面對「不尋常」的孩子，就要有「不尋常」的策略，諸如結構化的生活監督、有意識的情緒同步、無條件的媽媽時間等等，對於所有有困難照顧兒的母親都有啟示，包括有兒時依附創傷經驗的孩子和有大腦發展生理因素的過動、妥瑞症、亞斯伯格孩子，也都極有參考價值。

賈姬的語言技巧和一些溫柔又有原則的做法讓書中這位過去沒有安全經驗的孩子凱蒂開始建立安全感。這裡已看出主要照顧者的重要性。照顧者跟治療師有不一樣的功能，治療師最多一週一兩小時的相遇，可以進行創傷記憶處理，但主要照顧者日日相處才能建立健康依附關係。關係的創傷必須經由關係來醫治。

DDP 是一種複雜的治療方式，需要兼顧多重工作。治療師要有跟孩子建立關係和進行遊戲治療的能力；有可能需要對照顧者進行教育、諮詢、治療；還要培訓照顧者可以在 DDP 過程中正確反應。DDP 工作的主要場域是跟照顧者、孩子一同工作。像是親子會談，更像是在照顧者面前進行孩子的創傷醫治，卻需要照顧者在孩子脆弱時刻接住孩子，予以撫慰與同理；以便一方面給孩子治療，一方面幫助建立孩子與照顧者之間的安全依附關係。那是非常精緻而美麗的工作方式，因而 DDP 治療師的養成過程自然非常不容易且極有價值。

一個依附關係受創傷的孩子很少是由親生父母帶來接受幫助，多為社工轉介。主要照顧者可能是父母，更多是寄養親戚、寄養父母，或安置機構生輔員、社工。照顧者需要是一位知道如何跟孩子生活在一起、有比較持久關係的人，背後往往還有一個團隊，包括治療師、社工、督導、寄養社工等。正因這些孩子的評估和處遇都複雜，也正因為 DDP 的精神非比一般，再加上工作人員的資歷深淺、理論取向可能不同，要在團隊中建立共識需要一個過程。而這過程對每一位專業成員都是一個學習、培訓，甚至是省思人性和價值澄清的機會。或許這是這些受苦孩子對專業人員的貢獻吧！

至於各種困難兒的父母、祖父母、老師之間何嘗沒有建立共識的困難？為何這孩子如此搗蛋？為何這孩子如此敏感？是先天氣質、是大腦發展的生理因素所致？是父母縱容教壞了，還是父母婚姻狀況帶來焦慮？是學校霸凌？是依附創傷？不同看法會在親師之間、父母之間有辯論、有衝突、有對話的挑戰。要認識和決定處遇方針，連專業人員也要斟酌再三，何況是父母之間、親師之間。

DDP 的理論取向是依附關係而非社會行為。Daniel Hughes 不相信光用獎勵、懲罰對創傷的孩子有用，理由在書中說得非常清楚。他的論證對於在企圖確定教養方針，以及因教養理念不同而爭執的父母親之間也有參考價值，雖然你的孩子並非嚴重依附創傷，在建立共識的雙向討論交談過程中，我認為本書仍然極有參考價值。親職教育書籍很多，多為原則和例子，本書是一個完整案例的長篇故事，理念和生活描述格外細膩，其中的教養理念和用語在交談中有助於父母家人之間澄清和描述。

我們都想問，這種孩子有救嗎？他們的生命有艱辛的起點，成長的過程必定不會輕鬆容易，然而在有幸得到穩定關係中的合宜照顧之後，小步小步的進步絕對會帶來建設性滋長。誠如賈姬所說：「別人看不出，但是我注意到凱蒂第一次可以很自然的笑出來，而且可以享受跟我們聊天。」

進步或許是用這麼小的步子前行，盼望困難孩子能有這樣的眼光相隨，也唯有這種眼光能讓照顧者走出封閉照顧。

於是，賈姬說：「在某些時間裡，凱蒂不再有以前的強迫性及操控特質，也不會用她那典型喋喋不休的獨白方式來說話。凱蒂在這些時候，就像是一個『普通』小孩。隨著時間的過去，這樣操控的時間越來越少，也越來越短。」賈姬沒有告訴凱蒂，只默默觀察……。有時凱蒂似乎開始有內在的安全感及滿足感。這樣的時刻，是否可以成為她生命中重要的部分？

困難孩子的成長將如細胞分裂，葉兒發芽。在幾乎不可見的微細變化中長出枝椏，甚至開出美麗的花。

鄭玉英

譯者序

在翻譯本書時，發現了這書和過去版本當中最不同的是有更多新的理論根據出現，可以讓我在運用此 DDP 模式以及親子工作上，多了很多的啟發及印證。在這版本，作者用了發展性創傷來說明依附創傷的概念。另外在親子關係建立方面，作者提出了「封鎖信任」（孩子的困難）和「封鎖照顧」（照顧者的困難）的概念，印證並說明了我多年來親子工作及家長工作中，孩子與照顧者間的互動，在彼此內在及大腦上的狀態和困難。每一個父母都努力想當好父母，但父母是人不是神，在環境壓力下、孩子的困難中浮浮沉沉，如果又得不到支持及理解，自身難保下，要去愛孩子，真是談何容易！

要如何協助關係的修復是我一直以來所極力推廣的，一個孩子的成長在於地基的穩固，真的是有賴與照顧者建立安全信任關係，那是影響個人跟親密關係及自我價值的地基，並且代代相傳。就像書中主角凱蒂與她的親生父母，他們本身也在自己父母身上烙印了傷痛，將其傳遞給下一代。

在這多年與父母孩子工作的歷程中，深深體驗到有不少類似凱蒂遭遇的孩子，他們內在有著一個凱蒂，在關係中留下潛藏的羞愧感，而此不恰當的生存法則（做不好是我不好），當他們成為父母後，在與自己孩子互動中呈現出來，並傳遞下去。這種一代傳一代的傷害主要是在當初事件發生中沒有得到任何可信任及安全的大人給予整理及協助，讓其可以反思、理解，重新看待事件的發生與個人價值感之間的關係，能夠理解事件本身和自己的價值、存在是分開的。

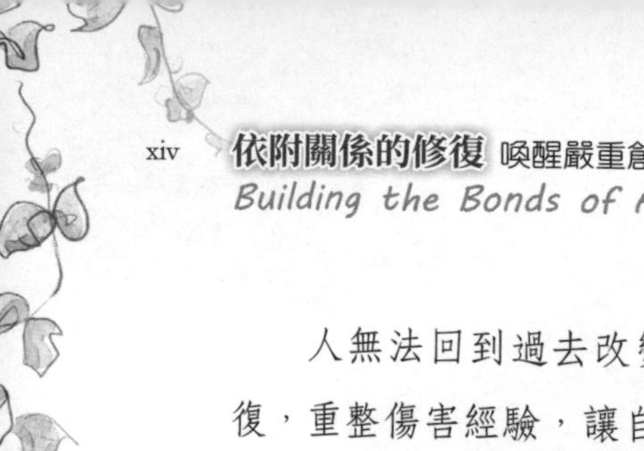

人無法回到過去改變傷害事件，但幸運的是我們可以透過關係的修復，重整傷害經驗，讓自己中斷傷害的傳遞，並且了解關係中傷害在所難免，重要的是懂得與他人修復關係。

黃素娟

緒論

本書遵循之前的版本，試圖使凱蒂的故事更加反映 DDP（dyadic developmental psychotherapy）的持續發展。這一版描述目前此治療和照顧模式的理論與研究，以及相關原則和介入措施。主要的修訂反映了我們在創傷、依附和神經生理對類似凱蒂這樣的孩子的影響有了進一步的理解，並呈現許多治療師在過去二十年中不斷改進這種治療模式的經驗。

在這新版本中，我整合了對家庭內和人際間創傷的新體認，並發現其對孩子的發展所造成的影響，比起由簡單創傷所引起的更為嚴重。我也介紹了「封鎖照顧」（blocked care）的概念來描述對於像凱蒂般不能信任人的孩子，要提供他們照顧有多麼艱難。在前一版全書中，我已經介紹了 DDP 模式在治療和照顧方面許多的發展和介入措施。對於 PACE〔playful（遊玩）、accepting（接納）、curious（好奇）、empathic（同理）〕的態度會有更全面的呈現，它是基於依附理論而非社會學習理論的照顧介入。我對互為主體的深刻理解也影響了我在此一版本中對凱蒂與寄養媽媽賈姬，和治療師愛麗森之間互動的呈現。他們三人之間有一些符合 DDP 理論和實務的發展是在前一版本沒有提出的。

最後，作為身處於「最佳實踐指導方針」尚在開發領域的臨床醫師，我不斷反思所採用的介入措施。我跟也是使用 DDP 來治療像凱蒂問題的孩子的朋友和同事，以及採用各種其他方法的治療師做出討論。我的主要目標是要對來自學術界，以及那些參與了許多兒童和青少年的「現實生活」故事、經驗豐富的臨床醫師和家長們保持忠誠。

本書嘗試描述並讓讀者了解這困難的旅程，同時協助那些嚴重受虐及被疏忽的孩子，以及那些無法跟他們的寄養及領養父母建立安全依附關係的孩子。在本書中，我選擇一個編撰的個案研究，傳達類似的兒童及家庭的故事。每一個孩子都是獨特的，每個孩子都呈現一連串與他們生命相關的因素。某一個孩子所需的介入，也許對另一孩子就沒有用。我希望可以呈現的是在家中及治療中，處理沒有依附安全感／受創傷孩子的一般原則。同時，我也希望父母和治療師們都能夠馬上認出及認同這故事。我相信敘事的形式是用來傳達情感語調及進行有效介入時最佳的溝通工具。我希望讀者從這編撰的個案研究中找到介入時的基本原則，使他們在與類似兒童及其家人一起生活或工作上有所幫助。

凱蒂，一個不信任她後續照顧者的創傷小孩，是本書所杜撰的主角。她的社工史提芬、她最主要的寄養父母賈姬，和她的治療師愛麗森，還有其他一些次要的角色，也是書中編撰的人物。然而本書所描述的事件、經驗、關係、想法、感覺和行為，有很多已曾經發生過，而且是真實地上演，也將不斷在緬因州、在國內，甚至在全世界出現。它們會發生在任何不知道如何與他們的新父母、其他照顧者、治療師和老師建立安全依附關係的受創兒童身上。身為一個臨床心理師，我目睹過無數的類似事件發生。凱蒂和賈姬正好說出這些活生生的故事，因為他們的故事必須被聽到、被了解和被重視。這些孩子需要我們的注意、我們的輔導、我們的愛和我們的協助。他們需要安全地入住在我們社會當中。

凱蒂的故事，代表了大部分無法跟照顧者建立安全依附關係的受創傷孩子所面對的艱苦旅程。和凱蒂的例子相比，有很多孩子的遭遇是更為坎坷的。很多孩子從兒童到青少年，不斷變換安置的地方，而進入成人期後，也沒有任何關係可以提供一種「家」的感覺。許多人更進入極度不滿足的關係裡，而出現欺騙、離婚、家庭暴力、藥物濫用的情形，最後更導致虐待以及疏忽他們自己下一代的子女。虐待的循環大都出現在那些不知道如何去形成有意義的依附關係的成人及兒童身上。

本書是記錄凱蒂・哈里遜從出生到八歲的故事。她前五年的生活不斷地受到情緒和身體的虐待。從她親生父母身上，她經驗到影響深遠的情緒忽略，她的父母漠視她，在他們心中根本沒有她的存在。五歲之後的三年時間裡，凱蒂在不同的寄養家庭中度過。她父母對她造成的傷害，一直活生生的存留在她的情感核心，強烈地阻礙了她可以欣然去和新的照顧者建立依附關係的能力。

凱蒂故事背後的理論

在健康的家庭中，嬰兒跟父母建立一個安全的依附關係，就像呼吸、進食、微笑及哭泣一樣自然。父母帶著理解跟嬰兒互動並持續地滿足其發展的需要，在這情況下，依附關係會很容易建立起來。父母很快地注意到嬰兒的生理和情緒狀態，並且會敏感而全然地做出回應，不只是符合嬰兒的獨特需求，也和他共同「舞蹈」。日復一日，千百次，他們以活力和共享意義的節奏與孩子共舞。

然而，在另外一些家庭中，嬰兒不但沒有舞蹈，也聽不到任何音樂節奏。在這些家庭中，嬰兒無法與人建立依附關係。不止如此，他們還要接受一種嚴格考驗，就是要與陌生人般的父母共住，跟陌生人共同生活的嬰兒，不能好好生活，也無法好好成長。

安全依附關係的基礎是個人的安全。對較小的孩子建立依附關係的主要目的，是要保障他們的安全。一旦安全得到保障，兒童的其他層面才得以展開。心智在安全狀態之下，會出現最好的工作狀態。沒有安全，心智會把所有功能，透過「戰鬥、逃跑或呆滯」等各種方式來減少威脅並創造安全。心智為了減少危機，在瞬間所做的決定，並沒有牽涉到前額葉和前扣帶皮質，後期形成的腦部功能，在那裡有較多語言／連結和調節的腦部功能。一旦安全得到保證之後——因為孩子已經學會相信他的照顧者所提供的照顧——嬰兒及幼兒就可以探索他們的世界，他的腦部是在一個統整的狀態。安全保障，是所有重要發展的基礎，從神經理論和研究的層次（Schore, 2001; Siegel, 2012; Porges, 2011），以及以依附理論為基礎的應用研究中（Cassidy & Shaver, 2016），它的重要性是無庸置疑的。

當然，孩子在身體、性、語言和情感上受到父母傷害時，這必會被視為是創傷。當孩子經歷父母習慣性的疏忽和（或）遺棄時，毫無疑問這也是創傷——一種缺席的創傷。在家庭關係中發生的創傷，被認為是精神疾病多重症狀的來源。家族內／人際創傷，現在被美國主要的兒童創傷中心歸為發展性創傷（developmental trauma, DT）。DT 描述了複雜的受損領域，往往是人際創傷所導致（Cook et al., 2005）。

一般認為有發展性創傷的孩子在下面七個功能領域中，面臨著風險：

1. 依附關係：孩子樂於找特定的成人獲取安全、安撫和相互愉悅的體驗。有著 DT 的孩子，他們的依附模式很可能會是紊亂，並使孩子處於高危險中，無法處理各種壓力。
2. 生物學：有能力識別和調節各種生理狀態。有著 DT 的孩子，難以識別和調節飢餓、睡眠、疼痛以及激起狀態。
3. 情感調節：有能力識別、調節和表達正向和負向情感狀態。有著 DT 的孩子，生氣可能是憤怒，悲傷可能是絕望，害怕可能是恐怖，興奮可能是潛藏的焦慮。
4. 解離：表示當暴露於特定的意識狀態和情緒，以及在極度壓力事件或與類似事件及相關的人或情況下，無法有能力在心理上維持在當下、敞開和參與。

5 行為控制：從事於聚焦、彈性和規範行為的能力。有著 DT 的孩子，行為有衝動或強迫的危機。

6 認知：各式各樣技能的發展，如感官整合、表達和語言、聽覺處理、推理、問題解決、注意力、學術技能和反思功能。有著 DT 的孩子，是處於發展受損的危機中。

7 自我概念：自我意識是持續的，是值得無條件的關注。對有 DT 的孩子來說，對自我的意識習慣性負向、嵌入羞愧或支離破碎，從一種狀態或關係到下一個是缺乏連貫性的。

凱蒂會被歸類為具有紊亂的依附模式，她無法依靠自己或他人來調節壓力。這種模式使一個孩子在整個生命中處於有心理健康問題的危機中，特徵是呈現於外的對立性反抗、衝動性過動症、勃然大怒，以及情緒化和焦慮障礙與解離等內心反應。她也表現出情感失調、解離傾向、反思功能障礙、衝動行為，以及羞愧和支離破碎的自我概念。

在我們努力理解並整合神經生理學的研究結果為像凱蒂這樣的孩子做治療和照顧中，我和我的同事 Jon Baylin 提出了「封鎖信任」（blocked trust）和「封鎖照顧」（blocked care）的概念（Baylin & Hughes, 2016; Hughes & Baylin, 2012）。封鎖信任是指受虐和被疏忽的經驗，使得幼兒對可以依靠照顧者來滿足他們基本心理和身體需求的信任能力受到阻礙。由於缺乏對照顧者信任，他們不得不依靠自己來盡力滿足個人的需求。他們會衝動地強迫自己囤積食物和物品，同時集中注意力去操縱或脅迫別人為他們做事情，不信任成人會由衷地為他們做最好的事情。封鎖照顧是指照顧者很難可靠地為一直拒絕的孩子提供全方位的照料。照顧孩子不僅僅是一份工作，它涉及了想要親近孩子、體驗在一起相處時的樂趣，非常有興趣發現孩子是誰，和孩子日後的成長，並體驗在日常生活和習慣中發展出來的特殊意義。這些神經生理狀態是為了彼此互惠而設定的。如果孩子一直沒有對這些照顧狀態做出回應，便很難維持下去。這些挑戰要與父母自己的依附歷史被激發的挑戰分開。父母本身有良好依附歷史的，當他們試圖撫養像凱蒂一般拒絕他們的孩子時，仍然會面臨封鎖照顧的危機。

當嬰兒及幼兒感到安全而開始探索他們的世界時，他們的第一個興趣是人際世界。這探索使依附安全可充分運作，其主要特徵包括首要及次要的互為主體（intersubjectivity）（Trevarthen, 2001; Trevarthen & Aitken, 2001）。所謂首要互為主體（primary intersubjectivity），我所指的是嬰兒和父母彼此間的發現，還有在與他人的連結中，對自己的發現。嬰兒發現自己是誰，那最原始的自己（self），是從他父母的眼裡、臉上、聲音、表情和觸摸而來。他的自我發現涉及了他發現自己對依附者的影響。父母的自我發現，身為父母的自己，是來自於嬰兒對他（她）的回應。首要互為主體包含了此時此地、人跟人的關係。

所謂次要互為主體（secondary intersubjectivity），我所指的是嬰兒發現了世界的面貌：人、物體、事件，透過經驗到世界對他和他父母的影響。當父母對一個陌生人或是一件事件做出反應時，父母賦予了它意義，而且提供了意義範本，讓孩子對那陌生人或事件發生聯繫。次要互為主體，包含了此時此地、人跟人跟物的關係。

互為主體有三方面，首先是情感調和（affect attunement）——情感的分享，涉及父母和嬰兒雙方情感狀態的匹配。當嬰兒對情緒／生理狀態做出表達時（身體在臉部表情、語音韻律、姿勢中表現出深層的狀態），父母親以非常類似的表達方式給予回應。看起來父母正在模仿嬰兒，但是情感調和不止於此；父母是對嬰兒隱藏在情緒／生理狀態下的情感表達做出回應。因此，父母的回應可能與嬰兒的表達方式不同（會以手臂動作而不是聲音表達），但仍然是告訴嬰兒他的表達得到了認可和回應。情感調和可以是傳達對他人經驗同理的主要方式。互為主體的另外兩個面向，包括了分享注意和分享意向。父母和嬰兒不只在重要情感狀態上一致，而且他們會把同樣的注意力放在那時刻對他們而言重要的人或事物上。他們的意向也是相通的（對世界的事物，嬰兒和父母會共同注意、發現和彼此樂在其中）。透過廣泛地注意到互為主體，而不單只是那特殊的情感調和，人們就可以了解到父母和孩子雙方是如何彼此影響著心智和心靈。透過調和，嬰兒感到父母的接納以及跟父母是相連結的，還可以透過他的情感與父母的情感狀態做出第一次的共同調整，而開始調整他自己的情感狀態。透過共同的注意和意向，嬰兒也可以開始反思內在的想法、情感及意向，還有他們父母的內在。他可以共同創造他生命裡人、事、物的意義，他也能夠尋求和享受有共同目標和興趣的合作活動。

非語言溝通是啟動互為主體經驗的決定因素，也是互為主體本身的主要特徵。當幼兒生氣或拒絕時，是不容易跟他的父親或母親進入互為主體狀態。在認為父母的臉色及聲音是生氣時，他不會願意去學習有關自己及他人的事，因為他知道他所學的只會帶來羞愧或恐懼。相同的，當父母認為孩子在生氣或焦慮時，如果孩子的情緒會讓他們感到不舒服，也會避免跟孩子進入互為主體。假使它啟動了父母自己在依附關係歷史未解決的經驗，還有如果這讓他們感到脆弱，想到自己是一位失敗的父母，也會避免這樣的連結。

父母需要覺察他們的非語言溝通對孩子的影響，而且要試著去導正這種溝通，讓它成為主體間互動學習的助力，而非阻力。習慣性懊惱、經常性的避免互動，以及對負面情緒狀態的意義含糊不清，所有這些都讓孩子缺乏依附安全，對進入互為主體狀態產生越來越多的防衛及逃避。沒有這種互為主體狀態，孩子會持續缺乏安全和信任，而且在發展較正向及統整自我所必需的人際技巧方面，也會有所欠缺。當互為主體不存在時，這孩子可能看到的都是憤怒，而且感受到自己（羞愧）和父母（負面特質）的負面動機（Feiring et al., 2002），孩子就很難認為父母是安全感的來源，是了解自己、他人和世界重要特質的途徑（Pears & Fisher, 2005）。

之所以稱為互為主體，這過程一定是對嬰兒和父母雙方都有影響。就像嬰兒透過跟依附者的共同經驗，進入發現自己和他人的過程，父母同樣也是透過參與這過程而發現自己和他人。這是與生俱來就有的互相授受。如果父母沒有受到他們的嬰兒影響，嬰兒受到父母的影響也少之又少。在那樣的情況下，有可能是類似於忽略，嬰兒在自己的經驗中，就有一核心的感覺：「對我的父母而言，我不有趣、不特別，也不可愛。」如果嬰兒不受他的父母影響，父母對自己身為父母的感覺也會受到損害。當一個孩子很難參與符合依附安全的行為時，他的父母也會有危機，他們開始懷疑他們的親職能力，而且也會認為孩子「拒絕」他們，因此做出負面反應。當這些疑慮變成習慣時，便形成了封鎖照顧，父母在為孩子提供一致照顧方面很少有什麼樂趣和滿足感的經驗，儘管他們可以持續做父母「該做的工作」（Hughes & Baylin, 2012）。對於父母來說，在封鎖照顧經歷中，是很難使他們的心與孩子在一起。

人類大腦中有三種人際關係的神經生理系統：依附關係（轉向你的父母或另一人以得安全）、陪伴（互為主體地與他人互動以共享利益和快樂），和主導地位（接受對方的指導和帶領以實現目標）。在家裡孩子是安全地依附的，所有這三個系統都以彈性、整合的方式運作，父母以可靠的方式提供孩子照顧、友誼和威信的決策。有發展性創傷經歷的孩子，在這三方面都有極大困難。他們會拒絕照顧、很難發展及維持友誼，並強烈拒絕接受別人為他們做決定。

當父母對孩子做出生氣、害怕，或是拒絕的其中一種反應時，孩子就很容易避免互為主體，因為他們很容易引發大量的恐懼及羞愧。他們對互為主體狀態沒有安全感，對自己的最終感覺很容易是負面和不一致，而且帶著很大的落差及矛盾。他就不太可能使用主要方式來學習：用他父母的心智及心靈去認識自己、他人、事件及事物。

我一直強力主張，孩子要發展得好，便需要有一個重要的人在他的生活中給予正面的影響，就像凱蒂的情況，有她的寄養父母和治療師。寄養／領養父母若有像凱蒂這樣具有潛藏情緒／行為困擾的孩子，他們會面臨這些孩子對他們帶來負面衝擊的危機。孩子的生氣、拒絕、退避、對抗和無情，也許會催化父母內在對自己親職能力的懷疑。一旦感覺到自己是失敗的父母，這些父母跟他們的孩子在一起時，就不容易感到安全。他們對自我價值感、重要性及能力持續地出現問號，這些父母就會有從他們和孩子互為主體的經驗中撤退的危險。他們會處在對孩子生氣、緊張、退縮、挫折和無情對待的危機中。

因此，每一位父母自己的依附歷史是一個重要因素，影響了父母能否成功地養育一個十分抗拒父母養育的孩子（Dozier et al., 2001; Steele et al., 2003）。如果孩子的行為催化了父母內在以及自己與父母關係中尚未完成和拙劣的統整經驗時，父母很容易會對孩子反應出生氣或焦慮。當父母感到自己是不安全的時候，也不可能提供孩子一種安全的感覺，當孩子在學習新的情緒／行為模式時，這安全感是孩子所必需的。一位父母親，在生命中與一重要關係獲得了本身的安全依附時，當他（她）的孩子在情感、認知、行為上有統整困難時，就可以有愛的陪伴：敏銳、有反應且合宜地對待他（她）的孩子。他們不會以極端的生氣及焦慮來回應孩子，而是會對孩子那些行為背後（孤單、害怕、羞愧、絕望）的狀態做出反應，並且加入互為主體經驗，以促進那些狀態可以得到解決及統整。

第 1 章

親職教育與心理治療的一般原理

有的讀者也許會想在進入第二章凱蒂早年受虐待和疏忽，或在讀到第八章她與賈姬生活在一起之前，先行解讀對她的照顧和治療的原則，這正是本章要義。也可能有人會覺得閱讀凱蒂整個旅程的故事之後，本章所包含的訊息才最有意義。還可能有一些讀者會選擇單純閱讀凱蒂的故事，而略過我在寫她的故事時所依循的指導原則。

親職教育

賈姬照顧凱蒂的方式是以依附關係為基礎，這在一些文獻上都有詳細說明（Hughes, 2007; Golding, 2013; Golding & Hughes, 2012; Baylin & Hughes, 2016）。許多育兒觀點是建立在社會學習理論的基礎上，這與我們大多數人的成長方式是一致的。包括了父母為孩子提供標準行為，且反映他們的價值觀和社群價值觀。這些標準透過以身作則、指導、直接說明和回饋來教導，輔以行為後果以助於加強父母所期望的行為。

依附原則與社會學習理論並不相互矛盾，反而是社會化介入的基礎。社會學習強調對孩子行為的評估，依附關係的焦點在於對孩子無條件的接納。這樣的接納，瀰漫在我們與嬰兒的所有互動中，無論有任何困難或衝突，對關係的持久性可以產生強烈的安全感和信心。這種安全使得孩子相信他的父母會滿足他的需要，並且當他的父母對自己的行為設定限制時，即使他心中不同意，仍相信是為了自己好。從這個基礎來看，養育孩子所必需的社會化往往更加有效；重要的是孩子以信任來符合它，以及有一個願望，希望像他的父母一樣，好讓他的父母為他的發展感到自豪。

我們「教」孩子最重要的三件事情，那是在社會化之前，自然而然地從依附關係發展中呈現出來的。第一，孩子需要學習如何以愉悅和滿足的方式與他人連結，在實現自己和他人的目標同時，也可尊重差異和別人的觀點。他們需要學習合作和分享的價值，體驗舒適與快樂。教導這種連結的最基本方式，就是與我們的孩子連結。這種連結方式在父母和嬰兒之間的理解、互惠互動中是非常清楚的，會延續出現在「躲貓貓」的幼兒遊戲和許多其他有共同愉悅和發現的活動中。當孩子努力傳達他的經驗，父母表現出興趣和理解時，這樣的連結就加深了。有了這樣的基礎，任何關於禮儀、敏感和禮貌的行為教導，都是透過身教和幾句話就能輕鬆自然地進行。

孩子需要學習的第二個重要技能就是如何調節他們強大的情緒狀態，例如恐懼、憤怒、興奮、悲傷、羞愧和快樂。嬰幼兒顯然缺乏這種調節能力，他們會在突發、激烈的情緒與恐懼，憤怒和激烈的笑聲，以及突然的退避、煩躁不安或睡眠的狀態中來回擺動。孩子是透過父母或照顧者積極陪伴之下來學習這些情緒的調節。父母對孩子做出敏感的回應和調節，使得孩子可以保持自我調節，從一種情感轉變到下一狀態，展現出較為漸進和整合的特徵。當這樣的「教導」自然地在生命頭幾年圍繞在依附環境中發生時，孩子在以後的童年和青少年期就很少會出現爆炸性的怒火、絕望或癱瘓的恐懼狀態。透過這種教導比起嚴厲的講理或後果承擔，更容易實現，或彌補了它的缺失。光是要求或告知兒童要調節他們的情緒狀態，如果孩子與依附者之前沒有一貫的共同調節情感經驗，那就不會（甚至是不可能）成功的。共同調節情感經驗的重點，在於父母與孩子之間有許多情感調和的時刻，當他們的情感在同步狀態下，孩子情感表達所隱含的情緒會受到父母一致的情感表達所調節（Stern, 1985）。因此，一些學者和研究人員認為依附關係主要是這些情緒狀態的調節系統（Schore & Schore, 2008）。賈姬和愛麗森透過與凱蒂情感呈現的強度和節奏相匹配，反覆地共同調節她的內在情緒，而不被其情緒所激怒（所以當凱蒂生氣的時候，他們會與凱蒂憤怒的強度相匹配，而不是自己在生氣）。

孩子發展的第三個重要技能是反思的能力。嬰幼兒經歷廣泛情緒／身體狀態的變化，通常都是無緣無故。一個敏察的父母對嬰兒的衝動和反應做出回應，以幫助孩子逐漸能夠區分這些外部刺激和他內在的情緒狀態，從而協助嬰幼兒逐漸對自己、父母和他的世界開始有所了解。在這些經歷中，父母都在他身旁，在這個理解的過程中作為他的指導者。父母非言語的表達意味著對正在發生的事情傳達其意義和意圖。由於父母不斷與嬰幼兒對話，早在孩子了解口語之前，他已在學習關於自我和這個世界。漸漸地，話語本身開始具有意義，之後，孩子能夠用同樣的話語表達他對這些經驗的看法。隨著時間，孩子學會與自己溝通：他現在在想什麼、他的感覺，以及他想要什麼。

由於凱蒂有困難去覺察和表達她內心的想法及感覺，賈姬常常跟她有簡短的對話，幫她說出自己的想法、感覺、期望、幻想、計畫及記憶。剛開始大部分是賈姬幫凱蒂說出她的內心世界，以及自己是如何認為凱蒂會有如此的經驗。賈姬需要非常有耐性，了解凱蒂要有數個月甚至更長的時間，才能出現真正的互惠式對話。當賈姬在語言及非語言兩方面回應凱蒂的內在狀態時，凱蒂漸漸清楚地注意到她的經驗，更能夠全然接受，同時她也可以找到更積極表達自己的方式。

賈姬跟凱蒂的對話，也會包含探索她的過去及未來。因為以羞愧為基礎的經驗凌駕了凱蒂的過去，賈姬鎮靜地述說那些經驗，傳達了她了解及接納凱蒂的全貌和過去的故事。賈姬也跟凱蒂分享自己的過去，以幫助凱蒂更像是凱勒家族的一份子。透過跟凱蒂討論未來，賈姬傳達了她對未來共同生活的信心，邀請她參與家庭節慶，而且透過協助她熟悉沿途會遇到的路標，幫助她處理對未知的焦慮不安。有時候，賈姬會先想像若干年後，她跟凱蒂在一起的情形，以表達她對凱蒂在未來會成為怎樣的人所懷抱的希望。

兒童的社會和情感發展至關重要的三個要素：關係、情感調節和反思功能，都因為凱蒂的早年受虐和被疏忽而受到危害。為了促進他們彼此關係發展，賈姬需要協助凱蒂與她連結，共同調節她的情感表達，並透過反映凱蒂的內在狀態來促進她的反思功能，類似於父母與小小孩連結的方式。賈姬謹記要以凱蒂的發展年齡作為她與凱蒂連結的指引，但基於凱蒂現在實際的年齡，互動方式必須在某程度上做出改變，可是終究要記住不要過於超乎凱蒂可達到的，期望她有非常好的關係、調節和反思能力。

隨著孩子成功發展他們的關係（包含信任和舒適以及互惠的關係）、情感調節和反思功能，他們相對地很容易回應父母努力教導他們社會行為技能的精髓。他們會把父母視為適當行為的典範。他們可以在生氣時調節自己的情緒狀態，不會輕易對狀況做出憤怒、恐懼或絕望的反應。特別當他們的父母可以提供指導時，他們能夠理解情況，開始知道什麼是最好的。當不確定時，他們願意並能夠尋求協助。在犯錯時，他們會容易回應父母語言和非言語的提示。當他們的行為帶來了自然而然的負面後果時，即使他們對此感到沮喪，也可以坦然接受。

當孩子在一個安全依附的家庭中被撫養時，會發現他們在許多方面肖似他們的父母（通常這些特徵是父母所期待或渴望的，而在其他時候，他們的偏好出現時，是父母或孩子都沒想到的）。同時，他們也可能發現自己的特質、興趣或個性與父母不同，而他們及他們的父母也能欣賞這些特質。這些孩子能夠在他們個人偏好和興趣以及家人的喜愛和期望之間找到一個健康的平衡，讓雙方都保有空間。這種平衡在安全依附孩子身上是可以延續到成年期。毫不意外，安全依附的孩子在成人後，就擁有自主依附（autonomous attachment）的型態。自主依附的成人能夠整合他們個人興趣和渴望，以及他們對親密和相互依靠的期望。

當撫養像凱蒂那樣的孩子時，寄養和收養父母要謹記早期照顧模式的成功在於養育安全依附的孩童。最初五年，凱蒂沒有學會如何與他人相互信任、尋求安慰和互惠互助。她學會如何不信任、避免脆弱的狀態發生，因此不接受安撫，並透過高度警覺和試圖控制來與他人互動。凱蒂未透過與父母的共同情緒調節經驗來學會調節自己的情緒狀態。相反的，她經常變得情緒失調，並衝動地反應她對憤怒、恐懼、羞愧和絕望的壓力。她沒有學會如何反思她的內在歷程和父母的內在世界。反之，她會從自己的高度警覺狀態做出反應，而無法從安全的狀態下以彈性的角度去理解事物。

凱蒂也沒有學習到適當的社會化技能，因為她感到不安全，既無良好的榜樣，也欠缺對她的行為持續給予回饋的指導，更無法體驗到行為的自然後果。任何後果都是來自她父母的情緒和他們自我中心的需求，而不是因她的行為本身帶來的後果。

鑑於五年來凱蒂被養育長大過程中的虧缺，她需要賈姬的特殊照顧，包括：

1. 安全感永遠不能被認為是理所當然的。凱蒂需要學習信任賈姬。凱蒂可能會經常感受到挫折、受限、不得不等待，誤以為賈姬不喜歡她，希望她不開心，或者認為她是壞孩子。每一個緊張的時刻都可能產生對賈姬的不信任，侵蝕著她的安全感。賈姬需要意識到凱蒂在應對這些挫折感時可能會引發的羞愧感、恐懼和憤怒，並協助她調節這些困苦，同時要牢記凱蒂過去被虐待的嚴重程度和來源。如果凱蒂第一天做得很好，第二天卻表現不佳，不是因為她在第二天沒有嘗試，而是她第一天感到安全，第二天沒有。

2 PACE 的態度（遊玩、接納、好奇和同理）大大有助於凱蒂逐漸開始信任賈姬，同時也幫助她調節自己的情緒，並反思自己與賈姬的關係發生挫折的意義。遊玩，不管是直接或背後的陪伴，都在傳達樂觀和參與，有時是享受和喜悅。接納給凱蒂帶來無條件的愛，這是依附的基礎，也是健康的親子關係的特徵，這是她以前很少經歷過的。雖然所有的行為都不被接受，但凱蒂內在的想法、情緒和期望都會被接納。這樣的接納，使凱蒂能夠反思她內心的狀態，並逐漸可以將其狀態向賈姬表達。好奇心傳達了對凱蒂內在狀態不具批判的關注，包括她的壓力經驗以及她對壓力的反應。這種態度使凱蒂能夠了解自己的過去和現在，包括早期的虐待和被疏忽的經歷，與她目前對賈姬的挑戰行為和不信任之間的連結。賈姬對凱蒂的同理，傳達了賈姬對她是有情感的，她跟凱蒂分享、陪伴她，同時理解她的苦惱。同理使得凱蒂在面對壓力事件時更能維持調節，並且能夠更有效地理解。當凱蒂經驗到賈姬的同理時，她過去的負擔就不會太過沉重。PACE 是一種陪伴凱蒂的方式，不是一種「讓她變好」的技巧。賈姬努力撫養凱蒂的各個方面，都注意到 PACE 的存在。

3 由於凱蒂可能會對任何像是拒絕的跡象保持警戒，因此賈姬需要始終保持開放的態度，並與凱蒂在一條陣線，而不是對她具有挑戰性的行為加以防衛。這樣的態度迎來的是與他人共享的親密與合作，而防衛則往往會造成衝突與權力鬥爭（Porges, 2011）。要時時刻刻保持開放、投入和調節是不可能的，但這些狀態應該在大多數時間都能保持。凱蒂出現防衛時，賈姬需要她的丈夫、凱蒂的治療師和其他人的支持，並且協助賈姬防止封鎖照顧的形成。

4 凱蒂很可能經歷了日復一日的衝突、誤解、失去調節和短暫的隔絕，在她與賈姬的關係有嚴重裂縫時反映出來，以致凱蒂回到了習慣性的感到不信任。每當關係緊張時，賈姬需要隨時準備與凱蒂展開關係修復，只要凱蒂願意接受，就以 PACE 的態度接近她。不管決裂來自於什麼，修復的責任是在賈姬身上，而非凱蒂。這並不意味著賈姬對於決裂要做出道歉（除非她有理由這麼做），而是她在傳達，這關係比任何衝突或決裂的原因來得更重要。

5 賈姬需要經常提醒自己，糾正凱蒂的行為是需要在與她建立連結的背景下有效。主要目標需著重於發展和維持連結，而不是開發有效的糾正（行為管理技術）。

6 賈姬需要在她的日常生活中為凱蒂提供大量的結構和監管。讓凱蒂獨自一人，可能會對她造成焦慮，並導致可能是故意或無意的不當行為。結構包含各種活動的慣例，如此減少了那些一直導致凱蒂焦慮，並引發她出現不當行為的選擇。結構和監管不是為了針對她做出的不當行為，而是一份基於關懷她發展需求的禮物。監管是身體上接近以提供安全感，和外在調節的意義，而不是為了抓她的錯處。假如她不太可能從錯誤中學習，而只會導致她的失敗，賈姬將減少凱蒂的選擇。只要凱蒂能做出正確的選擇，並可從錯誤中學習，賈姬會確保給凱蒂做選擇的機會。

如果凱蒂要自己負責做決定，那麼她很可能首先無法做出決定；當她終於決定的時候，又可能會不斷改變主意。這將導致持續的沮喪：她所做的任何選擇都不會讓自己高興。而當賈姬為凱蒂做決定時，往往可以導致更多的快樂和滿足感，此時便開始了學習依靠賈姬的歷程。

7 賈姬將根據凱蒂的心理發展年齡而不是實際年齡來養育她，她可能被批評為「過度保護」。然而實際上，她是確保凱蒂可獲得成功的可能性，讓她能夠在一個支持和安全關係中滿足不同的發展需求，以便建立她的能力和價值感。

8 賈姬一定會讓凱蒂經驗到自己不當行為的自然後果，但她不會認為那樣的後果是凱蒂改變的基礎。主要的成果往往是來自賈姬的結構和監管的變化，使得凱蒂更有可能採取對她最有利的方式行事。一個與後果密切相關的是要更努力去了解凱蒂行為的內在原因，這些原因通常根源於她過去的受虐。單純提供凱蒂各種激勵和限制，並不能引導她進行重大、一致的行為改變。

後果承擔不是賈姬對凱蒂行為做出管教的重點。管教意味著教導，如果賈姬要教凱蒂有更成功的行為舉止，她需要在深厚關係的情景下才可做到。凱蒂需要在他們關係的核心中學習，賈姬深深的經驗到，無條件接受凱蒂這個人，在這種接受下，凱蒂對行為受約束才會逐漸變得信任和減少壓力。

當我們把期望放在發展年齡而不是實際年齡時，我們就不會過於強調用後果承擔來引導孩子。通常重複的不當行為，是由於我們期望孩子做到比她真的有能力實現的還要多。我們只要給予孩子成功的陪伴和指導的需求，而不是假設在她這實際年齡，她就「應該」能做到某事。第二，我們專注於幫助孩子信任這個關係，並了解到在關係上，經由衝突或缺乏親密感的任何壓力將得到修復。給予孩子強烈的訊息：關係比衝突來得更重要。沒有衝突可以破壞這個關係。第三，我們教導孩子如何更好地調節強烈的情緒。這是在父母自己沒有情緒失控並與孩子在情緒狀態下的情感表達匹配時才能做到。有效的教導還包括只評價孩子的行為，而不是評價導致孩子出現行為的內在狀態。最後，這種教導意味著指引、輔導和身教我們想要的行為，這全都需要有耐性並理解到學習新的行為方式是相當困難的。用激烈的憤怒、威脅或關係剝奪完成的教導，不可能導致有一致的行為改變，而且有可能造成不信任和羞愧感。

9 賈姬會定期邀請凱蒂進行喜樂、愉悅和歡笑的體驗；她知道這樣的體驗對凱蒂的整體情感和人際關係發展至關重要，那是她早年很少有過的經驗。同時，賈姬也要提醒自己，這種體驗也可能會導致凱蒂焦慮、拒絕，或使她在其間或之後變得情緒失調。賈姬必須以小劑量方式讓凱蒂接觸這些經驗，同時在與她一起時減少自己的興奮和喜悅的表達。這些體驗必須是無條件的，而不是取決於良好的行為表現。

10 同樣，賈姬要記住，凱蒂學習如何接納並在最終遇到壓力時可尋求安慰是有多重要。由於凱蒂有強烈自力更生的渴望而拒絕接受安撫，賈姬需要耐心等待，以小步而微妙的方式提供安慰，使得凱蒂不易拒絕。

心理治療

由於凱蒂所經歷的發展性創傷是來自她第一次關係中的嚴重破裂所引起的，她的治療基礎主要是喚醒她對照顧者的信任。這治療稱為 DDP，試圖讓凱蒂能夠體驗與賈姬和愛麗森兩人的最佳關係品質（Hughes, 2004, 2007, 2011, 2014; Hughes et al., 2015; Baylin & Hughes, 2016）。這些關係的素質將使凱蒂開始對賈姬感到安全，以便她能夠依靠賈姬給她的安慰和支持，而減少對照顧者的不信任。然後她也可以依靠賈姬的經驗來促進她的神經、情感、心理、社會和認知發展。

DDP 的主要治療活動包括提供凱蒂互為主體經驗，是母親和嬰兒間調和、互惠溝通的特徵，現在修正為凱蒂的年齡可適用的。這些經驗代表了孩子與治療師和照顧者之間的互動過程，他們彼此認識、互相欣賞，以及治療師和照顧者漸進地引領孩子進入新的自我、他人和世界的發現。這些溝通主要是非語言的，包括眼神接觸、語調、動作和時機掌握，彼此影響。在 DDP 中，這被稱為情感反映對話（affective-reflective dialogue），因為它們是語言和非語言綜合而成的表達方式。

從這一刻到下一刻，治療師跟孩子或父母跟孩子輪流交替著這些情感反映對話。一人發起，另一人回應，引起第一人現在主動做出回應，並且不斷持續下去。有時候，孩子對治療師或照顧者引發的溝通，會回應：「不，不對」或「我對此不感興趣」或「太強烈了」。治療師或照顧者首先要修正自己的最初倡議，然後修正孩子的，直到他可完全加入。這稱之為交互式修復（interactive repair），這些相互作用對嬰兒發展，以及透過 DDP 治療對凱蒂發展的轉化至關重要。

但凱蒂不太可能會接受這些溝通方式。這種程度的參與可能讓她感到恐懼和混亂。它傳達的興趣和樂趣，凱蒂會有困難去體驗這些。因此她回應愛麗森或賈姬所倡議的方式，有可能是拒絕和不願參與。這些反應會使愛麗森和賈姬陷入困境。如果凱蒂一說她不想要，他們就放棄所提的倡議，他們可能永遠無法以創造信任的方式與凱蒂一起。在某種程度上，凱蒂確實想要自己一個人獨處。如果愛麗森和賈姬要等到凱蒂表明她想要這些互惠的、調和的溝通，她們可能會發現她永遠不會選擇它們。因為在她的過去很少經驗到這樣的時刻是安全和愉快的，所以為什麼要選擇它們？賈姬和愛麗森的另一個困境是，如果凱蒂拒絕她們關懷的時間太長，她們很可能會面臨封鎖照顧和停止嘗試的風險。她們可能會失去跟她連結的信心，也逐漸不想再努力，而且讓她們感到挫折和失望。所有這一切都將導致凱蒂進一步疏離，將她們的回應視為表明開始拒絕她的跡象，而不覺得是因她拒絕了她們的後果。由於這些原因，治療師不是僅遵循孩子的帶領，是要帶領孩子，然後跟隨孩子的回應來帶領。這就是所謂跟隨一帶領一跟隨，對產生互惠對話至關重要，是 DDP 會談成功的核心。

惟有父母和孩子雙方在會談中都感到安全，DDP 治療才可能成功。為了確保父母感到安全，治療師必須單獨與父母會面（在與孩子的會談開始之前，進行一次或多次會談，還有每次會談開始前的十到三十分鐘）。治療師努力與父母建立信任當中，他們不會被指責，同時幫助他們了解什麼是 DDP 治療，以及他們在會談中的位置。治療師還會詢問他們自己的依附歷史，以減少他們的依附史可能導致對孩子挑戰性的行為出現失調或防衛反應的可能。治療師和照顧者是要一起幫助孩子在會談中感到安全，如果父母感到不安全，孩子也不會感到安全。

治療過程通常包含了人量的情感交流。在一次會談中，可能會存在著笑聲和歡樂、悲傷和憤怒、恐懼和安慰、逗趣和嚴肅、感情和距離。如果在一個特殊的會談中，似乎主要是沮喪和憤怒、羞愧和絕望，治療師需要「相信這個過程」，而不是試圖「推往正向」。相信這個過程意味著治療師需要有信心，如果父母和孩子以開放的態度帶著 PACE 的態度進行溝通，那麼在衝突和冷漠中會出現一個更深沉的故事。這故事很可能包含解決和修復的道路，有能力看到孩子的孤獨和絕望，以及她的勇氣和不懈的努力去找到一種更接近父母的方法。

DDP 還可以導致孩子和父母在反思能力的發展。PACE 的態度，對賈姬在家教養凱蒂至關重要，也是治療中情感反映對話的核心。PACE 的態度使孩子能夠安全地探索生活中遇到的恐懼和羞愧感。透過體驗到接納和非評斷的好奇心，孩子往往就會想要弄明白自己過去的虐待事件，以及當前的挑戰和不當行為。在體驗到治療師和照顧者的同理心當中，孩子就可以在探索與強烈恐懼和羞愧感相關的事件時，保持情緒調節。隨著不斷的重複，孩子往往能夠第一次傳達他的內在狀態。孩子知道他的想法、感覺和想要，以及這些特質如何與他的行為表達相關聯。這是孩子開發一個連貫的自傳性敘事的重要一步，這對孩子擁有一個安全依附模式和整體心理健康極為重要。

第2章

被虐待與疏忽的凱蒂

1987 年 8 月 4 日，星期二，凱蒂・哈里遜在緬因州的奧卡斯特（Augusta）出生。而史提芬・菲爾德也開始他第一天在緬因州人民服務局（Department of Human Services，簡稱 DHS）的工作。他是兒童保護工作者，在史提芬開始為緬因州的被疏忽及受虐兒工作的同時，凱蒂也正成為一個被疏忽及被虐待的兒童。終於在她五歲一個月又九天大的時候，被緬因州合法安置撫養。

孩子受到州的保護，這是很不尋常的事。理論上，人們也許會想那樣的生活對孩子來說，不會太糟糕。每一個在緬因州的成人市民都會分擔起照顧凱蒂的責任。如果她的父母無法好好養育她，那麼就由每一個緬因州的成人來做。但是，凱蒂的實際情形，不是想要所有緬因州的成人來解決她的依附創傷，長成一個健康的孩子。她需要的是一個家庭，她需要有個家庭提供她安全，教導她如何去相信、去愛，以及體驗到快樂與愉悅。有個家庭幫助她去治癒那些數不清的創傷，以及發展一個完整的自我。如果沒有一個這樣的家庭，她不會感到有價值，她也不會在人類社會中跟其他人有連結。所有在緬因州的成人，並不需有能力撫養凱蒂；他們的責任，只是要確認她可以得到這樣的一個家，而且可以接受像史提芬所給的服務，提供她不同需求。很多時候，緬因州的成人沒有慎重的負起他們的責任，也許這樣的錯失是因為他們不認識凱蒂。在世界上不同的地方有數不盡類似的故事發生，凱蒂的故事，也許可以幫助我們了解到，我們對所有這些孩子有著不同的責任。

1987 年 11 月 10 日，凱蒂正在她的小床上，這是她最初三個月花最多時間所待的地方。緬因州天氣越來越冷，對凱蒂而言更是寒冷，她那薄薄的被單實在不足以應付這寒冷的天氣。因為尿布沒有常常更換，甚至很少洗澡，使她經常感到疼痛。更嚴重的不舒服是來自不規律的餵食和飢餓，有時候她餓了，很快就有食物，也有些時候她要哭好久才得到餵食。事實上，還有些時候她哭得疲累至極，痛苦地睡著。有一次她聽到可怕的聲音，使她哭得更厲害。那時，她的母親莎莉或她的父親麥克對她的哭聲沒有耐性，而大聲對她吼叫，好像這就能使她安靜下來。

對凱蒂而言，今天比以往更糟糕，不但沒有奶喝，也許她比平常哭得更厲害，麥克大聲的吼她，然後搖晃著她的肩膀，打她的頭。那痛楚突如其來，而且十分強烈。凱蒂除了哭得更大聲以外，也不知道可以如何來回應麥克又一次的毆打她，而且他把她抱近自己的臉，對著她大吼。凱蒂的世界，一下子變得完全的痛苦及混亂，她的手和腳在顫抖，向外伸出，她的背成弓形，而她號哭到無法呼吸，她的眼睛張大，無法對焦。

莎莉進到房間，大聲的叫麥克離開凱蒂，不准他以後再打她。她把凱蒂抱起來，輕輕的跟她說話並搖著她。莎莉不斷對著麥克大叫，而她的緊張使凱蒂更難放鬆。最後，凱蒂總算有牛奶喝了，但是當她還沒喝足她所需要的，就已經睡著了。在兩個小時不安寧的睡眠之後，她醒來，又哭鬧著要喝奶。莎莉已經睡著了，沒有理會她，而凱蒂只好帶著她的飢餓、困擾及驚嚇，又一次的入睡。

凱蒂出生時，莎莉・湯瑪士才十九歲。她跟比她大四歲的麥克・哈里遜在一起已經十八個月，雖然他們常有衝突，也曾幾度分手。莎莉想要麥克「定下來」，而每次她提出時，他都會很氣憤的離去。很長一段時間，她對麥克不去工作也不肯跟她結婚感到怨恨，他是有份臨時工作，但她發現麥克一旦工作，就會喝更多酒，也常會跟朋友在外。所以她對他去工作的感覺是很複雜矛盾的，那通常只帶來更多爭吵。

起初莎莉對有了凱蒂是很興奮的，她自己的母親海倫和姊妹們都很為她高興，樂見她享受為人母親的新角色。莎莉也希望麥克會對凱蒂感興趣，能幫忙她一起帶孩子，甚至扶養她。當事實證明是相反，而且麥克比以前更逃避及易怒時，莎莉開始怨恨凱蒂繁多的需求，她發現自己對凱蒂越來越沒有耐性，剛開始發現自己的態度改變時，她告訴自己，一定要做得比自己的母親好。莎莉童年時，媽媽不是對她大吼大叫，就是忽略她，可能還有其他。她很肯定她對待凱蒂要不一樣。

莎莉現在真的無法享受她的母職，凱蒂看她時，她會轉開目光。有時候她覺得凱蒂很麻煩，凱蒂怎麼好像永遠都不能滿足。莎莉試著不要這樣想。某些方面，凱蒂對她似乎也感到不滿意，就像她對母親的感覺。她無法取悅她的母親，現在她甚至無法取悅自己的孩子！莎莉對凱蒂的回應也感到很混淆，有時候她覺得凱蒂不喜歡她。她會跟凱蒂玩，但凱蒂似乎顯得不感興趣。她餵她，幫她洗澡，但凱蒂會在三十分鐘後就開始哭鬧。當莎莉抱她時，她會哭；放她下來，她也哭。她不覺得她了解凱蒂，也無法感受到照顧凱蒂的樂趣，當媽媽根本不是她想要的。

莎莉想到小兒科去找護理師，告訴他們，當凱蒂哭的時候，她不知道該怎麼辦。她想要告訴護理師，她有多辛苦和多累。她想要告訴護理師，她沒有想到當一個媽媽竟是如此的光景。可是她怎麼可以這樣說呢？她如何承認她甚至不會扶養一個孩子？她也聽說在康尼高中的成人教育部有開親職課程，她應該參加。但誰來照顧凱蒂呢？麥克是不可能的，而且麥克會很生氣她跑出去做自己的事情。最後，莎莉還是選擇不去想她自己的煩惱，只要做完例行公事，就坐在電視機前休息，這樣簡單得多。她覺得太累，什麼事也不想做。

凱蒂在三個月大時，事實上並不拒絕媽媽。她內在有一股力量要朝向安全及溫暖感、飽足感，和想要了解她的外在世界。她的內在感覺狀態帶領她走向食物、睡眠、擺脫不舒服，或是注意一些新事物。她特別對人的臉孔有興趣。莎莉成為她不同情緒狀態的主要部分，最能提供並滿足到她不同情緒狀態的需要。如果沒有這些需要，莎莉對凱蒂而言是不具有意義的。有時候，當凱蒂焦躁哭泣時，媽媽在場，凱蒂就覺得好一點。但有時候莎莉並不在，當凱蒂對一些不舒服感覺焦躁和哭鬧時，莎莉沒有在那裡帶給她安慰。這不舒服不斷持續和增強，莎莉還是沒有出現。凱蒂無法體驗到安慰，除非莎莉在場。凱蒂無法帶給自己安慰，也因為莎莉經常不給她安撫，所以凱蒂停止尋求安慰。沒有安撫，經歷難過只會越來越痛苦。所以凱蒂停止悲傷，她沒有足夠的安全感可以悲傷！她也失去對這個世界的信任，因為很長一段時間，她的世界給她的，只有不同形式的不舒服感，來自於飢餓、突然巨大的聲音、太熱或太冷的水，或是尿布所帶來的持續性疼痛。

1988 年 2 月 14 日，莎莉做了可能是她最後一次的努力，可以真心「好好的」去撫養凱蒂。山姆，她的父親，那個花了他人生大部分時間在波特蘭的酒吧及漁船上的父親，正要與他的新女友譚美來探望莎莉。如果照山姆以往的作風，他會「定下來」幾個月，直到他失去對譚美的興趣。他來探望他的女兒及外孫女的目的，是為了要給譚美留下深刻印象，但莎莉不在乎，她在乎的是她想讓爸爸看到，她是一個好媽媽，她正在為自己成就些什麼。他也許會再來，享受她的家，也許他會希望成為她生活的一部分。

在一天的開始，莎莉和凱蒂在一起很快樂也勝任有餘。她餵凱蒂喝牛奶，然後幫她洗澡，凱蒂看來很喜歡跟她在一起。她笑咪咪地潑水，當莎莉跟她玩、笑和逗她時，她都有所反應。凱蒂真的喜歡她！莎莉覺得自己做得很好，父親一定會以她為傲。她把凱蒂放下，讓她睡覺，然後把所有事情準備好。

凱蒂已經六個月大了，很多時候，莎莉巴不得凱蒂可以自己多照顧自己。麥克從來都不幫忙，他甚至怨恨凱蒂搶走了莎莉的注意力。說實在，莎莉也不那麼喜歡有凱蒂，但至少大部分時間，她做她覺得該做的事。她常安慰自己，認為自己對凱蒂已經不錯，自己的媽媽就從來不曾這樣對她和她的姊姊。

凱蒂卻越來越困惑了，因為在過去三、四個月中自己增加了許多精細的需求，卻都沒有得到適當的回應。每當莎莉跟凱蒂以好玩且充滿情感的方式互動時，凱蒂都會有一種很神奇及愉快的感覺。凱蒂被媽媽的眼睛、她的微笑、她音樂般的聲音所吸引。當莎莉在凱蒂眼前跳舞時，凱蒂會感到有手在圍繞她，而她的身體會搖擺和跳舞。同時在這些時候，凱蒂會感受到有手在她頭上、臉上和身體上觸摸。當那觸摸伴隨著莎莉的臉及聲音時，給她帶來了愉快。凱蒂越來越沉醉在那些感覺狀態，那些與莎莉深深地連結的經驗。但它們不是經常發生。凱蒂常常在尋找那眼睛、微笑、手和手臂，而很多時候她都無法找到。有時候它們是跟著牛奶一起來，但更多時候，莎莉帶來了牛奶，卻沒有帶來好玩及有情感的感覺狀態，那只會使凱蒂更想要獲得那感覺。

凱蒂在莎莉的爸爸來到之前，已經醒來哭了三十分鐘，莎莉抱著她，對她唱歌，餵她和幫她換尿布。剛開始莎莉很鎮定，且滿懷希望，可是當凱蒂無法停止她的焦躁不安時，莎莉變得很緊張。麥克不能忍受凱蒂的哭鬧聲，而莎莉也很需要他保持冷靜。如果不是因為父親要來，莎莉會把凱蒂放回嬰兒床，一直哭到她睡著為止，麥克會離開，而她會打開電視。這就是他們唯一度過孩子哭鬧的方法。可是因為她的父親馬上要來，她一定要讓凱蒂停止哭鬧。

就像往常一樣，一年多沒有會面，山姆跟莎莉在一起時會覺得彆扭。剛開始凱蒂的確可以使他們分心，山姆和譚美笑說她的孩子聲音宏亮，而且他們還讚美莎莉能夠照料孩子。譚美並沒有比莎莉年長多少，她很清楚她自己並不想要有孩子，聽到凱蒂的哭聲，更使她深信她不要有孩子這想法是對的。

最後山姆給莎莉一些如何使凱蒂安靜下來的建議。莎莉不知道他到底是想要幫忙，還是受夠了孩子的哭聲，不管如何，她不想要他的幫忙。她覺得自己才是最了解凱蒂的人，沒有人比她更知道如何使凱蒂不哭，如果她不行，那麼這世上也沒有一個人可以做到。她把凱蒂帶到房間，然後把她放到嬰兒床上。

山姆跟著她，而且告訴她當孩子哭的時候，不應該把孩子留在床上。他們的交談變得越來越激烈，而且重點已經從莎莉如何帶孩子的問題，轉移到山姆如何失敗的撫養莎莉。最後山姆爆發：

「比起這樣跟我說話，你更應該要好好照顧你的孩子！」

「我有照顧她。至少比你做得多，你從沒有對我這樣做過！」

「如果你不想我們在這裡，我們會離開！你有什麼問題嗎？」

「我是一個好媽媽，她哭不是我的錯。」

「那你為什麼不去餵她？我們可以在這裡。」

「不要！不要！」莎莉大叫，「我會用我覺得該死的好方式去照顧她！拜託，不用你管！」

「那聲音快讓我發瘋。」山姆大叫。

「那你走呀，你以前不都這樣？」莎莉說。

山姆和譚美離開了，麥克對莎莉說她沒有處理好。她沒有聽到他在說些什麼。她唯一能聽到的只有凱蒂的哭聲，她衝進她的房間。

「閉嘴！閉嘴！」她一邊大叫，一邊把凱蒂從嬰兒床抓起來摔到床上。凱蒂撞到床邊，掉到地上。她的一隻腳很扭曲的彎在她身體下面。凱蒂痛苦的哭著。莎莉一直尖叫、顫抖、掩著她的臉，麥克在咒罵、叫喊和來回踱步。最後，莎莉終於去叫了救護車。麥克告訴莎莉，要對醫院的人聲稱凱蒂是在她去拿牛奶的時候，從床上滾下來。

在醫院裡，莎莉似乎還驚魂未定，她試著妥當地照顧女兒，可是在情緒上是疏離的。當醫院的社工人員要給予她幫忙時，她拒絕了。醫院職員對這次的傷害及他們整體家庭狀況雖然是有所保留，可是最後決定，因為沒有足夠疑點可以作為根據去申請 DHS 的調查，而過去他們也不曾有過意外或者有嚴重疏忽的紀錄，因此沒有任何的介入。他們為莎莉安排心理健康中心約談諮詢，可是莎莉拒絕。

當凱蒂被帶回家時，莎莉和凱蒂在一起看起來比以往更平靜，這是麥克從來沒有見過的。但莎莉沒有忘記凱蒂是如何毀了她跟她父親的會面，她認為凱蒂不可以再傷害她。莎莉對照顧凱蒂已經越來越沒興趣，而現在變得更嚴重。在某種程度上，莎莉知道凱蒂需要她去抱她、跟她笑、陪她玩。她知道她六個月大的女兒沒有比媽媽在眼前耍寶，跳舞唱歌，和用手指在她的肚皮、手及脖子上逗弄更快樂。但莎莉做不到，她認為凱蒂破壞了她的生活，她不要去符合凱蒂的需要了。她並未意識到自己做了這個決定，她以為自己一向如此；事實上，她現在的做法，就是跟自己母親一樣的模式，可是她卻一點都沒有覺察到。

莎莉是對的，凱蒂整個人都想要媽媽跟她玩、笑和注視著媽媽。凱蒂的感情生活在六個月大時迅速發展，她需要有跟媽媽互動的快樂經驗，來使感情生活完全出現。這些感覺若要得到發展，凱蒂需要依賴莎莉跟她互動的經驗，來發展好奇心以及快樂和興奮的感覺。情緒和神經發展是互有關係的，凱蒂需要莎莉的愛及經常性敏銳地對她的投入，來促進這方面的發展。當莎莉不在時，凱蒂在生理及心理上感到迷失，這不容易使她的情緒及人際間發展能夠持續。凱蒂無法單獨一人去引發她這些內在歷程，她需要莎莉為她並且跟她一起做這些。但莎莉越來越不想這麼做了，結果凱蒂也漸漸停止與莎莉互動的想望。凱蒂越來越傾向停止尋求互惠的快樂和愉悅。現在她不再尋求安慰或喜悅，而且她沒有足夠的安全去感覺悲傷或快樂！

凱蒂常常躺在小床上，焦躁不安、哭鬧。很多時候她只是單純的瞪著天花板或是做些重複的手腳活動。她也可能把視線移向在小床上或最靠近她的牆壁上的一些物體，就好像是想要邀請它們來跟她互動。她想要她的世界對她的情緒狀態有所回應和分享它們。她沒有得到回應，這使得她開始忽略那些情緒狀態，變成長時間感到緊張、孤立以及絕望。

當莎莉在身邊的時候，凱蒂覺察到自己想要跟媽媽有些特別的互動。但又預期她是無法得到的，於是她會把視線移離莎莉，或是變得很不安寧，好像她要隱藏自己的失落感；不然就是她會變得瘋狂似的，因她無法去整合莎莉在身邊時自己產生的激烈情感。在其他時候，當莎莉特別緊張時，例如跟麥克吵架之後，凱蒂會感覺到媽媽的苦惱，而她會更焦躁不安。在那些時候，當莎莉離開時，凱蒂實際上是覺得比較平靜和安全。對凱蒂，一個悲慘的狀況正深切地在她身上出現。不同於多數嬰兒，他們能經驗到母親在場時全然快樂的感覺，凱蒂在莎莉在場時，通常都是焦慮和矛盾的。她還是希望從媽媽身上得到一些東西，但她預估她不會得到。不同於多數嬰兒，他們的情緒和神經發展受到跟母親快樂的互動和被安撫所驅動。這樣的狀況在凱蒂內在緩慢地發展，而且帶著嚴重的缺陷，和缺乏適當的區分及整合。

❖ ❖ ❖

1989 年 9 月 19 日，凱蒂已經超過兩歲了。好幾個月前，莎莉已經發現凱蒂不再哭泣，她跟麥克都覺得奇怪，但他們並沒有真的很在意。凱蒂現在是發出較多可憐抱怨的聲音，而且到處跟著莎莉纏著她，但這總比她用哭鬧好得多。

距離莎莉把凱蒂的腳弄傷差不多十八個月了，大部分時間，莎莉都可以正常地給凱蒂餵食、洗澡和穿衣。當凱蒂開始會爬和走路時，莎莉就會盯緊一點，防止她發生意外，以及不要去煩麥克。有時候她又會不在意麥克會不會被煩到，這時麥克會對著凱蒂大叫，而且很用力地推開她。但很多時候，凱蒂還是會對莎莉亦步亦趨，莎莉走到哪裡，凱蒂會緊跟著她，而且會用可憐的語調來嘗試說話。在那時候，莎莉會做些努力給予回應，甚至有某種程度的愉悅，但她逐漸失去了對凱蒂及作為一個母親該要承擔的責任感。很明顯這一連串的要求，使她幾乎要完全地迴避凱蒂。凱蒂好像永遠不會感到滿足，她總要從莎莉那裡得到更多，但莎莉已經無法給予了。

如果說這樣的狀況有什麼極微的好處，那就是莎莉學到讓她的情緒變得像死了一般麻木，這樣她對凱蒂就會少一點憤怒的感覺。但麥克不會這樣做，他會對著女兒連續大吼大叫三十秒之久。莎莉學到如何去忽略她如低泣般的聲音及緊黏著她的行為，而繼續她的閱讀、進食，及講電話或看電視。偶爾，當凱蒂抓住她的腿不放，而且嗚咽的聲音太大時，她會把凱蒂推開。但大部分時間，莎莉照樣過她的日子，而對凱蒂沒有什麼感覺。她知道她不會再虐待她，她知道她會做好本分，免得別人批評她沒有善盡職責。凱蒂會被餵食、弄乾淨和穿得好，這就足夠。莎莉設法對女兒沒有感覺，她已經學會了擺脫過去曾經有過的強烈母性情感。

9月這天就像其他日子一般的展開，莎莉跟凱蒂一起起床，幫她換衣服，給她東西吃，然後放她在客廳的地板上，給她一些玩具，而她自己也一邊弄她的咖啡和土司，並開著電視。由於麥克還在睡覺，莎莉不想因為孩子吵鬧引發他吼叫，她一邊看電視，一邊把凱蒂放在她腿上，跟她玩拼圖和積木。她告訴凱蒂該怎麼玩那些拼圖，也去撿那不斷掉在地上的拼圖塊。最後她發現凱蒂是故意把拼圖塊丟到地上的。莎莉很生氣，把剩下的拼圖塊和積木朝屋子猛力一丟，在粗暴地把凱蒂放下時，很嚴厲的對她說了些話。

然後凱蒂想要餅乾，莎莉給了她一些，又回到電視機前看她的節目。當凱蒂想再多要一些餅乾時，媽媽不理會她繼續看她的電視。再次受到忽視之後，凱蒂丟了一塊拼圖正好打到莎莉的手臂。莎莉對著凱蒂大叫起來，而且威脅要打她。凱蒂又再丟一塊，而這次打到媽媽的臉。莎莉從椅子上跳起來，給了她的女兒狠狠一記耳光。凱蒂尖叫起來，而且打莎莉的手臂。莎莉咒罵凱蒂，又再打回去。凱蒂跑到客廳的另一側，尖叫著，而且懷著恨意的目光瞪著她的媽媽。凱蒂不再害怕她的媽媽，也不為她們之間所缺乏的而傷心了。不會，她只是對這個討厭她的女人，感到憤怒而已。

不久，凱蒂開始經常出現攻擊性的脾氣，不管莎莉甚至麥克做什麼都無法制止。她往往都可以得到她想要的，只要她的怒氣夠大或是夠有破壞性。她感覺到她的憤怒可以使她獲得對莎莉的控制。當她對莎莉大吼，她喜歡看到莎莉被她的脾氣激怒。當莎莉對她的暴怒感到挫折沮喪時，凱蒂體驗到一種權力感，這使她感覺很好。她可以對莎莉有情緒上的影響！任何影響，就算是負面的也好，總比沒有好。她不再渴求從莎莉那裡找到愉悅和撫育，在某程度上，她感覺自己是壞的，而且不可指望這份關係。除此之外，她的結論是莎莉也很壞。莎莉越是很兇，凱蒂就變得更懂得如何去報復她。

在此同時，凱蒂的期望似乎改變了。她不想要得到注意或是情感，她需要的是得到食物或是玩具，或是其他看到的物品。如果不是物品，她會想要莎莉為她做一些事情。當她得到她的需要時，她看起來好像就感到滿足；如果莎莉不給她想要的，凱蒂會激怒她，而這能帶給自己一些滿足感。對凱蒂來說，跟莎莉玩已經不再重要。生活像這樣簡單多了。而且沒有理由，也沒有時間流淚。

1992 年 9 月 13 日，凱蒂在緬因州的奧卡斯特得到政府撫養監護。她現在已經五歲多。自從她在二十五個月大時大發脾氣以來，她持續有了很多改變。在這之前，當莎莉及麥克注意到她不再常常哭時，他們沒有去想發生了什麼。當他們注意到她不會很想纏著他們時，他們是很高興的。但這並不表示她現在比較好養，她似乎常因一點點的原因或沒有任何理由，就大發脾氣，她會埋怨還會摔坐在地上哭鬧。

如果他們想要凱蒂靜下來，真的只能對她大叫和處罰她。但那樣的策略是要付出代價的。很多時候，莎莉處罰她或不給她想要的東西時，她會做一些什麼來跟莎莉扯平。她很少會對麥克報復。麥克生氣的時候，他會很狠的給她一巴掌。對凱蒂而言，激怒莎莉比較有趣。有一次莎莉不肯給她吃甜點，第二天早上，所有馬鈴薯片和糖果全部不見。還有一次，當莎莉和麥克在晚餐時，莎莉要凱蒂坐在沙發上。那天晚上，莎莉坐在墊子上時，發現凱蒂尿在那裡。莎莉的梳子不見，馬桶被東西塞住，洗髮精灑到浴缸內，而她最喜歡的 CD 也被弄壞。莎莉沒有抓到凱蒂做這些破壞性或偷東西的事情，但她知道凱蒂要為此負責，而通常會打她一頓。最讓莎莉生氣的是凱蒂好像一點都不在乎。莎莉越來越嚴厲的處罰她，而凱蒂則是充滿憤恨、毫不在乎，甚至很得意的看著她。不管莎莉做什麼，凱蒂好像總是可以獲得她想要的。凱蒂在各方面握有控制權。

麥克受夠了莎莉和凱蒂的大叫及戰爭，有時候他會抓起凱蒂把她推到房間，然後用力把門關起來。這時候凱蒂會留在房間好幾個小時，甚至是一整天。也有些時候，他會責罵莎莉造成凱蒂的行為。麥克會挑莎莉的毛病。他們會彼此大吼大叫，而凱蒂顯得很高興。很多時候麥克會出門去，半夜回家時都喝醉，第二天就宿醉，凱蒂這時會安靜下來，她知道麥克在喝醉後都有無法預測的憤怒。但莎莉很難保持安靜，麥克常常會打她，她也會打回去。而這只會讓他更火大，莎莉會被毆打。當凱蒂的父母在打架時，她會覺得比較安全，假使她待在臥室，她會一個人被單獨留在房間。而且第二天，他們其中一人會對她好一點，來激怒另一人。

9 月 13 日那天凱蒂所犯的錯誤是她想要報復麥克，而不是把她的憤怒發在莎莉身上。那天麥克情緒特別壞，而凱蒂把麥片和牛奶撒得到處都是。

「你這笨蛋！」他說，「你不能做點對的事情嗎？好，你現在去舔乾淨。把你的臉放在桌上開始舔。」

凱蒂大叫「不要！」，而且準備跑出廚房。麥克抓住她的上衣，將她拉回桌上，然後把她的臉推向牛奶。「我叫你舔！」

他把她的臉放到牛奶上，凱蒂尖叫著反抗。他就抓得更緊，更用力推她到桌上，然後開始用她的臉來擦牛奶。「你現在看起來就像是一隻豬，你這小該死的。滾開這裡，還是你要我用你的頭髮來拖地。」

凱蒂跑進房間內，尖叫著摔她的玩具。當她聽到麥克出門的聲音，仍然非常憤怒。她回去廚房，拿起一盒牛奶，帶到麥克的臥室，倒在他衣櫃裡的衣服上。當時她的確滴下眼淚，那是因為生氣及痛苦而流的淚，而不是難過或害怕。然而，當她回到房間時，她開始感到驚慌。她知道她做了什麼，莎莉不在家，如果麥克回來的時候，她不知道她該怎麼辦？

十分鐘之後，她聽到麥克跟一名男子寇克一道回來，寇克住在附近。她在房間可以聽到他們在談論有關麥克的音響系統，寇克很想買下來。然後她聽到麥克走進他的房間內。

她聽到麥克大吼起來：「那死小婊子！那小雜種！她在哪裡？」

麥克跑到她的房間，而凱蒂躲在她床後的地上。他踢她，抓起她的頭髮，把她拖到他的臥室，將濕掉的衣服丟向她。他再踢她，向她吐口水，然後在她身上撒尿。她不記得還有什麼事情發生，但是她可以聽到寇克對著麥克大叫，麥克用力把門關上然後離去。

寇克離開然後告知鄰居，鄰居報了案。當他們到達時，凱蒂是自己一個人。基於她所呈現的狀況以及寇克的報告，他們把她送到醫院，然後回來拘捕麥克。

那天晚上，瑪格麗・戴維斯，一位兒童保護工作者，帶凱蒂到第一個寄養家居住。兩個月之後，經過法院聆判，莎莉沒多做抗爭，凱蒂進入了永久的保護。第二天，1992 年 11 月 9 日，她被分配給兒童社工人員史提芬・菲爾德，他在一個星期前從兒童保護服務處轉調過來。

評論

凱蒂前五年的生活，以特殊事件來分類，可以分為肢體虐待、語言和情緒虐待，還有長期的情感忽視。不斷的情緒暴力行為、厭惡的眼光、大吼大叫的拒絕，甚至無情死寂的沉默對待，以致她在心靈上失去跟父母建立依附關係的渴求。對性的傷害及肢體暴力已經有很多文獻報告談到其影響；但稱為「缺席的創傷」的疏忽，卻很少提到。虐待的循環無情地從一代傳給另一代，最強烈有力的影響是那無法進入及維持有意義的依附關係（參見 Egeland & Erickson, 1987; Cicchetti, 1989; Schore, 1994）。可悲的是，親子間缺乏重要的情感互動常常不被我們的社會所重視，沒有把它當成可以強力介入幼兒生活的重要原因。這樣講或許非常不可思議，但我們真的要感謝那些像凱蒂般被父母虐待的孩子，因為他們的經驗指出了主動干預的必要性。雖然情緒虐待和情感忽視的長期影響很深遠，但卻很容易被法律制度所低估。

Schore（1994）、Greenspan 與 Lieberman（1988）、Stern（1985）、Sroufe 等人（2005）、Siegel（2001, 2012）、Cassidy 與 Shaver（2016），還有其他

人都討論到依附的角色對幼兒心理發展的重要。對於凱蒂來說，五年發展創傷的經歷大大地打亂了她的依附模式，使她無法依靠別人來處理她的痛苦。她發展出一種自力更生的姿態，包含發怒、操控他人，和在脆弱情緒狀態中解離。她不哭也不尋求注意，以減輕她對父母的痛苦和矛盾。然而，她那深深的憤怒只使得他們對她生氣，最終導致了虐待行為。

在凱蒂長大到九至十八個月之間，她已經準備要進入社會期望的世界。幼兒的行為變得更有組織性，因她整合了自己的自發行為及來自母親的社會限制和指導。在社會化的過程中，幼兒會經驗到羞愧感，那是健康的，這對她未來發展是必需的。當母親的行動說「不」，而且對幼兒設限，是使幼兒產生一個健康的羞愧過程，幼兒會表現出頭下垂、避免眼光接觸、失去笑容，和短暫的靜止。在這段時間，凱蒂感到焦慮不安，因為她經驗不到跟母親的關係是調和的，她對母親的意向不確定，感到混亂，而且她膨脹的自我會縮小。在母親與幼兒有一種安全的依附關係中，母親會很快的跟孩子重新建立或是修復互為主體的狀態，而這使幼兒可以整合她的社會化經驗，調整她的羞愧經驗，而且跟媽媽維持一個安全，甚至更有力的依附關係。早期衝動控制的出現，使幼兒漸進地增加了解決自己的期待以及母親對她的行為所給予限制之間的衝突。因為母親可以對幼兒的主觀經驗，甚至在呈現期望與限制時維持同理，幼兒就可以連結母親的限制是在自己的行為，而不是在自己。羞愧的經驗得到了包容。一旦感覺到自己被同理，孩子也會同理他人。

社會化及修復的經驗在一起時，幼兒從事於複雜的認知發展增加。隨著語言發展，幼兒可以明確表達內在情感與想法，也開始反映自己的個性。在這同時，她也察覺到父母的期望、情感、意向和行為，並且她的內在開始要相似於她的父母。她也可以注意到她的行為對他人的影響，當她造成他人的痛苦時，她常常會很容易感到自責（guilt），而不是羞愧（shame）。從羞愧轉移到自責，是心理發展上非常重要的部分（Tangney &

Dearing, 2002）。自責跟同理相關聯，但羞愧不是。Schore（1994）認為潛藏的羞愧（pervasive shame），對良知完整的發展是最大的障礙。有時候，在孩子三歲時，她可以跟母親進入真正的互惠及有目的性的互動中，而這些技能會在幼兒期繼續發展。孩子在這時候形成兩部分，一個是一致發展的自我感，另一個是安全有差異性但可依附母親的孩子。不幸的是凱蒂並非如此。

凱蒂在出生後的十八個月，沒有太多機會得到互為主體的經驗，這不足以讓她發展出早期的自我感，也無法調節她的情感和神經發展，因此無法和母親產生安全依附。沒有充分的發展出安全調和感，她難以面對經常發生的羞愧感、害怕，而這影響了她的心理發展及人際互動過程。她的羞愧經驗已超出了正常範圍，當她「社會化」時，得到的是多方面的拒絕、侮辱、憎惡，這嚴重地破壞她早期的正向自我經驗。這些潛藏的羞愧和害怕經驗，使她的發展受到更深傷害，因為沒有很快的予以修復，這經驗原本應帶給她再次保證，讓她可以繼續發展一個穩定和正向的自我感，以及安全的依附關係。結果是凱蒂否認一切跟羞愧有關的行為和經驗，她的憤怒不斷增加以回應現實中的敵對狀況以及自我否認。她停止尋找或拒絕回應任何可能有用的互為主體經驗，在生活上她跟父母的情感也變得越來越孤立了，她的行為模式顯示她要控制環境來保護自己，而她的早期認知結構傳達了一個觀念：「她是壞的，所以父母不珍惜她，父母是不值得信任的。」根據 Schore（1994, pp. 458-459），凱蒂經驗到的嚴重病態羞愧感限制了她的內化能力，而無法與母親的依附關係進行分化，這嚴重危害她早期對自己的看法。凱蒂的羞愧是一種絕症，穿透她的自我心理。這滲透了每一個知覺、經驗和行為，而未留下空氣及光給她成長。J. S. Grotstein 對這種情形給了最好的解釋，他指出潛藏的羞愧經驗，就好像一個人心靈的「黑洞」（摘自 Schore, 1994, p. 421）。Kaufman 傑出的著作 *The Psychology of Shame*（1996）中也證實了潛藏的羞愧有其破壞性影響，它首先破壞一個人的情感生活發展，而最後則是完全破壞了一個人的自我認同。

凱蒂的路被冷酷和荒蕪的土地所切斷，它始於恐懼，一個嬰兒躺在嘈雜、冰冷、痛苦之中，當她開始去了解這塊土地時，她走進了絕望，一股悲傷使她知道在她核心所呼號的是什麼？但什麼也沒有找到。恐懼、絕望使她流淚，淚水乾涸了，也砸碎了她的心，但這並沒有為她的土地帶來任何收成。她沒有得到來自父母的陪伴及情感的安撫，她也沒有發展出安慰自己的能力，她不再嘗試去討好她的父母，或是從他們那裡學習有關這個世界，或是變得與他們相似。她航行在一個孤獨的旅程中，在那裡操控、憤怒、逃避和控制才是生存的關鍵——而不是愛與自主。當這個旅程變得不能回頭時，也顯示了靈魂的死亡。在凱蒂兩歲時，她是依循著這個方向前進，這並非不可逆轉的。事實上，專業人士沒有能力去預測一個人的功能是否能改變，我們只能繼續發展我們的知識和技術，去認識這個人及他的生活，然後著手工作。

羞愧伴隨著凱蒂成長的路途，羞愧滲透她的自我意識，而它在每個主動和互動中留下氣味，定義了她的幼年生活。羞愧不是一個溫暖的伴侶，它使她遠離歡樂的時刻，以及讓自己覺得有價值與滿足的感受，使她的頭低垂並逃離父母親憎惡的瞪視。羞愧把它的訊息蝕刻在她的肌肉、她的心、她的頭腦內：你是有瑕疵的，你不會帶給他人快樂，你很壞而且沒有任何優點。

但凱蒂的羞愧，通常都不會靜靜的躺在那裡，不被干擾。相反的，它會一次又一次發出怒吼。拒絕有太陽的地方，羞愧用怒吼去抹殺一切。靠近太陽的地方，那些在太陽下沒有位置的人，有的只是悲痛。羞愧大叫著：「是的，我不重要，我沒有價值。你也一樣！我是可惡的，我恨你！我不要再去感受那無法逃避的痛苦，我要把它丟給你。」

凱蒂沒有感到安全。她不是遵循童年該有的道路，那裡需要有安全感存在。當她害怕、悲傷或孤單時，她沒有足夠的安全感去接受安撫；她也沒有足夠的安全感，讓她可以冒險開啟自己的內心深處，與他人一起分享她的快樂經驗。不可以，凱蒂無法體驗到安慰及愉悅。

這就是當凱蒂被帶到第一個寄養家庭時的狀況。她不能、也不會跳關係的舞蹈。她只感到憤怒，這是她用來醫治她的羞愧感、她的害怕、她的絕望的唯一方法。

第3章

露絲・戴利（第一個寄養家庭）

凱蒂被寄養時，是安置在露絲・戴利的家。露絲跟丈夫雷、兩個自己的孩子和一個三歲的寄養童達士汀住在雪梨鎮（Sydney，緬因州的一個小鎮）。她已經當了寄養媽媽好幾年，這是承自她母親的傳統，接受寄養孩子到家中居住。

凱蒂的主責社工人員是史提芬・菲爾德，他才剛從兒童保護服務處調到寄養部門來。史提芬對這個調動滿溢著興奮，他不必再去處理受虐兒的調查報告及為服務計畫來做決定。他越來越討厭去說服父母們，虐待孩子是錯誤的行為。他也厭倦了當他明知他們傷害了孩子而想向他們大聲斥責時，還得要去質問父母們的謊話和吸取他們的憤怒。他無法忍受更多的藉口，和來自四面八方的責罵，以及他們對留在孩子身上可怕的傷痕漠不關心，不論是肢體的、情緒的還是精神上的。雖然在認知上，他知道那些父母們也曾經在小時候被虐待而且未曾得到任何協助，但是他已經無法再同理他們。最初他確實能同理他們，但是經過多次改變他們卻失敗之後，他剩下的唯一能量就是譴責他們的行為。當然，他能夠幫助一些父母對自己的行為負起責任，並開始積極努力讓孩子回來重新照顧他們。但這些成功對他來說太少了。最後，他甚至無法再去面對當他決定把孩子留在原生家庭時，有可能會出現持續虐待的恐懼和疑惑。

現在他只要跟那些已經受到安置保護的寄養兒童工作。孩子們會住在安全的家庭裡，他也會跟那些父母們工作，看什麼時候可以讓他們與孩子重聚。如果家長們不能勝任也不願意嘗試努力，史提芬會給孩子另一選擇，那就是安排一個長期穩定又有愛的寄養或收養家庭。

今天，史提芬從他的督導凱瑟琳・英格莉史那裡，接到他的第一個個案。當他開始在兒童保護服務處工作時，他並不感到焦慮。他對他的技能感到有自信。他希望他會有更多的機會用這些技能，讓那些指定給他的寄養童，生活真的有改善。他喜歡凱瑟琳，她對人無微不至又有精湛的專業，同時對寄養照顧工作者、寄養父母及兒童都很敏銳也能做出適當回應。還有兩位同事，艾爾・佛田和芭芭拉・史蒂芬，看起來也是不錯的人，可以跟他們一起工作。

凱瑟琳帶史提芬進入她的辦公室，她的辦公室有一扇真正的窗戶，面積只有三個工作人員加起來的辦公室一半大，四周都是離天花板不到兩呎的板子。那天她給史提芬五個個案，建議他先閱讀他們的紀錄，再跟她討論，然後在下星期，對每一個孩子的寄養家庭進行訪視。

史提芬閱讀的第一個個案就是凱蒂・哈里遜。他記下她的出生日期，然後看著他那捲曲、黃色的紙張，現在他把它釘在他的新桌子上，公認這是他在新單位上班的第一天，1987 年 8 月 4 日。他們已有了共同之處，當他看到寫著凱蒂名字的照片時，大大的棕色眼睛、短短的黑色直髮，還有開懷的笑容，吸引了他的注意。何等好看的五歲女孩啊！他很快地想起她來，因這小女孩全身都是瘀青，當瑪格麗・戴維斯在醫院裡接她時，凱蒂贏得了她的心。瑪格麗下定決心不能讓凱蒂再次受到傷害。她加班工作，讓這個案可以很快進入審判。

史提芬很快地重閱她的檔案。她跟露絲・戴利住，露絲已經當了十年的寄養父母，其他的工作人員覺得她是個有能力而且願意奉獻照顧孩子的寄養父母。凱蒂現在是在美國政府針對貧困家庭兒童給予的資助計畫中，她有一位治療師，珍・譚寶，在緬因州中部的心理衛生中心工作。

史提芬發現凱蒂的父母親麥克和莎莉仍然住在一起。雖然他試著不要那麼批判，但是他不明白為什麼莎莉在麥克這樣對待凱蒂後，她還可以跟他在一起。莎莉每星期有一個小時，在教會一位主婦（homemaker）的監督下與凱蒂會面。她剛完成了一份心理評估，報告顯示她個人的功能和親職能力都值得擔憂。莎莉同意在心理衛生中心做個別諮商以及參加父母親職課程。麥克正接受刑事訴訟的審理，他的律師建議他在判決以前先不要跟心理師做任何談話。他也不想跟凱蒂會面。

史提芬打電話到心理衛生中心，幸運地他終於跟珍・譚寶聯絡上。珍指出到目前她還是不怎麼了解凱蒂，她只跟凱蒂見了兩次面。她會花時間去了解凱蒂並和她建立關係。現在她讓凱蒂在遊戲治療時間選擇做她想做的事情。直到目前為止凱蒂顯得很快樂，凱蒂很少提到她跟她父母生活在一起的情形。

史提芬打電話給露絲・戴利，想要安排到她家探訪，並且帶凱蒂到麥當勞吃午餐。從他的辦公室出發到那裡，大概需要二十分鐘的車程。露絲跟她的家人住在老舊的農舍裡，房子外面是一大片草地，是由附近的農人來工作。當史提芬開進車道上時，他看到兩隻狗，他確定沒辦法找到比這更好的家了。

露絲是一位友善、腳踏實地的婦人，她長年住在雪梨鎮。她在史提芬的車旁迎接他，給他看他們的小穀倉，以及裡面的一匹小馬和兩隻豬。

史提芬問：「凱蒂情況如何？」

「她是有點不好掌控，我們很希望她會適應下來，因為她越來越習慣住在這裡。她是一個意志堅強的小孩，可能是為了生存。她不喜歡被人要求去做什麼，對我那三歲兒子達士汀會很粗暴，我得常常看著她。」

「她跟媽媽會面情況如何？」

「還好，但是她不願意多說，其他時候她也不會提到媽媽。但她在會面之後有容易憤怒和心煩意亂的情況，而且都是一天以上的時間。」

剛好凱蒂從外面跑進來大聲叫著：「麥當勞！」史提芬笑著，他喜歡這個直接又活潑的孩子。露絲介紹他跟凱蒂認識，沒有任何遲疑，凱蒂問史提芬是否現在就帶她去麥當勞，他微笑著說可以。他走著而凱蒂是跑著到車子上去的。史提芬認為這是很棒的開始，他不用擔心她會怕他。他甚至認為她喜歡他，而且很高興他是她的社工。他不會讓她失望的。

在麥當勞，史提芬發現他要用很多精力來跟這五歲孩子在一起。她一點也不會猶豫要告訴史提芬她想吃什麼、要坐哪裡、什麼時候她要去遊戲區玩，和什麼時候她要吃蘋果派。他太想要去討好她，她是那麼的興奮和愉快。當要離開麥當勞時，她很生氣地埋怨，但哪一個孩子不是這樣的？在他們回雪梨鎮途中，史提芬試著解釋讓她知道他的工作是什麼，不過她並不感興趣，她也沒有興趣扣上安全帶，儘管他提醒了她兩次。她停頓了一下，看著他，然後才依照他所說的去做。那並不難，她只需要一些時間聽別人告訴她要做什麼而已。只要不盯她那麼緊，她最後還是會做。他想到要給露絲這樣的建議，但當他跟達士汀和露絲自己的孩子會面時，他就忘記了。在他離開時，他聽到露絲大聲的叫著要凱蒂放下達士汀的玩具貨車。當他走去開車時，露絲還是不斷的大叫著，而且一次比一次大聲。史提芬想他必須跟露絲談談接近凱蒂的其他方式。

幾個月之後，史提芬才剛認識完他接手的五個孩子，之後他又接了十五個兒童個案。凱瑟琳告知他在幾個星期後，他還會有另外五個兒童，那麼他就有二十五個個案，他的工作量也就滿了。他開始意識到艾爾的說法是對的，他告訴史提芬，他似乎需要一週工作七十五小時，才可能負起處理二十五個案件的責任。他還有一堆文書要處理！也要安排孩子跟父母會面，如果沒有主婦或其他協助時，他也要親自監督會面，還要準備上法庭的事情！有很多書面文件要看、要整理、要為代表人民服務局上法庭的律師準備資料。寄養家庭的要求也要花很多精力和時間去處理。有時會接到寄養父母打來的瘋狂電話，要求孩子在幾個星期內搬離，因為他們無法忍受孩子的行為了。史提芬通常會先試著去解決問題，但常常都不成功，這時他就要花些時間去找其他安置的家庭。

就在他處理第二個安置失敗的個案時，他接到露絲・戴利的電話說凱蒂的行為越來越糟糕。

「每天她好像都會做出一些事情要我去收拾。」露絲說。「昨天她把達士汀的小腳踏車丟到豬舍裡，直到今天早上我們才找到。那真是一團混亂！前一天，她用一些毛巾塞住馬桶；前幾天她把雷送給我的聖誕禮物——一個手鐲偷走了。到現在我們還沒有找到。這幾件只是比較『大條』的。」

「你怎麼知道是她拿走了你的手鐲呢？」史提芬問。

「我手鐲不見的那天早上，她是唯一在樓上的人，加上她一直對這手鐲很感興趣。」

「最近有什麼事情讓她覺得很煩嗎？」史提芬在猜測。

「我想不出什麼特別的事情。和她母親的會面是很困難的，但他們一直都是這樣。」

「你有跟她的治療師談過嗎？」

「沒有說到最近發生的事情。我通常會在治療時間開始前寫下發生過的事情。明天我們會跟她見面。」

「如果你覺得可以，我也想參加你們的會面。」史提芬說。

「可以呀，」露絲說，「我們到時候見。」

第二天，1993 年 1 月 15 日，同樣是個忙碌的日子，但史提芬還是安排了早上十點整到珍・譚寶的辦公室。他不想失去這次會面的機會。

露絲除了告訴珍有關腳踏車、馬桶和手鐲的事件，她還多說了幾件事，包括凱蒂咒罵露絲，弄壞了她十五歲大兒子的錄音機，和在豬食裡放了一個釘子。

「我已經試過各種方法了，」露絲說。「我告訴她不可以這樣做，她好像聽進去了，但最後她還是照做。當我逮到她時，她會對我說謊，甚至我就在現場，她也會說謊！如果我告訴她不能做她想做的事情時，她就會罵我和打我。而當她對某人生氣時，她會想辦法報復。她氣傑克告訴我她打達士汀的事情，兩小時後她就把他的錄音機摔壞。好像什麼方法都沒有用，暫時隔離、權利剝奪、跟她好好的說都無效。我們不知道還可以怎麼做。」

珍是一位有經驗的治療師，她已經有十年跟寄養童工作的經驗。她喜歡露絲也同意史提芬的想法，露絲家是個很棒的安置家庭，因此必須想辦法留下來。

「凱蒂跟你住在一起到現在才四個月，」珍說。「現在她所持續呈現被虐的徵兆，可能是她過去四年所受的對待。她還是一個非常憤怒的小女孩，而且不相信任何人。露絲，我知道她現在真的很難教，但我很希望如果我們能夠持續陪伴她走過這段時間，她終究會開始去相信別人，也不會那麼難纏了。這需要很大的耐性，但我相信她是可以做到的。」

「你有看到她在治療後任何的進步嗎？」史提芬問。

「沒有太大的進展，在遊戲室她不是一個難以相處的孩子。在治療時，她不像在家那樣，她沒有呈現任何問題。但在玩娃娃屋時，她出現過生氣的情緒。玩父母娃娃傷害他們的小孩娃娃遊戲中，她相當的激烈。我希望她可以在治療中表達出她被對待時的害怕及憤怒。」

珍轉向露絲說：「去注意她做得好的地方，而且讓她知道你很高興。選擇性處理她的行為，不要太去理會那些不是太過分的行為。可以利用暫時隔離的方法，但是隔離時間不要太長也不要太常用。用定時器計時，只在她坐好、不對你大吼大叫時，你才開始計時。」

「如果她偷或摔東西時，我該怎麼辦？」露絲問。

「假使你很肯定是她做的，給她暫時隔離，並讓她知道她錯了。叫你的孩子不要在房間裡留下任何她可以拿得到的重要東西。禁止她進入其他孩子的房間裡。」

「我好害怕她會想辦法去打破什麼東西，」露絲說。「我們不能常盯著她。她只要一離開我的視線，就會出現狀況。」

「或許你要在房門高處加鎖，這樣她就開不到門，只有你的孩子或你可以開到。」珍建議。「當然，別把她鎖在臥室裡！」他們笑笑地說，儘管露絲承認這想法是很吸引人，她從來沒有這樣做過。

史提芬把珍的提議寫下來。他特別向露絲強調對凱蒂要有耐性是很重要的，這是珍之前提過的。他也強調露絲對凱蒂的重要。

露絲想了一下然後說：「到目前我不確定我對她有什麼意義。假使明天她離開了，我也不知道她對我們家會怎麼想？」

史提芬不知道該說什麼。珍打破沉默建議他們在一個月後再見面，看看凱蒂的進展狀況。史提芬跟露絲離開等候室，而珍去帶凱蒂做治療。

「如果我明天把凱蒂換家，你真的認為她不會在乎？」史提芬問道。

「我真的是這麼認為。」露絲靜靜地回應。

1993 年 1 月 27 日，史提芬的太太珍妮在家中的大床上生下了瑞貝卡。在生產前三小時，助產士田娜就在那裡。史提芬很忙碌的教導珍妮呼吸，並且在屋子裡跑來跑去，找毛毯、音樂和任何他覺得派得上用場的東西。每十五分鐘他會問田娜，事情進行得可好？最後珍妮受不了了。

「史提芬，如果你需要做事，就到外面倉庫去砍那些木頭，留待下個冬天用。當孩子出生的時候，我們會叫你。」

田娜微笑著說：「某方面來說，等待對你比對珍妮來得難，因為你不是生小孩的人。你現在最能幫助珍妮的，就是創造一個輕鬆的氣氛。把注意力集中在你的呼吸及聽音樂。如果有什麼事你可以做的，我會讓你知道。」

當瑞貝卡出生後，史提芬坐在珍妮背後，牽著她的手，放了一條濕巾在她的前額。

「是女孩！」田娜愉悅的說。「好大力氣！她會是個鬥士。」田娜為她檢查、量體重，然後把她放到珍妮的懷抱裡。

「好漂亮的棕色眼睛。」珍妮說。當她凝視著珍妮時，史提芬也只能看到她的眼睛。

「她真的是我們的，對吧？」珍妮輕聲的說。「她現在在家裡了，她會平安無事的。嗨！瑞貝卡，你是多麼可愛的小寶貝，我們很高興和你見面。」

珍妮沉醉在她的驚嘆中：「她這麼的美麗，這麼的珍貴。她是我們的女兒。」

看著瑞貝卡的全身，從小腳指頭的指甲到深褐色的頭髮。珍妮撫摸她，把她抱近自己，而且慢慢的搖著她，跟她說話，歡迎她成為家中一份子。史提芬搞不清楚珍妮跟瑞貝卡說什麼，但不管她說什麼，他相信一定都是好的。

出生後的第二個星期，不會說也不會做任何事情的瑞貝卡，無法得到珍和史提芬的任何回應。珍妮的母親來了，史提芬很高興岳母的到訪。愛莉絲包辦大部分煮飯、洗衣服的工作，並努力保持居住環境的清潔。她同時也為珍妮和史提芬帶來了信心。她常肯定他們照顧孩子方面的能力，這份肯定對他們而言是非常重要的。她對孩子的了解是他們無法企及的。她對珍妮說了許多連史提芬都記不下來的話。到目前為止她是一位很出色的外婆。

因為愛莉絲會多住一星期，因此史提芬就可以放心地回去工作。他的桌子上擺放了很多彩帶、汽球來歡迎他，還有一個大馬克杯，上面寫著「爹」。貝蒂、芭芭拉和凱瑟琳對著他微笑，纏住他問了很多他無法回答的問題。終於他答應會弄出一系列的問題去問珍妮，如果他想要第二天回來工作時被接受。

史提芬花了差不多一天的時間來追趕處理個案的進度。有一個是珍・譚寶的留言，需要回覆。

「哈囉！珍，我才剛回來，有什麼事嗎？」

「過去這三個星期，凱蒂在寄養家和以前一樣難以相處。露絲似乎已經精疲力盡。我已經跟凱蒂討論她在家裡的行為，但她不理我。」

「凱蒂做了什麼嚴重的事情嗎？」他問。

「也沒有，除非你稱她的持續對抗、憤怒和破壞性是嚴重的行為。我們有一位行為治療專家在這裡，他可以協助我們跟露絲建立一套行為管理計畫。也許這些方式會比她目前所做的更有效。你要我跟那位行為治療專家約時間嗎？」

史提芬認為這也許是一個好主意，可以更有效的處理凱蒂的狀況。「就跟他約時間，也讓我知道是什麼時候，我會到。我會給露絲打電話，給她支持。」

當露絲接到史提芬的電話時，在他談論凱蒂之前，她用了十分鐘問他有關瑞貝卡的事情。

「我真不知道該如何跟她溝通，」露絲說。「她是一個很棒的孩子，但是她不想被要求去做什麼。如果事情都順她意，她會表現得很好。但是你知道，人生不可能常常如此。她無法容忍她不想要的事情。」

「讓我跟她說說看。」史提芬說。

「太好了，」露絲回答。「當我跟她說的時候，我都無功而返，事實上她好像覺得她贏了。」

史提芬告訴露絲有關跟行為治療專家約談的事，還有安排第二天和凱蒂會面。

1993 年 2 月 6 日，這是第三次史提芬接了凱蒂去麥當勞。他打算讓她買她想要的，然後進去遊戲區玩一會兒。在她玩了一陣子之後，史提芬跟凱蒂談她的問題時，她也許會較合作。在他們回家時，史提芬告訴凱蒂露絲的擔心。他問她對自己行為的看法，凱蒂的態度馬上改變，她看起來悶悶不樂也很緊張。他重複了他的問題，她回答：「露絲對我不公平！她總是對著我大叫，但她都不會這樣對待達士汀。她喜歡他！」

史提芬試著讓她知道露絲真的喜歡她。他更進一步讓她了解露絲生氣的是她的行為，而不是她這個人。

「沒錯，她真的不喜歡我！」凱蒂說。「她從來都不讓我做任何事情。她對我都很兇！」

史提芬不知道該說什麼。他覺得爭論也無法改變她的想法。或許他可以告訴露絲關於凱蒂的感覺，露絲可以再一次向凱蒂證實她的愛並且不要太常對她發脾氣。

「凱蒂，你現在住的是個很不錯的家庭，」史提芬說。「我會試著幫助你跟露絲好好相處，我希望你能跟寄養媽媽快樂的住在一起。」

「她不是我媽媽！不管怎樣我不喜歡她。」凱蒂說。

當史提芬回到露絲的家，她問情況如何。

「她覺得你比較喜歡達士汀。」史提芬說。「她似乎需要你再次保證你真的關心她。」

「我真的不知道，我還要做什麼來表達我對她的關心和想要幫助她。」露絲說。

「當她做錯事時，你可不可以告訴她你真的關心她，而你只是想要教她改正錯誤的行為，讓她知道什麼是對的？」史提芬建議。

「以後當我責備她時，我會小心一點。」露絲回答。她對史提芬的建議並不感到樂觀。

回到辦公室，史提芬問芭芭拉一些意見：「她是在一個很不錯的家，但我覺得她並不相信這個家。我們可以怎樣協助她？」

「也許她真的不知道如何表現『好』，」芭芭拉回答。「這種情形需要點時間才能有所改善。有些孩子甚至永遠做不到。」

「為什麼做不到？」史提芬問。

「但願我們能知道，」芭芭拉說。「如果露絲可以堅持下去，也許凱蒂就可以開始相信她。但是如果露絲放棄她，她就永遠無法相信人了。」

史提芬困惑了，他該怎麼辦？「似乎對我來說，瑞貝卡在一個星期就可以相信我跟珍妮，而已經五個月了，凱蒂仍不能信任露絲。為什麼凱蒂不能做到？」

「瑞貝卡從來沒有被虐待和疏忽過。凱蒂有太多理由不去相信別人。她需要多一點時間。你的工作就是要幫助露絲多給凱蒂一些時間，因而她就不能再有任何理由不去信任他人。」

「露絲不太確定凱蒂是不是真的在乎跟他們住在一起。」史提芬說。

「她在乎的，或許她只是不知道如何表達而已。」

「這樣子，」史提芬說，「那她最好快點學會，不然我們麻煩就大了。」

2 月 11 日，史提芬跟露絲在珍的辦公室與行為治療專家比爾・詹肯士會面。史提芬喜歡比爾。他看起來是一位很理性的人，他想要幫助露絲和凱蒂。他們告訴他過去五個月裡，凱蒂出現過的行為。

「我想我們要找出可以給凱蒂經驗成功的方法，」比爾說。「她老是在惹麻煩，她大概也已經自我放棄了。因此我們要開始一個讓她很容易經驗成功的獎勵計畫，進而漸進的建立對她的要求。我們現在就來討論她需要建立及改進的行為，並且確定哪些是她喜歡的事物，可以用來當作獎勵。」

在接下來的四十五分鐘，比爾幫忙露絲確認一些凱蒂必須改變的特殊行為。他也從露絲那裡確定了凱蒂喜歡的是什麼，他可以使用這些當作凱蒂做出適當行為時的獎勵。他確認了三種行為：不可以用身體攻擊別人、聽從大人的指導，和做之前要先問過大人。他們會把重點先放在第一個。他把每天的時間分成了幾個時段，凱蒂只要在每一時段中，做到三項行為當中的一項，就可以得到一個代幣。每天她可以用代幣來交換獎品，她也可以儲存下來，一星期後可以換更大的獎品。比爾建議露絲開始時讓凱蒂很容易獲得獎勵，這樣她比較容易去接受這計畫。每兩星期他們會檢視這個計畫。露絲對於這個計畫顯得動力十足並躍躍欲試，她會在當天晚上跟凱蒂解釋做法，並在第二天實行。史提芬對這計畫則不甚樂觀。

三天之後史提芬打電話給露絲，想要知道計畫進行得如何。

「到目前為止還不錯，」露絲說。「凱蒂似乎很想得到那些代幣。事實上，假如我欠她代幣，她會記得並且很快地提醒我。她不再常有攻擊性，而且還會願意去做我要她做的事情。到目前，她沒有用掉任何的代幣。她把它們儲蓄起來，等到下星期去買洋娃娃。」

當他們跟比爾會面的時候，露絲不像第一次那麼快樂。她說凱蒂拿到她的洋娃娃，兩天之後就弄壞它了。「現在她在努力存代幣去麥當勞。雖然現在她不像之前那麼快得到代幣，但她還是表現得不錯。」

比爾對這計畫做了一些改變。凱蒂每天必須花一些代幣，而不是可以全部存起來。

兩個星期後，他們再度會面，但露絲顯得越來越沮喪。她表示凱蒂仍然繼續獲得代幣，只是不像剛開始那般頻繁。她好像在讓自己可以持續過去問題行為的同時，又能在拿到獎賞中找到樂趣。

「昨天她打了達士汀又把他推倒。而十分鐘之後她給我五個代幣，交換要去看錄影帶。她臉上出現了一絲笑容，似乎在說『哈哈！就算我打了達士汀，你也一定要給我看錄影帶』，我好想拿起她的代幣丟掉，可是我沒有，她如願看到了她的電影。」

比爾建議露絲再次改變她的計畫，但是並不是讓她更難拿到獎賞。他不願意讓凱蒂因為某些行為而損失了代幣，因為他害怕這會產生惡性循環。因此現在每天結束時，如果凱蒂整天都沒有任何攻擊行為出現，她就會得到特別的獎勵。

3月的時候，他們又再跟比爾會面，露絲現在更是挫敗。

「如果她想要得到一些東西，她會很棒的跟著計畫去做。可是一旦她得到，她就會像之前一樣攻擊和抵抗。或是因為某些原因，她不想要任何獎勵，她就會做她想做的事，一點也不在乎計畫。如果她改變主意想要獎勵，我不給她，她會跟以前一樣對我發脾氣。」

比爾認為凱蒂正在學習她必須遵守計畫以獲得獎勵的規則，她現在是在試探中，一旦她知道露絲是會徹底執行計畫的，她會願意服從。然後他建議改變代幣的價值以增加那些露絲特別在意想要改變的行為。

3月底，比爾發現凱蒂的行為跟七個星期前計畫剛開始時，沒有任何顯著的不同。當她想要得到一些東西，她很容易去達成她該做的並得到它，但之後沒有任何轉變。比爾仍然擔心假使露絲減少獎勵機會，或是讓凱蒂失去她之前所獲得的代幣，會讓她的動機變得更少。

1993年4到5月，史提芬跟露絲每週三次討論凱蒂的事情。主要是露絲報告凱蒂做了哪些新的事情。史提芬剛開始會問她不同的問題，試著去了解凱蒂的動機，以便防止事件再發生。可是她為什麼要在牧師來拜訪他們的時候，用顏料把他的車子畫得亂七八糟呢？為什麼她要用叉子弄壞自己的墊子？他可以了解她為何不經允許就去拿餅乾，可是她為什麼要把土放在烤麵包機內？為什麼露絲叫她把衣服放進抽屜，她會對露絲大吼大叫、咒罵和踢她？為什麼她要躲在門後，等露絲或達士汀經過時跳出來嚇他們？有一次露絲被嚇得跳起來，失去了平衡，她的腳踝因此扭傷。凱蒂似乎很喜歡《阿拉丁》錄影帶，可是為什麼她會把它放到水深十公分的水槽裡呢？

史提芬跟凱瑟琳、艾爾、芭芭拉，還有另一位他所信賴經驗豐富的同事貝蒂‧諾頓會面，討論他可以怎麼做來改善狀況。

「為什麼不讓露絲一個月中有一個週末可以休息，不跟凱蒂在一起？」艾爾建議。

「她到 8 月就六歲了，」芭芭拉說。「也許參加夏令營課程對她會有幫助。」

「在心理衛生中心有一個父母親職課程，也許對露絲有幫助。」凱瑟琳說。「你可以告訴她這訊息，就算她不想參加，她一定會很高興你提供給她這個機會。」

「你曾經說過凱蒂跟媽媽會面之後，她會變得更糟糕。去問珍看看，她是否可以寫一封信，建議停止會面，直到凱蒂行為穩定下來為止。」

「可是我們如何使凱蒂停止做些她就像是世界上最壞孩子的行為呢？或是她就像是在世界上最糟糕的家庭中呢？」史提芬問。

「史提芬，你還有什麼能做而沒做的呢？直至目前為止，珍、比爾、露絲，或我們當中任何一個所提到的建議，哪個你沒試過呢？」凱瑟琳說。「我知道你很想讓事情成功，你已經盡力，露絲也是。她現在需要你的支持。只要去聽她說並再次確定她知道這不是她的錯就夠了。」

經過一段較長的沉默之後，史提芬說：「你說得對，凱瑟琳，謝謝。可是她只是個五歲孩子，她可以像五歲孩子般的可愛、友善和喜歡助人，為什麼她不停止其他的行為？我知道她被虐待，但已經過了八個月，露絲又對她那麼好，珍也是很好的治療師。什麼時候這種情形才可以結束？」

❖ ❖ ❖

1993年6月17日，凱蒂結束了在露絲家的安置。午餐後休息時，凱蒂跟達士汀在外面盪鞦韆，露絲則從廚房打開的窗戶緊緊的看著他們。他們在溜滑梯那裡互相追逐、大笑，這是露絲記憶當中他們笑得最多的一次。凱蒂是可以抓到達士汀的，但她很小心不要去抓到他，這樣達士汀笑得更開心。凱蒂看著露絲，似乎要得到她的肯定。露絲微笑著大聲說她會給他們每人一枝棒棒糖，因為他們能好好地一起玩。

當露絲正要打開冰箱時，她聽到一聲尖叫。她趕緊跑到窗那邊，看到達士汀躺在地上，而凱蒂站在他旁邊。露絲驚恐的看到凱蒂用腳踢向達士汀的頭。露絲大吼：「凱蒂，不可以！」然後往外衝。當快接近時，她看到凱蒂又再踢他一次，然後跑到盪鞦韆後面。露絲趕到達士汀那裡，他正在地上一邊尖叫一邊哭著。她抱著他而且試著讓他靜下來。露絲摒著氣望向凱蒂，她也正面露笑容看著露絲和達士汀，而這笑容是露絲從未見過的。凱蒂似乎很興奮和開心，而不是驚慌或生氣。凱蒂似乎很快樂！

露絲帶達士汀進屋內，照顧他的瘀傷，她幫他檢查全身，然後抱著他，直到他停止哭泣。凱蒂進來要求要那棒棒糖！

「凱蒂，你弄傷了達士汀，」露絲說。「你不會有棒棒糖。跟他說對不起。」

「你說我可以有一枝棒棒糖的！」凱蒂大叫。「我要，給我！」

「凱蒂，沒有！」露絲說。「在你做了傷害達士汀的事之後，你不可以有棒棒糖。說對不起！」

「我恨你！」凱蒂說。「我才不說對不起，我很高興傷害了他！我恨你！」

當露絲在安撫達士汀的時候，凱蒂又跑到外面去。最後露絲跑去找凱蒂。她發現凱蒂在牧場那裡用石頭丟小馬。當露絲靠近她時，凱蒂就跑到馬路那邊。露絲遲疑著，如果她去追凱蒂回來，她不知道事情是否會越變越糟糕。後來她決定回到屋裡，然後從窗戶那邊看著她。她的決定是對的，凱蒂約在三十分鐘後慢慢回到屋裡。她經過廚房，露絲和達士汀也在那裡，凱蒂生氣地看著他們。她對他們非常憤怒！她到底有沒有覺察到她剛剛做了什麼事情？

那天傍晚，露絲和她的丈夫決定了，凱蒂必須安置到別的地方。第二天，露絲帶著悲傷及自責打電話給史提芬，告知他凱蒂必須馬上離開。史提芬不能說什麼，他知道露絲是對的。他必須給凱蒂找一個家裡沒有小小孩的家庭。他最後一再肯定露絲所做的一切，他知道她已經盡力了。

評論

像凱蒂這種孩子，他們的改變動力跟一般孩子是不一樣的。所以一般的增強物在任何時候都無法見效。具體的增強物以及活動也許在短時間有用，但這些外在物質很少能在本質上帶來改變的動力。要透過物質來產生關係是不可能的，因為關係本身很少因不斷的給予增強而能增加其價值。一系列良好的行為不會產生一致和有價值的自我感。相較於正常兒童，有創傷／依附問題的孩子所需的典型增強物很不尋常。這些增強物包括了控制他人的情緒和行為，並在每次的權力鬥爭中得到勝利。而且這些孩子很愛說「不！」，他們努力的對自己及他人一直抱持著負面的看法。除此之外，他們也被強化可以不需要依賴他人，而且避免人際互動中的樂趣和愛。要求幫助和讚美會使他們感到脆弱，所以他們避免那樣的經驗。很多時候在指導這些兒童產生社會化行為時，我們所使用的貼紙和「M&M's」巧克力糖等獎品，根本無法對抗這些已在他們生命頭一、兩年期間，在他們內在所發展出來的增強物。要知道當父母清楚而準確的告訴孩子行為改變的計畫時，他們犯了一個錯誤，因為他們等於告訴孩子什麼是父母認為重要的，這讓孩子更清楚如何去控制父母，而且造成父母更大的壓力。這好比球隊教練在比賽前告知對手他的遊戲計畫一樣的意思。

我不是說認知行為的介入，對有依附／創傷困難的孩子，在日常照顧及治療上沒有貢獻。而是我認為，「認知行為」要用透過評估孩子行為來看任何進展的介入措施之前，首先必要促進兒童的安全感。隨著身體和心理安全的發展，孩子開始漸進形成與照顧者的依附感。這樣的依附是基於對孩子傳達不論好壞的接納，即使行為需要再評價和解決。從安全出發，新的學習機會才會出現，讓互為主體和互惠的情感經驗也包含其中，而且需要更加去了解互為主體發生的過程，並且把它應用在治療當中。還有，我相信在治療初期，應該先注意感覺的辨認及調適，關係的要素包含了相互作用、解決衝突、情感溝通、找尋安撫、依附安全和反思功能等。一旦這些領域都有進展，傳統的認知行為介入，就容易更有效果。

傳統的遊戲治療在促進孩子與父母之間的依附關係發展方面，常常沒有什麼效果。遊戲治療強調非語言的介入，這些介入並非前語言，而是涉及非語言象徵過程，那是安全依附的孩子，要在十八個月大之後才會出現的。對很多呈現嚴重依附困難的孩子，他們不足以對玩具賦予足夠的象徵意義，從而解決他們過去創傷的事件。當遊戲治療師一再強調以治療師與孩子的關係為療效進展的工具，殊不知很多沒有成功地與父母建立依附關係的孩子，是不太可能在一星期中一、兩個小時的見面時間，就與治療師建立起一種可以影響他們嚴重依附缺損的關係。而且大多遊戲治療強調以非指導式來進行，而依附能力弱的孩子有一種必須掌控的強迫需要，因此當可以選擇時，他們是不會放棄控制的，也因此他們就逃避了互為主體與羞愧這兩個不確定的經驗。最後，遊戲治療師常把父母摒除在治療過程之外，他們在另外的時段給予父母諮商時間。當我們想要孩子和新的父母建立安全依附關係時，我們需要謹慎地想辦法讓父母進入治療過程裡。同時，我考慮到同理、接納及意義創造的原則，那是我首先在遊戲治療訓練中學習到的，這介入模式的重要觀點，是我即將要介紹的。遊戲治療介入可以很容易跟我在這裡要介紹的治療模式整合，雖然它們維持在次要的角色，特別是在開始的時候。

凱蒂在露絲家顯現的錯綜複雜症狀，普遍都會在寄養孩子身上出現，雖然凱蒂的狀況是比很多孩子還要嚴重。在發展創傷中其中一個受損的部分是有困難形成有組織的依附，稱為依附紊亂，那是被認為造成心理發展困難的危險因素（Lyons-Ruth & Jacobvitz, 2016）。當大部分孩子進入寄養照顧時，他們很容易出現依附紊亂（Lyons-Ruth & Jacobvitz, 2016）。他們在日常生活中，很容易出現控制人和事件的高度需求。他們的情緒調整很貧乏，會有出現外化和內化問題的危機。他們的行為跟依附安全是不符合的。要去建立及維持一個安全的依附關係，即使只是考慮到它，也會是極為困難的一種奢望。露絲擔憂如果安置真的終止，凱蒂可能根本不會想念她的。不想念並不表示凱蒂不會受到結束安置的心理傷害，這只是增加她的危機，她會失去繼後的「依附者」，甚至沒有依附者。

很多寄養父母跟露絲很相似，他們非常願意給予寄養童類似於他們照顧自己親生孩子般的家庭經驗。通常他們跟那些寄養童住在一起幾個星期或幾個月後，那些寄養童的嚴重問題就會導致他們的家庭生活出現分裂。很多寄養父母會很熱切的去獲得資訊、建議及支持。當最後他們不得不「放棄」一個極端困難的孩子時，他們常常會對孩子的未來，感到相當的自責及悲痛。

對寄養照顧體制而言，為了能提供有嚴重發展性創傷兒童一個穩定和有治療性質的家庭，它必須拓展並持續有一種特殊的寄養家庭，這類家庭是可以成功地協助孩子解決發展性創傷造成的傷害。寄養父母很快知道，如果他們以養育自己孩子的方式去撫養依附能力弱的孩子，結果將是不一樣的。養育這類孩子所需的原則和策略，通常難以併入一般父母養育孩子的常規。

當凱蒂在第一次安置失敗之後，在她的意識裡，她會認定自己就是一個壞女孩，永遠不會有人真心的愛她。雖然露絲對待凱蒂比莎莉好得多，但凱蒂還是會得出一個結論，最終露絲對她的看法就像莎莉一樣，也就是她是個不值得別人為她花心血的人。

多次安置有可能阻礙寄養兒童建立一定程度的安全性、連貫性和依附安全感，以解決發展性創傷的影響。在我們的寄養照顧體制中，很多孩子經驗了多次安置。雖然我們的體制是要去維護、保護和養育這些受傷害的孩子，但是我們也可能就像原生家庭對孩子的虐待或忽視一樣，疏忽了他們的心理上和發展上的需求，而造成了深遠影響。

為了更能反映兒童的需求，寄養體制必須能夠快速且適當的回應這些孩子在安置上的需要，他們要一個既安全又持久的安置。每一個孩子在進入一個永久的家以前，無論是回到原生家庭或是進入領養的家庭，都應該只有一次的暫時安置。嚴格來說，寄養家庭需要有足夠的訓練，他們必須了解寄養的孩子因受虐及忽略，對他們一般日常生活所產生的影響。他們要知道如何以最有效的方法來養育一個在情感、認知和行為發展上有缺陷的孩子。寄養父母也會面臨著要維持照顧孩子所需的開放和熱情的危機，這些孩子拒絕接受照顧，導致他們受到封鎖照顧（Hughes & Baylin, 2012）。露絲是一位有能力也願意奉獻的寄養父母，如果她想要有效地幫助像凱蒂這樣受傷害的孩子，而且引導她建立安全的依附關係以及健康的家庭關係，她需要有相關的知識、支持和處理策略來協助。

史提芬很快的發現在為孩子提供他們所需的廣泛性服務上，他是極為關鍵的一個角色。這些兒童通常有不同的需求，包括心理、醫療、教育和社會等項目，而且如果要完全符合這些孩子的不同需求，這些項目必須統合起來。同時，他要重新計畫凱蒂和她的父母重聚，他也必須監督他們正在接受的輔導服務並且確定探訪的安排是適當的。他要經常跟律師溝通以及準備法庭用的報告。如果他沒有保存足夠的公文，在法庭上凱蒂所受到的傷害將比受到的協助更大。

為了對寄養照顧的兒童提供真正有效的服務，我們需要社會中相關的成員付出大量時間、金錢、訓練和承諾。如果凱蒂可以繼續留在自己的家和她的父母在一起，透過教導她的父母如何注意和回應她的發展需求，協助他們解決自己童年的難題和繼續為拒絕接受的孩子提供照顧，並為凱蒂提供心理、社會和教育服務，她的狀況也許會比現在好一點。預防服務、出生後服務、幼兒教育和家庭支持服務，所有這些服務應該要各司其職，這樣才能避免讓像凱蒂這樣的兒童進入寄養體制之中。然而即使我們提供這樣的服務，但當碰到像莎莉和麥克這樣的父母，他們要不就是拒絕，要不就是無法從這些服務中獲得改善時，我們就一定要有一套強而有效的寄養系統，使得凱蒂能夠得到完善發展的需要。當兒童在「保護家庭」（family preservation）計畫中仍不斷發生情緒受虐及被疏忽的情況，且有身體及性虐待的潛在危機時，我們就不能一直使用這樣的計畫。僅僅住在情緒虐待和被疏忽的環境幾個月，就足以造成這些兒童在心靈與思想上嚴重的傷害。如果法律、專業的心理衛生和社會服務機構都拒絕承認這樣的事實，我們也就不必對社會抱太大的希望，期望他們會認真的看待這類孩子的發展需求。

第 4 章

凱倫·米勒（第二個寄養家庭）

1993 年 6 月 25 日，史提芬到露絲家帶凱蒂到另一個新家。直到目前為止，他能夠為凱蒂找到最適合的是米勒夫婦的家，凱倫和肯是一對非常年輕的夫婦，才剛在九個月前成為寄養父母。他們做過幾次短期寄養，而且看起來做得很不錯。他們沒有孩子。凱倫大部分時間都在家，她在本地的一間公司做兼職，有時也會做些日間照顧工作。他們很興奮可以接凱蒂的案子，因為凱蒂的年齡還有她可能可以跟他們住一陣子的關係。當史提芬向凱倫提出這要求時，她甚至表示如果有可能，她跟她先生或許會領養凱蒂。史提芬告知她凱蒂的安置計畫，凱蒂最終是要回到她父母身邊的，如果她的父母能夠做到服務規定的內容。

當史提芬告訴凱蒂她要搬到凱倫和肯的家時，她馬上問是否可以帶走露絲給她的玩具和衣服。露絲以最支持的態度及方式向凱蒂解釋她必須離開的原因時，凱蒂對她的支持似乎並不在乎。她一直都沒有任何情緒表現，直到她談到要搬新家時，她顯得很興奮就好像這是一趟冒險之旅。

在開往凱倫和肯的家途中時，凱蒂不斷說些毫無相關的事情。當她稍微停頓喘口氣時，史提芬說：「我相信你對要搬家這件事很難過。」

「沒有，我沒有，」她回答。「這個家比較好，因為你說他們沒有小孩。」

「但是你會想念露絲和雷。你跟他們家人住了好長一段時間。或許你過一段時間可以跟他們見見面。」

「我不會想他們，露絲對我很兇。新家會比較好玩。」

當他們抵達時，凱倫和肯已經在大門等著。史提芬介紹他們彼此認識，凱蒂馬上各給他們一個擁抱而且叫他們「媽媽」和「爸爸」。她開始問很多有關這個家的問題，而且她很滿意，在認識環境之後就有牛奶和餅乾可以吃。她馬上就忘了史提芬的存在，而只跟她的新父母說話。當史提芬要走的時候，她一點都不理會。不論是凱倫或是肯都被迷人的凱蒂給迷惑了。

那星期不久，史提芬打電話給凱倫想要了解凱蒂的狀況。

「她真是一個好孩子，我們很高興能有她作伴，」凱倫說。「偶爾她會在我們叫她來吃晚餐或要她上床睡覺時生氣，但沒什麼大不了的事。我想她很喜歡在這裡。」

「我很高興事情進行得都很順利，」史提芬說。「一天當中有吃東西或囤積食物的問題嗎？有破壞東西嗎？」

「沒有，」凱倫說。「我想露絲可能在她吃東西方面要求得比較嚴。我們在正餐和點心時間都給她很多食物，晚上她就沒有把任何東西帶到房間裡了。」

「很好，我真的很高興她能夠有個好的開始。」

「或許我不應該這樣說，但我真的覺得露絲不適合當她的媽媽。凱蒂好多次告訴我露絲會對她大吼大叫，而且常被處罰。她需要別人更多的了解和耐性，這是露絲無法做到的。」

史提芬為露絲辯解，而且說明凱蒂過去一直有嚴重的問題行為。之後他跟芭芭拉分享凱倫的看法，他們都覺得凱倫低估了凱蒂該負的責任。芭芭拉表示她害怕凱倫也許要經過一段磨難才能了解凱蒂問題的嚴重性。

好幾個星期凱倫都告訴史提芬事情進行得很順利。他打電話給珍，她表示在治療時間，凱蒂出現比以前更多的抗拒。事實上，她好像在埋怨做治療，而凱倫也問珍是否可以不用治療。珍建議他們再做幾個月然後再來評估。

8月4日那天，史提芬到米勒家給凱蒂送生日禮物。大型的家庭派對正在進行，凱蒂沒有興趣去理會史提芬或是他送的禮物。凱倫正忙著享受派對，史提芬相信事情進行得再順利不過了。他見到了凱倫的母親安妮，她很開心的提起凱蒂。當他在跟安妮聊天的時候，他發現凱蒂顯然出現了一些行為問題，但凱倫以前卻沒有跟他提過。第二天他打電話給凱倫，問她有關她媽媽提到的困難。

「噢，我媽只是過度擔心而已，」凱倫說。「當然，凱蒂不是完美的，但我們有辦法處理。有一次她在沙發上尿尿，她也覺得自己做錯了。她也有其他一些問題，但沒有什麼大不了的。」

史提芬開始懷疑對凱蒂的安排，但他也無法確定凱倫是否有所隱瞞。由於他還有很多其他兒童案件需要分心，因此他別無選擇，只得相信如果凱蒂有什麼問題，凱倫都會告訴他。

1993年9月16日，史提芬決定這正是時候要趕他的文書作業。整天待在辦公室裡，有一大杯咖啡，和接待員茉莉在那裡接電話，對他是很大的幫助。

早上十點半，茉莉進來給他一張便條。這對他在處理文件上沒有任何幫助。因為珍在電話線上，她說有非常重要的事。

「史提芬，我們有麻煩了。今天要來治療之前，凱蒂和凱倫到 Kmart 超市，凱蒂要凱倫給她買些糖果，但凱倫不肯，凱蒂很生氣。看來為了這件事，她打算找凱倫的麻煩。」珍說。

「她會不會在說謊，因為她得不到她想要的？」史提芬問。

「我覺得不是謊言，」珍說。「她說凱倫把她綁在椅子上，因為她沒有在被罰暫時隔離時坐好。在她兩手的手腕上好像有繩子的痕跡。她也說凱倫打她耳光和抓她的臉。臉上是有一個抓傷的痕跡。她給了我其他一些例子，聽起來像是真的。然後她問我會不會幫她大聲的去叫凱倫買糖果給她。」

「其他例子是什麼？」史提芬問。

「她說凱倫叫她小婊子。還說凱倫把她鎖在衣櫥內，而且把食物硬塞進她的嘴巴。但對我而言最可怕的是她知道我會打電話給你，她真的很生氣我這樣做，她不想離開這個家。她說凱倫是一個很棒的媽媽，因為她常常買東西給她，讓她做她想做的事情。她只是要那糖果而已。」

史提芬表示他會馬上到。珍說她會跟凱倫和凱蒂一起留下來直到他來。

當凱蒂在等候室玩的時候，史提芬在珍的辦公室裡請珍把凱蒂告知她的說給凱倫知道，當珍告訴凱倫的時候，她變得既不安又緊張。凱倫馬上說那繩子的痕跡是個意外，是凱蒂玩繩子時弄到的。她沒有綁她。當珍繼續一個又一個例子說出來的時候，凱倫開始哭起來。

「為什麼她永遠不會滿足？」最後凱倫問。「我們已經給她那麼多，也一直滿足她，但她還是想要更多。當我最後說『不可以』時，她對著我大吼大叫，然後說我對她很兇，我永遠無法滿足她。」

「你有給她一巴掌和抓傷她嗎？」史提芬問。

「有，有，而且我還打她，」凱倫回答。「那只是因為我忍無可忍了。她常常對我生氣，如果我給她東西，她才會做我告訴她的事情。有時候我很憤怒，我想要傷害她，就像她傷害我一樣。那天我再也無法忍受了。」

「你可以請我們協助。」史提芬安靜地說。

「你也許會說這是我的錯。我在想也許情況慢慢會好一些，有一天她會了解我有多愛她。我只想她跟我們快樂地在一起，當她告訴我說她不想跟我們一起住的時候，我好恨啊！」

「凱倫，我很難過你遭遇了這麼多的困難，我很希望你能早些告訴我們，或許我們可以在情況還沒有走到現在這地步前給予協助。我想經過這些事情之後，我不得不把凱蒂帶走。」

「不要！」凱倫大叫起來。「我真的很愛她，我不會再做那些事情。請你再給我一次機會。」

「就算以後你可以控制不對凱蒂生氣，需要時也會要求我們協助，但我擔心在發生過這麼多事情之後，如果讓凱蒂繼續住在你家，她可能不會有任何的改變。凱倫，我覺得讓她繼續跟著你，對你或凱蒂都是不公平的，我很抱歉！」

珍同意史提芬所說，並給凱倫支持鼓勵。然後她叫凱蒂進來，並且告訴她即將要搬走的事實。

「不要！」凱蒂大叫起來。「我要跟著凱倫，是我說謊。她沒有做錯什麼事。」

「我有，」凱倫說。「你不需要為我說謊，凱蒂。你沒有錯，是我。」

「我想要跟著凱倫。她會買東西給我，又給我看電視。比起露絲，她讓我玩得更多。」凱蒂說。

當凱倫哭著，凱蒂看著她，但是她沒有任何情緒。最後她沒有任何抗拒的跟著史提芬離開，當她走進車子時，她馬上告訴他，她想要去另一個「像凱倫家」的家。

回到辦公室裡，史提芬找了一些蠟筆和紙給凱蒂，他要跟凱瑟琳討論這危機。凱瑟琳支持他把凱蒂帶離凱倫家的決定，他們現在要開始幫她找一個家。凱瑟琳想到最近有一個寄養童已經回去了自己的原生家庭，她問貝蒂那寄養家庭是否適合凱蒂。

「史提芬，蘇珊・柯敏斯是很好的寄養父母，從你所說的有關凱蒂的狀況，我想她有能力處理。何不給她一通電話？」貝蒂說。十分鐘之後她回來說蘇珊同意可以馬上接收凱蒂，也會考慮無限期照顧她，但她要先知道一些有關凱蒂的事才要決定。

當他載著凱蒂回凱倫家去拿她的東西和道別時，史提芬終於覺得可以鬆一口氣了。凱蒂將要去第三個家。

評論

凱蒂從露絲家搬到凱倫家的反應，對有困難建立依附關係的兒童而言並不罕見。當要離開一個即使沒住上幾年但也住上好幾個月的家庭時，這些孩子並不會有悲傷的情緒。他們缺乏情感的表達，好像反映著他們對寄養父母或領養父母並沒有深厚的關係。寄養父母的職能只是滿足他們立即具體的需求。這樣的父母是可以替換的。他們既不是依附者，也不是互為主體間愉悅和有趣的來源。父母親的價值是取決於滿足他們願望次數的比例。因為這些兒童不會有持久的滿足感，他們不可避免地會對他們目前的寄養父母感到不滿意。他們是滿願意搬到另一個家去的。在這個時候，凱蒂仍然喜歡和凱倫生活在一起，因為她經驗到好處（玩具、食物、電視），並用此來權衡那些不利（限制、憤怒、被打）。

有人可能會懷疑凱蒂只是對他人隱藏自己的悲傷情感。她可能假裝沒有什麼感覺來減少她被拒絕的感受。我不相信有發展性創傷特徵的孩子，當他們搬到另一個家時，其內在有上述的說法發生。凱蒂可能會對現在去哪裡的不確定性感到些許不舒服，她最可能就是讓自己分心，就像她處於任何脆弱情緒時的做法。凱蒂是真的還沒有跟露絲或是凱倫發展出內化的過程，有這種過程才有可能釋出失落和被遺棄的感覺。凱蒂是一個體，她把所有的注意力都集中在獲得自己的需要，她的這些需要包括食物和物品，而不是情感和安慰。她依靠自己，而不是她的寄養父母。她對人沒有任何同理心，也從未感受到父母與她是不同的個體。她需要「自私」，因為她相信只有她才能滿足自己的需要，她對自己的感覺是支離破碎、坑坑洞洞，而且帶著羞愧的。她的所有心理能量都用在找尋急救繃帶把自己支撐起來，並且修復傷口，和隱藏空虛。繃帶無法支撐一個孩子，她需要一個母親，一個可以「擁抱」她和支持她的母親，讓她以一個區分和整合的方式來慢慢學習發展她的「自我」。跟這樣一位媽媽建立依附關係之後，凱蒂就能從中模仿並且調整出屬於自己型態的自我。因此如果她要做到放棄那長久以來的「自私」，依附關係中所產生的快樂及趣味感就是先決條件。

在另一個九歲大的女孩那裡，我曾聽到一個讓我最難過的說法，她在目前的寄養家庭裡已經住了一年多。當我表示她的話語及行為，讓我想到她會想要每三個月，從一個家換到另一個家時，她想了一下我的話，然後充滿希望的問我：「可以嗎？」我不知道要說什麼才好。

凱蒂能立即充滿渴望的叫凱倫和肯「媽媽」和「爸爸」，並不奇怪。這樣的呼喚並不表示她對新父母有喜好的情感，相反的這只是她在努力控制這些照顧者的表現。她在說：「我真的好喜歡你。那現在你就要對我好，給我想要的。」很可惜她不知道如何去「喜歡」人。但她知道父母都想要在孩子的心目中是特別的，所以她告訴他們想要的，他們是特別的。凱蒂，和她所代表的孩子們，試圖在新的關係中操控成人讓自己存活下來。當他們要得到想要的東西時，他們可以很迷人、有禮貌、友善和樂於助人。大多數成人會以為這樣的行為，雖然很表面，但慢慢就會深入真愛裡面。這樣他們就更容易對凱蒂好，不想要破壞這「美好」的開始。他們想要「增強」他們的新孩子的適當行為。在與凱蒂的互動中，凱倫期待得到一些互惠，但當期待落空時，她不只不再「為她做所有的事」，當凱蒂拒絕她成為她的媽媽時，她也開始很憤怒。她不知道其實凱蒂從來沒有把她看作是媽媽；對凱蒂而言，凱倫只是一個她不得不操控的大人，不是媽媽。

有一個危險是當寄養或收養父母開始看出那是「操控」，父母對孩子的拒絕會有被欺騙的生氣反應。父母會認為孩子的相關行動是不誠實和不道德。這是影響深遠的，父母必須要了解孩子發展出「操控」作為他們生存必備的技能，是因為她從來沒有得到像一般孩子所經驗到的父母照顧。孩子只好為自己打點以得到需求的滿足，因為她無法依賴她的父母主動去做，她需要發展出一些「手段」。迷人、操控和恐嚇，成了最佳選擇。我們不要去對抗孩子這些防衛方式，以免引發更大的羞愧感，及更多的防衛。

雖然有很多寄養安置跟露絲類似，但有更多是像凱倫一樣。這些父母在接納寄養童方面，可能有、也可能沒有正確的動機。然而像凱蒂這類的孩子是很可能引發照顧他們的成人的強烈情緒反應。寄養兒童也常會不由自主的製造出他們在原生家庭中的受虐情境，因為他們的能力尚無法適當的調節情緒、自我控制和自我反省，他們常會出現激烈的情緒及突發的行為。他們常會衝擊到寄養父母的情緒反應，反映出寄養父母的沮喪和「封鎖照顧」，以及寄養父母自己在童年時沒有解決的議題。當寄養父母存在這樣未解決的重要問題時，他們會有在照顧孩子時虐待他們的危險。一旦發生時，寄養童在進入寄養家庭之前的嚴重問題，將因受到本來選擇要保護他們的成人不當的對待而更形惡化。

照顧創傷／依附有困難的兒童，是一件非常困難，且是每天二十四小時的工作。它需要高度的成熟度、自我控制能力，並能同理孩子的內心世界，同時也要有高度的抗壓性。需要這些寄養父母對他們自己的依附歷史得到解決。傑出的寄養父母，需要機構保持高規格的審查、訓練和支持。就算是這樣，還是會有寄養父母無法承受寄養童的危機存在。當發生時，我們對那些殘酷地被虐待及疏忽的孩子們所採取的解決方式只會使事情更糟糕。我們需要盡力減少這些制度導致的失敗。我們的承諾必須從精選、訓練和支持每個寄養父母開始，沒有稱職的寄養父母，整個系統就會把這些孩子捨棄掉。

第5章

蘇珊・柯敏斯（第三個寄養家庭）

蘇珊・柯敏斯讓史提芬想起了露絲・戴利。她讓人感到溫暖、輕鬆而且有自信。她顯然很喜歡這樣的工作，而且看起來也很高興跟凱蒂會面。她的丈夫理查經營一間代理本地燃油的公司，她是家庭主婦。她有兩個「大」孩子，貝絲離家在大學唸書，迪克則自己住，並在父親公司工作。她家已經有兩個寄養童，九歲的潔西卡和十二歲的小丹。她正要外出去接練習足球的小丹回家，於是邀請史提芬和凱蒂陪同一起去。

凱蒂想馬上得到蘇珊的注意。她跳到車子前座去，蘇珊提議她回到後面座位跟潔西卡一起。她看起來好像受傷了。然而，她很快地「捲土重來」。她叫蘇珊「媽媽」，就好像她跟蘇珊已經認識了好幾個月。蘇珊很喜歡回答她有關學校、她的房間，和她是否喜歡麥當勞等問題。凱蒂一點時間也不願放過的告知蘇珊有關她上一個媽媽凱倫，如何在各方面虐待她，蘇珊一再向她保證她不會對她做那些事情。史提芬非常高興，凱蒂能那麼直接把那些議題告知蘇珊，但是他感到疑惑的是，她怎會這麼快就用這樣負面的態度來談論凱倫呢？史提芬從中打斷，說那只是凱倫太累了，她只是沒有足夠的訓練，不知道在碰到困難時如何去照顧孩子而已。凱蒂看著史提芬，帶著一種結束所有辯論的語氣說：「她就是對我很兇，我不喜歡她。」

回到家之後，當史提芬跟蘇珊在談話時，小丹和潔西卡主動提出要帶凱蒂去參觀她的房間。凱蒂馬上回應：「我要媽咪也去！」

「你跟潔西卡去吧，凱蒂，她很想帶你到處看看。」蘇珊提議。

「我要你帶。」凱蒂差一點哭出來。

「好的，寶貝。你要再等一下，我正在跟史提芬談話。」

凱蒂坐著等，潔西卡和小丹離開房間。史提芬決定第二天再打電話給蘇珊告知她更多有關凱蒂的事情。當他離開之後，蘇珊帶著凱蒂去看她的房間。

在頭幾個月，凱蒂在蘇珊家似乎適應得很好。她一直黏著蘇珊和她聊天，只有在理查下班回家的時候，她才會讓蘇珊休息。理查很快就喜歡凱蒂了，她是這樣的友善和充滿感情。她也想要幫點忙，如果理查太忙而無法讓她和他一起做些事時，她便顯得非常失望。

凱蒂對潔西卡和小丹就沒有那麼好的印象，她不要他們幫忙，她也很少跟他們玩，除非她需要他們為她做事情。每當他們到蘇珊那裡說話或是休息，凱蒂都會想辦法介入他們之間。如果他們抱一下蘇珊，她就會停止她正在做的事情過來抱蘇珊兩次。她會干擾他們的對話，而且只要他們要求蘇珊幫忙，她就會找些事來要蘇珊協助。

蘇珊剛開始會要求潔西卡跟小丹忍耐。說凱蒂剛來，她只是需要較多的注意，直到她對這個家感到自在為止。但不久，她會要求凱蒂輪流：「我也要跟我其他孩子在一起。」蘇珊心想凱蒂可以開始接受跟其他兩個孩子「分享」她。然後她發現當她花一些時間親近潔西卡和小丹，凱蒂就會拿走或打破他們的東西，他們會被凱蒂激怒。蘇珊會讓他們冷靜下來，並糾正凱蒂。她以為凱蒂會停止，但這樣的模式似乎越演越烈。潔西卡和小丹不喜歡他們的「新妹妹」。

1993年11月13日，小丹在外面幫忙理查把落葉耙成一堆，之後他們會把它鋪在花圃裡。他拚命的趕上他的「爸爸」，無非是想要得到理查的欣賞及認可並稱讚他「做得好」。小丹以前從來沒有一個父親願意花時間跟他在一起，並且會欣賞他的努力和能力。當理查排除萬難去看他上次的足球比賽時，小丹有種難掩的自豪和高興。

理查喜歡小丹，他工作認真而且也學得快。在某方面，理查感到自己和小丹的關係比起以前自己的孩子迪克在同一年紀時還要更親，很奇怪怎麼會這樣？迪克好像一下子就長大，他們很少有時間在一起做很多事。理查打算在下星期找兩天跟迪克去打獵。那會是很棒的。小丹也想去。理查想，也許一或兩年之後，他們三個可以一起去。

凱蒂和潔西卡在屋子後面的鞦韆旁邊玩。那是很不尋常的，他們在一起沒有吵架。小丹看到他們，他也看到凱蒂就坐在溜滑梯上面，正在玩他的遊戲機。

「凱蒂，我告訴過你不可以玩的，」小丹大叫著。「把它放回屋子裡。」

凱蒂不理小丹。他又叫起來。凱蒂抬頭，凝視他，然後又回到手中的遊戲裡。

「凱蒂！」小丹尖叫著，並放下手中的耙子跑過去，她還是不理他。「那個給我！」當他到鞦韆那裡時，大叫著。

「不要！」她大叫回去，然後突然間，把遊戲機丟到車道上。

「凱蒂，我恨你！」小丹大叫著跑到他的遊戲機那裡。撿起它來，但螢幕上已經沒有東西，他試著啟動它，但就是不行。

小丹轉身跑向凱蒂那裡，她仍舊坐在溜滑梯上。理查大叫著小丹讓他來處理，但小丹不聽他的。凱蒂想要溜下來逃跑，但小丹在她溜到一半時抓到了她，並把她推了下去。凱蒂從溜滑梯旁掉下去，背部著地並發出刺耳的哭叫聲。

理查看到凱蒂掉下來，他跑向她，把小丹推到一邊。

「進房裡去！」他對小丹大叫。

「可是她弄壞我的遊戲機！」

「閉嘴，給我滾開。我現在不想看到你！」理查說。他彎下身來照顧著凱蒂。她把手伸向他，當她哭時，他把她抱著。蘇珊出來，他們很焦急的看她是否沒有大礙，然後理查去找小丹。

他走到小丹的房間向他大叫：「以後你再碰她，試試看。」

「她常常弄壞我的東西！」小丹流著眼淚大叫回去。

「我不管她弄壞你什麼東西，她只是一個小女孩，如果你想要再住在這裡，你不可以再打她。」

小丹動也不動就好像他被打了一樣，他瞪著理查。最後，他用很生氣的聲音說：「或許我也不想。」

「好，這是你的選擇。讓我知道你的決定。」理查把他獨自留在房間。

不久蘇珊進來，很平靜的跟他解釋，他比凱蒂大，他會傷到她的。她了解凱蒂有時候對他很不好，但是跟她在一起時，他要好好的控制自己。如果他可以對她有點耐心，或許她會對他好一點。

「媽，我受不了她。自從她來了這裡，什麼都不一樣。爸爸都站在她那邊，對我大叫。為什麼她要跟我們一起住？」

「小丹，兩年前你來這裡時，你也有這樣的一段時間。還記得強尼那時候跟我們一起住嗎？你很妒忌他，他對你也無法忍受。」

「但那是不一樣的，媽，我從來沒有像凱蒂那麼兇的對待他。而且她總是要找我和潔西卡的麻煩，她不想要和我們好，媽。」

「你就和我們一起再試試看，小丹。凱蒂曾經有過一段不好過的日子，而且她還是一個小女孩，她需要我們的耐心。」蘇珊說。

小丹久久的注視著蘇珊：「媽，我也有過一段不好過的日子。」

1993 年 12 月 18 日，柯敏斯家族開始準備聖誕節的到來。對蘇珊來說這是最快樂的季節。從布置房子、做特殊的麵包和派，到挑選禮物都是她很重視的活動。

理查和小丹剛把一棵樹搬進來，他們把它放在餐廳中以前一直擺放聖誕樹的地點。桌子擺在角落地方，所以會有很多空間可以放置從現在到聖誕節期間的禮物，而大部分的禮物會很神奇的在平安夜出現。

蘇珊開始擔心凱蒂真的不能如她所期望的「定居下來」。到現在已經三個月，她還是對潔西卡和小丹很兇。無論什麼時候只要她沒有得到她想要的東西，她就會鬧彆扭和告狀。她已經開始拿蘇珊的東西了。就在上星期，她的結婚戒指在水槽上方的窗台上不見了，她在凱蒂的背包裡找到。凱蒂的老師打電話來說她在學校炫耀她的「新戒指」，當她跟凱蒂對質時，她不回應。凱蒂在被質問她做過的事情時，似乎都會「封閉」自己。蘇珊會說出她要講的話，而凱蒂會等到她說完，然後就離開。蘇珊懷疑凱蒂根本不會感到愧疚，也不會承諾去改變她的行為。

蘇珊希望聖誕節可以幫凱蒂放鬆下來並成為正常、快樂的孩子。珍・譚寶說過這不可能那麼快發生。珍認為凱蒂可能還需要一兩年才有辦法開始信任他人。蘇珊祈求珍的說法是錯的。

蘇珊、潔西卡和凱蒂打開裝飾品的包裝紙和其他布置樹的東西，把它們放在桌上，並等待著樹準備就緒。每一年蘇珊會給每個孩子一個新的裝飾品，這是蘇珊小時候很重要的傳統。她至今還保存十五個裝飾品，是她父母在她小時候給她的，每一個裝飾品都保有自己的回憶。她會跟孩子分享這些回憶，而他們也會對他們的裝飾品更珍惜。去年潔西卡拿到一個很可愛天鵝形狀的白色裝飾品。潔西卡很喜歡它，當聖誕節後收拾打包裝飾品時，她要求把它放在她的房間裡。蘇珊解釋說這裝飾品收拾放回箱子裡不只是為了安全，而且如果只有在這季節期間看到它，也可以保留它的神奇聖誕節特質。

潔西卡對可以再看到這飾品感到心情激盪。她很小心的打開包裝紙，把它放在桌子的正中央。她凝視著它，溫柔地觸摸它。

最後樹已經準備好了，而他們現在要做的就是把它變成「聖誕樹」。蘇珊每次給孩子一個裝飾品，他們在樹上找自己想要放的位置。潔西卡和凱蒂兩人同時把裝飾品放在同一個地方，潔西卡先放上去，凱蒂就大叫起來。蘇珊告訴凱蒂去找另一位置，雖然她總是會鬧，但之後她還是會去做。

幾分鐘之後，蘇珊抬頭看到凱蒂笑笑的看著潔西卡，然後把書丟到潔西卡的白色天鵝上。蘇珊和潔西卡兩人尖叫起來，小丹跟理查隨即抬頭看著他們。潔西卡跑到桌邊，把書本從碎裂的裝飾品上拿走。

「為什麼你要這樣做？」蘇珊抓住凱蒂的手大聲地向著她叫。

「這是意外。」凱蒂回答。

「我親眼看到你丟，你是故意的。那是一件很糟糕的事情！」蘇珊繼續用手抓住她，注視著她的臉孔。

「你把我弄痛了！放開我！」凱蒂向著蘇珊大叫。

「不，我不會！我不會讓你走開，除非你告訴我為什麼你要做這樣壞的事情。」蘇珊的憤怒不斷持續。

「蘇珊，你最好放開她，」理查說。「也許這是意外。」

「不是，我親眼看到她動手！」蘇珊轉向理查。「她要告訴我為什麼。」

「你把我弄痛了！」凱蒂繼續尖叫。

「你最好放她走，」理查再說了一次。「你有可能會傷到她。」

「我不會！」蘇珊對著理查大叫。「讓我來處理。」

「凱蒂，你現在進房間。你對潔西卡所做的是件很壞的事，你不准過聖誕節，除非我們解決完這件事。」蘇珊大叫。凱蒂一邊尖叫一邊跑進房間。

「你會不會覺得你反應過度？」理查問。「也許她真的故意這樣做，但是她不知道這對潔西卡有多重要。」

「她是知道的。她知道她在做什麼，而且她很高興去傷害潔西卡。我看到了，可是你沒有。」蘇珊對她的丈夫變得非常生氣。

「蘇珊，我們就算了吧。」理查說。

「你可以算了，可是我不可以。她必須去面對她所做的事。」

理查放下原本要裝飾到窗戶上的彩色紙帶，然後離開了房間。他們聽到他用力關門的聲音。蘇珊則抱著哭泣、顫抖的潔西卡在她的大腿上。

「潔西卡，我會給你另一個裝飾品。」蘇珊說。

「我想要我的天鵝！」潔西卡哭著。

「我會去找另一隻跟它一樣的天鵝。」蘇珊答應她。

小丹靠近樹旁，站了一陣子。「她總是搞砸一切！」他從房子跑到外頭，去找尋理查。

在接下來的兩個星期，柯敏斯家庭用他們常做的活動和傳統慣例來慶祝聖誕節。蘇珊無法讓凱蒂「面對」她所做的事。蘇珊也不再嘗試，而把心思放在如何給家人有一個美好的聖誕節上。她跟理查不再像過去這個時候一樣親密。這陣子蘇珊常感到悲傷，她失去了一些對她很特別的事物。凱蒂得到她的禮物，她似乎感到滿足。事實上她看起來是很平靜的，這也許是她從未有過最棒的聖誕節。就算她注意到其他家人的情緒，她自己也不會有任何干擾的。事實上這也是幫了她自己的忙。

❖　❖　❖

1994年1月27日早上，史提芬坐在書桌前正在計畫他的午休時間。珍妮給他列了一串清單要他帶些東西回家，那是今天給瑞貝卡第一次生日派對用的。珍妮的父母會來，他們會帶著錄影機、一堆禮物、電毯和許多的建議及關心。史提芬也想帶一些他選的東西回家，一些會讓他女兒喜歡的東西，給她當生日禮物。通常瑞貝卡的快樂及興奮都是以媽媽為重心，史提芬決定他需要有一些貢獻，如果他想要得到女兒一些注意力。他請芭芭拉和艾爾給他一些主意。在聽到不同的建議之後，他決定沒有人可以跟岳父母的出現競爭。遲些他會去找找看其他東西。

史提芬接到蘇珊的電話，他的焦慮增加了，就像過去四週來的每通電話一樣。雖然他們嘗試了各種方式，凱蒂還是無法在蘇珊家好好的安定下來。每次史提芬跟珍會一起與蘇珊會面，而珍和凱蒂也增加額外的治療時段。但到目前為止還是沒有任何進步。在上一次會面時，當聽到珍告訴蘇珊說凱蒂在他們家只有四個月而已，而孩子需要時間去相信他們的新父母時，史提芬感到害怕。因為之前他聽過也說過同樣的話。凱蒂已經在寄養家庭十六個月了，而且也接受了十四個月的治療。露絲和蘇珊都是很優秀、有經驗的寄養父母，凱倫也真的用心要給凱蒂一個美好的家。但下一步他還能怎麼做？又即將會發生什麼事呢？

「史提芬，我快受不了凱蒂了。」蘇珊說。「最近她都在早上四點起床。在她臥室門口的警示鈴本來是要防止她在屋內隨便亂走動而設的，但她後來發現這是使我們抓狂的好方法。她醒來的時候，會故意去弄響它，把全家人都吵醒。她永遠都有藉口，不是說要去洗手間，就說是她從床上摔下來，或是說她做了一個可怕的夢。被吵醒後，我們很難再入睡，甚至理查也快對她失去耐性了。」

「她最近真的讓你們不好過，有什麼原因會讓她變成這樣呢？」史提芬問。

「我真的不知道，似乎每天我都要給她的行為找新的解釋。我試過所有可做的。我想也許我太嚴厲，所以我就多放一點注意力在她身上，在後果部分也不太計較。然後我想也許我太鬆了，所以我又把規則訂嚴格些。但之後我又想也許我不夠有一致性，因此我訂了規則和生活作息來補救。不管我怎麼做都好像對她沒有影響。」

「維勒士醫師提議服用的抗憂慮藥物有任何效果嗎？」

「還沒有，他是有說過這需要好幾個星期才有效，她只用了十天。那只是給她埋怨的藉口而已，『為什麼我要吃藥而潔西卡跟小丹就不用？』」蘇珊回答。

「你有跟她解釋這不是處罰她，只不過幫她可以比較快樂一點嗎？」史提芬問。

「我有，但她不聽。我想如果吃藥這主意是她提出的，她會很開心的吃藥。她永遠都想要自己作主！如果我給她冰淇淋然後給其他孩子的是芹菜，她會跟我爭論。她會希望冰淇淋和芹菜兩種都有，而且讓她決定該要給其他孩子什麼。她想要掌控每件事。」蘇珊疲憊地說。

「蘇珊，我猜蜜月期過了。」史提芬說，因為該說的都說了。

「我想我們從來也沒有過蜜月期，史提芬。她過去幾個月的『好』行為似乎只是努力用來吸引我跟理查。我想她甚至希望我們會趕走潔西卡和小丹。以前她所做的負面行為都是針對他們。但現在是針對全部的人，包括理查。昨天理查要出去工作時，叫她幫他拿他的手套，她拒絕了，理查沒有說什麼，但他離開時，眼睛卻瞪著我。他似乎想要我修理她。或者，他也許是為了她的問題在指責我，我不知道。現在我們兩人已經很難在談論凱蒂時不生氣了。」

「其他孩子如何處理這些事？」史提芬問。

「他們避開她。如果有什麼，那就是他們可以表現得更好，因為凱蒂現在都是針對我和理查找麻煩。我想當他們知道，我們看清楚了凱蒂是怎麼樣的一個人之後，他們的心情一定輕鬆了不少。她不是我們第一次看到的那個好像很悲傷有困難的天使。他們對凱蒂的憤怒，我現在比以前更能了解。我還是很擔心理查和小丹，他們沒有像凱蒂來以前那麼親近了。」蘇珊說。

「這星期我會找個時間過去，我希望你能堅持下去。她最後必定會變好的。」史提芬建議。

「但願如此。可是最好能夠知道是什麼時候。」蘇珊回答。

就像以前一樣，史提芬把凱蒂最新的狀況跟艾爾和芭芭拉報告，他們都知道凱蒂對他的重要性。她代表了他的希望，他想要使那些受虐以及被疏忽的孩子有不同的生活。他在她五歲生日不久就跟她會面。當然他保證會給她一個好生活。他試著不要去想貝蒂引用的一句話：「師父領進門，……」

那晚回家途中，他把車停在本地的一家雜貨商場前，他瞥見了商場的小玩具區。在架子的最上方，放著一隻最大、最快樂的填充瓢蟲，那是他從來沒有看過的。那隻瓢蟲一定有兩呎半圓、五十公分高、鮮紅色，還有一雙黑色的大眼睛，好像正微笑地看著史提芬。那天晚上當瑞貝卡撕開禮物的包裝紙時，她發出了高興的叫聲。她抱著那大大的快樂瓢蟲，很想要把它抱起來。她抱不動，它太大了。所以她躺在瓢蟲上面，用手緊緊的抱著它。史提芬對自己能為瑞貝卡第一次生日派對做點事感到很驕傲。她堅持要那個瓢蟲陪她一起睡覺，珍妮只得為她在小床上找出空間來。

珍妮和史提芬第一年當父母的感受是忙碌、疲倦、有挑戰性，且有成就感。他們過去從沒有為任何人或任何事需要那麼操心，但他們兩人一點也不感到後悔。瑞貝卡充實了他們的生活。她需要他們的照顧，他們必須做出一個計畫表，互相分擔責任。可是瑞貝卡就是有辦法讓時間很快地消失掉。史提芬也許會跟她玩上一個小時，製造奇怪的聲音和做鬼臉，跟著她背後爬，對她無數的姿態、表情和動作做出喜悅和驚訝的神情。他們會繞著餐廳的桌子爬，一個追，另一個就會發出尖叫聲，然後他們會交換方向，換另一人發出驚叫聲，他們的樂趣和興奮是相互的。當史提芬感覺到瑞貝卡疲倦時，他會直覺地放慢他的步調、姿態和聲音。不久瑞貝卡就會躺在他的大腿上，把姆指放在嘴裡，變得很安靜。他會等待她已經休息夠的訊號出現，然後她會起來轉到其他活動去。

剛開始，史提芬對珍妮和瑞貝卡的關係是感到驚嘆的。當她們在一起時，好像其他一切都不存在。珍妮似乎時時都可以敏感察覺到瑞貝卡的心情和意圖，當這些出現時，她都可以剛剛好捕捉到她女兒出現的內在狀態而加以回應。瑞貝卡躺在珍妮腿上，她們會彼此凝視很長一段時間。她們會隨著無聲的音樂微笑、轉動頭部、眼鼻碰著眼鼻。史提芬不覺得他可以像珍妮一樣，如此親密地投入跟瑞貝卡一起；他也不覺得瑞貝卡和他一起時，會像跟珍妮一樣如此有興趣。這前十二個月的時間似乎是專為瑞貝卡和她媽媽而設計的，她們在出生時的合一似乎依然存在。瑞貝卡在跟珍妮共舞的同時也漸進地成為自己。

1994 年 3 月 8 日，凱蒂學校的校長打電話給蘇珊，凱蒂拿了另一個孩子的點心不肯還。當老師過去拿回來時，她踢老師而且跑離教室。最後老師和助理好不容易把她帶到校長的辦公室，校長馬上通知蘇珊要她帶凱蒂回家。同時她被處罰第二天不能到學校，這是校長第一次給一年級孩子這樣的處罰。

當蘇珊把凱蒂帶回家時，凱蒂表現出一副若無其事的樣子。在車上她完全忽視蘇珊跟她說到有關她傷害老師的事。當他們進到屋子裡，凱蒂馬上跑到電視機前打開電視。蘇珊關掉電視，然後告訴凱蒂她要留在房間內，寫完老師給她的功課才可以。她告訴凱蒂因為別的孩子在學校上課，她在家也要做學校的功課。

「不，我不要，你不可以要我做！」蘇珊對凱蒂的反應並不意外。凱蒂的反抗態度已經是家常便飯。

「凱蒂，我現在要你進你的房間去。」蘇珊說，然後也準備自己帶她回房間去。

凱蒂向著蘇珊尖叫：「我也會踢你！」聽到這警告，蘇珊試著去保護自己，但當蘇珊抓住她的一隻手時，凱蒂依然想要用力踢她的腿。她把凱蒂轉來轉去的，然後推往她的房間去。凱蒂伸手一把抓住蘇珊的頭髮。蘇珊的眼鏡掉下來，兩人摔到地毯上。凱蒂尖叫著蘇珊弄痛她的腳，當蘇珊放開她時，她跳起來跑向廚房，蘇珊跟著她，大叫要凱蒂停下來。凱蒂抓起無線電話，往玻璃窗扔過去，然後凱蒂衝到外面去。蘇珊緊跟著她，可是凱蒂不理會蘇珊喊她回來的叫聲。她跳進車子內，鎖上門，不讓蘇珊進來。蘇珊去拿鑰匙，當她回來時，她看到凱蒂在前座用憎惡的眼神看著她。蘇珊轉動鑰匙，車門的鎖往上跳，但是在她可以打開車門以前，凱蒂從裡面把鎖按下。這一開一按的來回了二十次以上，後來蘇珊放棄回到廚房。外面好冷，而凱蒂沒有穿外套。等了一個小時後，蘇珊想要再試試看，但凱蒂仍不開門。最後蘇珊很擔心凱蒂的健康，所以她叫理查從公司回來。當他回來的時候，凱蒂還是把自己鎖在車內，不讓他們進去。最後，理查和蘇珊要同時開兩個前門，這樣他們才可以靠近凱蒂。理查必須要硬抓著她才能進房間。她尖叫、咒罵，而且想要抓他的臉。然後她就開始破壞她的房間。

3 月 11 日，當史提芬和蘇珊在珍的辦公室見面時，他感到極度的沮喪。凱蒂在蘇珊家已經六個月，她的問題比之前更嚴重。她接受寄養照顧已有十八個月了，但至今到底做到了什麼？他轉向珍，問她下一步他們可以怎麼做？

「我希望我知道，」珍回答。「我們可以跟比爾再討論其他的行為改變計畫。我們必須對凱蒂抱持樂觀的態度，否則會出現惡性循環，這對她或任何人都沒有好處。」

「我還沒有要放棄，」蘇珊說。「那道窗可以等到史提芬賠償給我新的，但是我們必須要找到一些方法來應對她。她跟潔西卡和小丹不一樣，他們似乎都想要讓自己表現好一點，當他們把事情搞砸了會感到抱歉，而且很樂意去做一些什麼來表示他們的遺憾，讓事情解決掉。可是凱蒂一點都不在乎。對她來說這都是其他家人的錯誤，如果讓她對自己所做的承擔自然後果，接著我們就倒霉，就好像在她使壞時，我們都無權過問。」

「你有看到任何服藥後的效果嗎？」史提芬問。

「史提芬，沒有，」蘇珊回應。「維勒士醫師已經試了另一種藥，他想這可減輕她的憤怒爆發。但是也沒有幫助。」

「下星期我們跟比爾會面，新的行為改變計畫也許可以給我們一個新的開始。」珍建議，史提芬和蘇珊同意。珍提出她跟凱蒂會面時，會試著了解一下她現在是怎麼想的。

在治療時間，凱蒂不願意討論最近在學校或家裡發生的行為。珍知道如果她勉強她去做，她會要求提早結束當天的治療時間，而她們就會陷入她必須等到治療時間結束才可離開的權力鬥爭中。珍接納她的拒絕，而希望當凱蒂選擇玩娃娃屋時，她也許會透過非語言的方式表達她最近的經驗。平常凱蒂的遊戲經常都帶有激烈、力道猛烈的特質，玩具娃娃也都具有攻擊性的特質。在今天的狀況下，玩具娃娃的侵略特性表現得比平常更厲害。她把所有娃娃家的玩具家具，堆在娃娃家的客廳位置，把娃娃放在樓上。然後她假裝要放火燒家具，而整個房屋全被燒毀，那玩具嬰兒當然死掉。珍猜測那嬰兒代表的是蘇珊和她的家人或是凱蒂自己。也許是兩者，珍在想。當她向凱蒂提出這想法時，她得到「閉嘴！」的回應，聲調比平常還要強烈。也許她說中了凱蒂的心思，如果是，這會有什麼好處嗎？

❖ ❖ ❖

接下來的幾個星期，比爾協助他們發展出一套行為改變計畫，主要重點是強調正向行為。只要凱蒂可以維持適當的社會行為，她會得到不同的獎勵。不當行為會被忽略，或是只告訴她一旦她的行為能再符合目標她就可以得到獎勵。凱蒂很快學會這個遊戲規則。有好幾天，她似乎做得很順利。然後蘇珊注意到只要她得到獎勵之後，她的行為會變本加厲。比爾告知蘇珊要小心，當凱蒂遵守規則時，不要表現出太多的興奮，否則凱蒂有可能會做一些什麼來挫敗她。蘇珊試著避免自己在獎勵之後有任何期待，但凱蒂還是有很多攻擊性及抗拒性的行為。也許她跟凱蒂的對話中傳遞了什麼負面訊息是她不自知的。她也很努力去嘗試，但還是沒有任何改變。因此，不久之後，當凱蒂獲得獎勵時，她就開始感到失望，畢竟這都不是在計畫之中的。

1994 年 4 月初，蘇珊又一次跟史提芬、珍和比爾會面，就某種程度而言凱蒂的行為也許變好了，但就某方面來看，蘇珊覺得那不是好，她試著解釋。

「我想凱蒂也許有些地方是做得不錯，因為她現在比以前更容易得到她想要的。她知道即使她做錯事時，也不會損失任何她在乎的東西。對她而言，這個遊戲規則並不難，當她在乎時，她很容易就獲得她想要的，然後過一陣子她又一點也不在乎時，她會做任何她想要做的事去激怒其他人。而當她再一次想要東西時，她又啟動這遊戲規則來獲得另一個獎勵。」

「那只是個開始，」比爾說。「她已經發現好行為跟獎勵之間的連結了。這就是我們要繼續建立的行為。如果她有足夠的連結經驗，最終她會對自己可以表現良好這件事感到高興。但當然還是要用口頭的讚美來增強她的好行為。」

「這我很小心的在做，比爾。」蘇珊說。「但到目前為止，我沒有看到任何她在乎我所說的話的跡象。她做是為了得到獎勵，但那也只是在她想要得到獎勵的時候。當她不在乎時，她做她喜歡的事，而通常都是我們其他人不喜歡的事。」

「可是這只是開始，」珍說。「現在凱蒂在家的情況有稍微好轉，也許最後她會想要跟你們大家好好相處，她會因所做的事而被喜歡、被讚美。」

「蘇珊，當她在小時候，從來都沒有得到那樣的正向增強，」比爾說。「在她開始連結具體增強物，到社會增強物與她的好行為之間的關係時，需要時間。一旦開始發生，你會看到她很用心的去討好你，並努力去做你要她增強的行為。」

5月1日，蘇珊正在準備一年一度的早春戶外燒烤，這是她家的傳統，已經一連舉行多年。迪克跟貝絲會回家，而蘇珊和理查的父母也會來訪。蘇珊的哥哥麥可和他的家人也計畫參與。

蘇珊希望凱蒂在這次家庭聚會中不會出現任何問題，她過去幾個月中沒有看到凱蒂有任何進步，但也沒有任何忍無可忍的行為出現。她還是認為凱蒂會表現得比較好，是因為她越來越可以為所欲為的緣故。她還是依舊傷人、對人有敵意和自私。蘇珊並不覺得凱蒂與她的關係有任何改變。凱蒂還是經常說謊，而且想盡辦法脫逃，蘇珊和理查也盡力不理會她那些行為。當凱蒂做了該做的事情時，他們會給她讚美，然後她得到她的獎勵。

那天早上凱蒂心情很好，她甚至主動要幫忙準備戶外烤肉的東西。蘇珊想也許她要跟潔西卡比較看誰是最會幫忙的。如果這是她的動機，對蘇珊而言那是可以的。她有足夠多的工作給她們兩人做，她只要確定她們兩人是分開工作就好。

「潔西卡，你先到客廳和電視間吸塵，之後你來弄檸檬汁。凱蒂，我希望你留在這裡幫我準備食物。」

兩個女孩子都爽快地答應，而蘇珊開始準備食物。當她準備給她丈夫在戶外燒烤用的漢堡牛肉時，她讓凱蒂洗做沙拉的蔬菜。凱蒂很快就覺得洗那些生菜是很無聊的事，而蘇珊也看得出來，她必須自己再重新洗一次。她建議她們交換來做，凱蒂再次同意。她們只做了幾分鐘，直到理查叫她出去檢查他們的花園。

十五分鐘之後，蘇珊的父母哈洛和瑪格麗・渥士到來，並到花園來看他們。

「這會是一個很棒的夏天。我們算了算今天的食物夠我們半個城鎮的人吃囉！」蘇珊跟她的父母說。「好高興看到你們兩人今天來。」蘇珊很擔心她父母最近的健康問題。「媽，你可以幫忙我做完廚房的事嗎？你的沙拉是我們每年要辦戶外烤肉的原因。」

「當然可以，但假如要我相信你的話，我寧可相信哈洛跟我剛中了彩券。」當他們朝屋內走去的時候，瑪格麗回答。「孩子們如何？」

「普普通通，」蘇珊說。「我還是覺得我們對凱蒂做得不夠多。對她你就是無法著手。」

「你就盡力而為囉！而且你的努力對很多孩子而言已經足夠了。」瑪格麗說。

當他們走進廚房，潔西卡在弄檸檬汁，而凱蒂不在。「凱蒂在哪裡？」蘇珊問。

「她回房了。」潔西卡回答。

蘇珊過去檢查一下漢堡，她覺得她必須要再把它們壓得更堅實一點。它們現在看起來好像一碰就會支離破碎，更不用說拿到燒烤架上烤了。

蘇珊拿起一個漢堡，要把它搓成球形。她覺得有點不對勁，感覺怪怪的，看起來不對勁。她更仔細的檢查，這漢堡好臭，肉有些不對勁。但她昨天買回來時還很新鮮，她轉向瑪格麗：「媽，你聞一下。」

「好噁心！」瑪格麗回答。「那不是漢堡。」

蘇珊有一種不好的感覺，當她想到凱蒂在房間裡。她拿了一個漢堡到凱蒂的房間，敲門進入，而她馬上知道她是對的。凱蒂出現那眼神，告訴她，是她做了壞事。

「你對漢堡做了什麼，凱蒂？」

「我什麼也沒做！」凱蒂大叫。

「凱蒂，這味道很難聞，你放了什麼在裡面？」

蘇珊覺察到那味道在凱蒂的房間更濃烈，而且現在那味道更熟悉。她走進去，看到床後面，在地上有一條有糞便的內褲是凱蒂的，還有一條擦過大便的毛巾。

「凱蒂，你把大便放進漢堡肉裡是嗎？」蘇珊尖叫著。

凱蒂的表情排除了蘇珊的一切懷疑，凱蒂以此為樂！她做了一些使蘇珊真的非常憤怒的事情。她很享受看到蘇珊的害怕神情。

「凱蒂，你真的這樣做！」蘇珊繼續大叫。「為什麼你要這樣做？那是多麼卑鄙和噁心的事情！你為什麼要這樣做？」

凱蒂沒有回答，她只是看著蘇珊。她看起來並不害怕，如果有什麼的話，她好像想要蘇珊對著她大叫或甚至打她，她想要使蘇珊恨她！

蘇珊不知道該做什麼或說什麼，眼淚從眼眶中落下，她好想把肉塗在凱蒂臉上，她好想抓住她的頭髮把她拖到廚房，然後要她把一切收拾乾淨，而且讓每一個人都知道她做了什麼。蘇珊沒有辦法接受這樣的感覺，她現在對凱蒂沒有任何的感覺，她被打敗了。在過去八個月裡，她盡心盡力的對待這個孩子，現在她只能哭泣。她離開凱蒂的房間，沒有對她說什麼，蘇珊很需要跟她的媽媽在一起，她需要媽媽陪伴她的悲傷。凱蒂不會傷心，她就像是一個很有能力的人一樣的滿足。

❖ ❖ ❖

當蘇珊打電話給史提芬告訴他需要為凱蒂找另一個家時，她沒有感到生氣或是自責。如果她還有任何感覺，那就是悲傷。她失敗了，她不像第一次那樣的感到受傷，她媽媽協助她平靜下來，但她還是很替凱蒂難過，她還不到七歲。

史提芬認命的接受這個消息。當他知道漢堡肉的事件時，他就像蘇珊剛開始時一樣的生氣，凱蒂到底在想什麼？誰還能來照顧這個孩子？他要怎麼處理她呢？

他和督導凱瑟琳商量，她安排跟總辦公室的唐恩討論，研究對凱蒂安置的選擇。蘇珊說她願意留她到學期末，大概給他們四到五個星期的時間。

第二天，史提芬為其他工作人員和唐恩摘要了凱蒂過去二十一個月的生活狀況。他把凱蒂在所有安置家庭中出現的不同狀況列在一起，他越列出她的困難，它們顯得越糟糕。他自問跟凱蒂一起的經驗是如何？大部分來說，還不錯。他對她的精力、主動和一般的表達狀況都印象深刻。但有時候她似乎很強勢和自我中心，她在家對人則是表現得有點敵意及攻擊性。但不管如何，她就是無法在提供給她的家中成功地留下來。

唐恩問他們是否想過這地區裡的治療性寄養家庭計畫？凱瑟琳表示她也正有這樣的想法。

「這些家庭跟一般家庭有什麼不同？」史提芬問。

「大致上這些父母比一般家庭接受更多訓練和支持。他們除了有較高的膳宿費用外，他們會被期待去主動多參與寄養童的治療過程。就像很多我們一般的寄養父母一樣，這些父母也是技巧熟練且相當投入，如果你無法在一般人民服務局家庭中找到適當的家，他們是你可以考慮的一種資源。」唐恩建議。

「我贊成這想法，史提芬。」凱瑟琳說。「我們要盡我們所能的為她找到一個適當的安置。經過這一次之後，她無法再承受任何搬遷狀況。」

「我就是不知道還有什麼樣的家庭是我們可以提供給凱蒂的，想想露絲和蘇珊的例子，」史提芬說。「我總覺得我們遺漏了什麼？」

「你是說她跟寄養父母有建立依附關係的困難，是嗎？」唐恩問。

「她跟他們相處的確是有困難，如果這是你的意思。」史提芬回應。

「當她要搬走時，她會覺得在乎嗎？或者是她覺得每一家對她都好？」唐恩問。

「我不覺得她在乎，露絲和蘇珊也不覺得她有。即使像凱倫她認為自己對凱蒂應該存有某種意義，但在她離開那時刻，凱蒂似乎就忘記凱倫了。」

「還有你會認為她很會操縱及掌控別人嗎？她會不會常找藉口、說謊，和指責他人？」

「那就是凱蒂。」史提芬回答。

「何不讓她給住在法明岱爾的愛麗森・卡布倫做個評估。她對有困難跟寄養父母或領養父母建立依附關係的孩子很有經驗。」唐恩建議。

「過去，我們也有些孩子去見過愛麗森，」貝蒂說。「她做得很好，她的治療跟其他很多治療師所提供的不一樣。」

「有什麼不一樣？」史提芬問。

「嗯，她傾向於更快速、更直接地處理孩子的問題，但是以一種非常支持的方式來做的。她試圖理解他們的行為。她與寄養父母緊密合作，會讓寄養父母一或兩位參與會談，而且致力於教導孩子如何去接受母親的撫養。何不就要求她給凱蒂做個評估呢？她是一個心理師。」

「愛麗森的工作可能看起來有點不尋常，但在我的經驗中，她已經與類似凱蒂有重大問題的孩子取得了非常好的效果。我覺得她與孩子是很直接的，因為她相信孩子們會逃避他們的困難，除非她邀請他們提出來。我有信心她不需要強烈的去逼迫他們。」唐恩說。

「何不讓我先打個電話給她，跟她談談有關凱蒂的事。至少，先讓她見凱蒂，然後給我們一些有關最適當安置凱蒂的意見。」史提芬說。

「聽起來不錯，記得讓我知道你最後的結論。」凱瑟琳說。

❖ ❖ ❖

第二天，史提芬聯絡到愛麗森．卡布倫。她對凱蒂很有興趣，也表示願意為她做評估。她要求提供凱蒂在進入寄養家庭前後的簡短歷史，她也希望跟她的寄養媽媽談談話。然後愛麗森問史提芬關於凱蒂的種族和宗教信仰。在回答之前，史提芬詢問這對評估目的有什麼重要。

愛麗森回答：「凱蒂的種族和宗教信仰肯定是你為凱蒂選擇安置時需要注意的因素，但也是當我對她進行評估時，需要牢記在心的。如果她是非裔美國人或西班牙裔美國人，她被安置在白種人家庭，或者如果她是猶太人或伊斯蘭教徒，與基督徒家庭放在一起，她的種族或宗教與她的寄養家庭之間缺乏匹配可能造成她安置的困難。

「關於哪方面？」史提芬問。

「首先，生活在一個與她色種看起來不同，或者與她去做禮拜的地方不同的人住在一起，她可能在起初，也有可能會有更長的時間感覺到不安全。如果她的主要語言不同，可能也會有類似的問題。這很容易在食物、服裝、儀式及孩子要如何適當地與成人交流上出現差異。第二，如果寄養家庭不把這些差異放在心上，寄養家庭可能不會敏感到這對孩子的重要性，從而對任何的差異加以尊重，並且可以幫助孩子感到更安全和更重視自己是誰這重要的特質。所以我也需要在評估之前做好準備，以便敏察到有這些差異，好讓我能夠幫助孩子對我感到安全，並且更有能力評估她及了解她的行為，不管他們是否要解決這些議題。最後，我的建議是，可以討論寄養父母的種族或宗教是否作為決定下一次安置的重點。」

「愛麗森，凱蒂是白種人，她的父母都自稱他們是基督徒，雖然我不知道他們是否名副其實。我不知道她的種族或宗教信仰會影響到我們給她的安置，而且我沒有發現在我們地區裡有不是白種人和基督教徒的寄養父母。」

「史提芬，可能是如你所說的，但是如果她是非裔美國人或是猶太人，我仍然強烈建議你把她放在搭配她這個背景的一個寄養家庭，而不是白種人和基督教家庭。即使要將她安置在緬因州的另一地區，或要努力找到這樣的一個家庭。我不確定我會給這建議，但我確信這是我會考慮的。關於種族和宗教的匹配可能不是最重要的因素，但有時候也許是，所有事物皆平等，最重要是個人偏愛。如果不可能提供這樣的搭配，我認為我們需要孩子被安置的寄養家庭接受這些差異的培訓和教育，以及孩子得到的照顧在某些地方是需要修正，以反映出這個人身分的重要部分。」

當史提芬跟愛麗森對話後，他感到滿懷希望，愛麗森可以幫他了解凱蒂且知道她需要什麼。當卡布倫博士說她有一個寄養家庭可能適合凱蒂時，他也受到很大的鼓舞。她才剛剛結束和賈姬·凱勒及她的寄養童蓋比的案子。蓋比最近被安置在一個一般的領養家庭裡。雖然賈姬正在休息期間，但仍表示有興趣在不久之後再接其他孩子的案子。

評論

凱蒂對潔西卡以及小丹的行為並不是一般兄弟姊妹之間的妒忌，甚至也不是一般孩子懷疑父母親偏心的妒忌，相反的，凱蒂只有在見到她的兄姊向蘇珊示好撒嬌時，她才會想要去獲得蘇珊的愛，其實，她對愛一點也沒興趣。當她是嬰兒時，她想要得到愛。而現在她看到潔西卡和小丹對蘇珊的行為，對她是一個提醒，引發她的痛苦，這是她要逃避的。她想讓蘇珊持續滿足她的需求。如果蘇珊去注意其他的孩子，那麼她就無法得到蘇珊的注意。她或許也想要傷害潔西卡和小丹。她知道他們想要什麼，所以她努力的想要阻止他們獲得。

同樣的動力，凱蒂也在蘇珊和理查的婚姻中運作，她想要父親或母親個別來照顧她，並個別來和她建立關係，而不是他們彼此一起來做。對她而言，再也沒有什麼比能在蘇珊和理查間製造衝突來得愉快的事了。因為蘇珊是主要照顧者，很多時候她把蘇珊看成是「壞」父母，而把理查看成是「好」父母。當她跟蘇珊有衝突時，她會馬上找理查以獲得同情。當她可以引發他們為她吵架時，她會為她能做這件事感到非常快樂。

一般來說，依附貧乏的孩子都會跟他們的新母親有很多衝突，而對剛回家的父親則會表現出迷人的一面。很多孩子可以成功地說服父親認為可能都是因為母親太苛求了，而鼓勵母親「放鬆」一點。再也沒有什麼比這情況更讓一個依附貧乏孩子的母親感到沮喪及憤怒，特別是看到她的伴侶被如此影響，而一回頭看到孩子躲在伴侶背後竊笑，她發現她在跟孩子爭奪丈夫的愛與關注。有時候，寄養或收養的父親會開始認為關於孩子的行為都是妻子在騙他。很多時候不是，但有時她是。

凱蒂很成功的引發了寄養家庭成員間的衝突，很多寄養童同樣成功地在跟她有關的專業人員間製造不和。她在學校哭求同情，使得父母和老師間不和。她很小心的提出說法，使得她的治療師開始懷疑個案社工的決定及評論；而個案社工也開始疑惑醫師的處方，或是上一位個案社工所做的決定。當一個孩子真的成功地使專業人員不和時，很多專業人員到最後都會同意父母可能是孩子沒有進步的原因，即使寄養父母有著像露絲或蘇珊相似的承諾和技能。這樣的衝突很難成功地協助像凱蒂這樣的孩子。參與的成人需要警覺到這種衝突的危機也許會發生，他們必須對彼此的能力、知識，和對一特殊孩子的承諾有信心地做開放性的溝通。如果他們之間有不同見解，就必須開放地去解決他們的不同點，並尊重彼此的觀點。因為父母是孩子治療過程中最重要的人物，專業人員應該和父母分享他們的意見及顧慮，然後接納父母的決定，除非有特殊的原因不可這樣做。如果父母受到尊重，很多時候當他們的努力沒有效果時，他們會很願意接受協助及建議。當我們這麼強烈的渴望，去幫忙這樣困難的兒童能有一種不一樣的生活時，要失敗是很不容易的。如果我們沒有互相支持而只是彼此指責的話，我們就會像那些兒童一般，那是一點幫助都沒有的。

一般來說，凱蒂最初跟其他人互動的動機是她想藉著操控來得到她想要的。如果她可以使她的父母為她做她想要的，她會暫時感到滿足，但是她得到的物質或是活動永遠不會帶給她內在的滿足和快樂。然後她就會製造第二個要求，而她對父母的滿足感有賴於他們是否可以做到她想要的。如果當下父母拒絕了她的一個要求，十個之前的正向反應都變得毫無意義。遲早每一位父母都會了解，答應她的要求並不會使她得到更多的安全、快樂及信任的感覺。當他們開始拒絕她的要求時，凱蒂會開始變得憤怒，覺得他們對她嚴厲且不公平。在她的想法裡，是他們使她生氣，她變得具破壞性、攻擊性、卑鄙和反叛，都是他們的錯。

凱蒂和那些像她一樣的兒童，都面臨著無法體驗到傷害他人之後有良心苛責的危機。他們很少同理他人，也很少為他們的行為感到自責。孩子在安全的依附關係狀態裡，才會出現同理和自責，在這依附當中，孩子增加他們對父母的認同。她的父母是人，不是物體，而一個安全依附的孩子，當她做出不當行為時，會對她父母的痛苦同理。凱蒂沒有到達那樣的發展層次，她在羞愧中迷失了，羞愧是一種情緒，重點是回到自己，不是別人，而在一個有功能的家庭，羞愧感是微小的，允許孩子往社會化、認同、同理和良心的發展（Tangney & Dearing, 2002）。但對凱蒂而言，羞愧卻會帶她回到那種沒有價值的感覺中，同時也帶她回到對那些不照顧她的人的怨恨中，所以大家都是沒有價值的人。漢堡中的糞便是她不屑別人對歡樂所做努力的一個嘲笑代表作，互動的樂趣排除了她，她是無法忍受的。

就像那些想要和像凱蒂一樣的兒童居住或工作的案例，史提芬、珍和蘇珊都會出現一種情形，就是只注意孩子生活中最近發生的事件，哪些可能會突然引起她的症狀。很多時候父母或是專業人員都花很多時間去認定「觸動源」，似乎那樣就可以幫助孩子好好的處理那些壓力源。如果孩子只有很少的觸動源，這是合理的對策。當我們說孩子的行為是表示缺乏安全依附，和呈現未解決的創傷時，那是很多很多觸動源在上千件的事件當中，而那些事件是發生在他們生命的第一、二年。我們可以很努力去認定而且嘗試縮小每一個「觸動源」的範圍，可是最後只會變得沮喪並且開始指責孩子或是彼此指責。專業人員及父母首先需要了解家庭虐待及忽略的潛藏經驗，是有著深遠的影響。然後，在家和在辦公室，提供孩子一個治療性的經驗，這經驗所強調的是源於兒童在早期發展以及依附上的欠缺。我們需要發現在那症狀背後的意義，聚焦於那些創傷及發展上的欠缺，然後帶領孩子跟他或她的依附者修復互為主體的經驗。如果我們不這樣做，我們可能在這週減少「觸動源」，但下週又會有新的出現……然後再下一個。

第 6 章
可以做些什麼？

1994 年 5 月 12 日，當蘇珊和史提芬帶著凱蒂到愛麗森・卡布倫的辦公室，凱蒂跟愛麗森見面了。到現在還沒有人告訴凱蒂會在學期末離開蘇珊家。愛麗森在休息室與他們會面後，要凱蒂留在那裡，因為她要跟蘇珊和史提芬說話。休息室裡有很多玩具，凱蒂並不介意留下來。

史提芬立即注意到愛麗森幹練並輕鬆的態度。從外表看，她是個冷靜且易相處的人，而且他也感覺到她很喜歡她的工作。她穿了一條灰色褲子，和一件暗紅色的套頭毛衣。她讓他想起了很多事業有成及專業的女性。她四十多歲，散發出自信的氣息，淺褐色的頭髮間夾雜著些許漸白髮色，臉上有些雀斑，並帶著親切的笑容。她的辦公室讓他感覺比較像是客廳而不像是專業的辦公室。那裡有一張大的沙發椅，放著不同的枕頭，有些還好像掉過在地上。靠近房子的中央有一張搖椅，窗戶附近有一張很大的填充椅子。那些窗簾也讓史提芬感到自己好像走進了某個寄養父母溫暖的家一樣。一張小小的桌子放置在角落，彷彿以此證明她真的是一位心理師及這確實是她的辦公室，免得有人心生疑惑。桌旁有兩張辦公室的椅子，可是，如果史提芬坐在其中一張，他就會跟沙發及那舒服的椅子那端有點距離，很難對話。在蘇珊和愛麗森坐下後，他選擇坐到搖椅那裡。

愛麗森很詳細的問蘇珊有關過去八個月的狀況。史提芬發現她很明確地不去指責蘇珊中斷寄養的事情。如果愛麗森做了什麼，那就是她對蘇珊在協助凱蒂的努力上，表達了對她的欣賞。

「假使凱蒂知道如何回應你，蘇珊，我們就不用在這裡討論她要搬走的事了。」愛麗森提出。

「讓我簡單說明你剛才告訴我有關凱蒂的情形。她是一個憤怒和掌控型的孩子，她常常堅持要聽她的。她經常做一些惡劣及有傷害性的事情，特別是如果有人『惹惱』她，或她只是想要有愉快及刺激的感覺。當她想要從你那裡得到東西或是她做錯了事情的時候，她會表現得親切。她常常說謊和偷東西，而且很多時候，她好像是你們家中的『烏雲』。最初她製造了你跟其他孩子的衝突，接著是你跟你先生的衝突，他認為你對她太苛刻。你試過行為計畫，但她好像只是在玩弄它，用不用則有賴她在那時候想不想要東西。你不覺得你或任何人對她來說真的具有任何意義。她跟動物或小小孩在一起的時候，你需要特別的看著她。當你對她設限和要求她為後果負責時，你知道你要不就是跟她對抗，要不就是不久之後你在某方面就要付出代價。剛才說的是不是已經包括了大部分她所做的事情？」

「那就是凱蒂，卡布倫博士。我不是故意要把她看得如此負面，但她真的是如此。」蘇珊說。

「史提芬，我的印象是，」卡布倫博士說：「是不是當凱蒂住在第一個寄養媽媽家時，她基本上也有同樣的經驗？」

「對的，」史提芬回答。「而這也是我的印象，露絲跟蘇珊一樣有能力，對凱蒂也同樣投入。」

「何不現在就把凱蒂帶進來，你留在這裡，史提芬，我和蘇珊去帶她來。當我跟她面談時，我會希望你們兩個人都在場。」愛麗森說。

愛麗森和蘇珊走到休息室去。史提芬聽到一些騷亂，那是來自凱蒂的，但在幾分鐘之後他們全部都走進愛麗森的辦公室。凱蒂坐在沙發上，緊緊靠攏在蘇珊身旁。

「凱蒂還想要玩那些玩具，」愛麗森用一種放鬆及些許好玩的口吻說。「我告訴她，她必須要進來這裡跟我們一起，所以她可以選擇自己走進來或把玩具放進我的房間，而蘇珊、你和我會在休息室跟她見面。噢，她不喜歡聽我那樣說！不管哪種方式，就是沒有玩具！最後，她決定跟我們一起到這房間，我猜這比在休息室更舒服吧。」

蘇珊抱了凱蒂一下，她有些鬧彆扭但還是靠著她。

史提芬發現愛麗森就像貝蒂說的比較直接，不過是以適當的方式。他心想凱蒂會不會對愛麗森保持沉默，就像他要求她做事時，她不想做就會用這樣的方式對待他。愛麗森突然做了轉變，她對凱蒂衣服的顏色做出驚嘆的樣子。當愛麗森拿來一隻填充貓，它身上有著跟凱蒂衣服一樣的黃褐色時，凱蒂馬上給予回應而且是正向的。愛麗森讓她抱著那隻貓，而且告訴她，如果她覺得有些事情很難說出來，那隻貓可以為她說話。凱蒂說她也要跟其他填充動物或是布偶玩。愛麗森拒絕她的要求，凱蒂隨即把那隻貓丟掉。

「你氣那隻貓因為我說『不』？」愛麗森問。「或是你真的很氣我，但是不確定想不想要告訴我？告訴我沒關係的。為什麼你不說『我很生氣，因為你不讓我玩那些玩具。我真的很氣你』？」

凱蒂不回應，她緊握住蘇珊的手。

「既然你不想說，叫那隻貓替你說。」愛麗森說。

凱蒂不理她。愛麗森拿起那隻貓，然後她代替凱蒂說。凱蒂顯得很煩躁，她用手指頭塞住耳朵。

愛麗森轉向蘇珊然後靜靜的說：「我現在明白你的意思，蘇珊。當凱蒂不能去做她想做的事，這對她來說真的很不好受。然後她就真的不去做她被要求去做的事，她好像就變得越來越憤怒。」

然後愛麗森把那隻貓放在蘇珊的另一邊，叫她把手抱著它就像她另一隻手抱著凱蒂一樣。之後，愛麗森跟蘇珊談論有關凱蒂的頭髮。史提芬注意到凱蒂很快又跟愛麗森說話了。愛麗森似乎很能使凱蒂保持正向的連結，甚至在衝突之後也不會有影響。

在很多短短的對話之後，愛麗森移動她的椅子靠近凱蒂，開始把焦點放在凱蒂過去的生活，但沒有轉變任何對她連結的方式甚至她說話的聲調。

「蘇珊說你和她生活在一起時有些困難。史提芬說，當你住在凱倫和露絲的家時，你也有困難！但我猜，最難的時候是你和你的媽媽和爸爸，莎莉和麥克一起時！」

凱蒂馬上變得緊張起來，把臉轉到別處。這時候她突然說：「他們對我很兇。麥克打我和踢我。他甚至對我撒尿！」

「噢，凱蒂，那一定讓你受了很大的傷害！你還那麼小，他們又是你的父母！做父母的不可以這樣子傷害他們的孩子！」

凱蒂想要說一些什麼，愛麗森對她的痛苦給予同理讓她很不自在。「而且他們不給我吃，也不跟我玩。他們說我很壞！」

「凱蒂，他們太傷害你了，」愛麗森的語氣比之前更安靜地說。「我猜你很難過而且常常哭。」

「我才沒！」凱蒂大喊著。「我打他們，而且對他們很兇！」

「我知道為什麼，凱蒂，因為他們都對你很兇，而他們是你的父母！但你那時候是那麼的小。我敢說，有時候你會想要哭一下。」

「我沒有哭！」凱蒂再一次回應。

「我敢說你找到一個阻止自己哭的方法，凱蒂。這對你有好處！你只是一個小女孩，自己孤單一人在哭是很痛苦的。我很高興你停止了哭泣。只是這樣的狀況不應該發生，凱蒂。而且，他們從來沒有教你如何住在一個良好的家庭中。他們沒有教你如何跟父母一起玩，他們沒有教你如何跟他們一起做事。他們也沒有教你如何跟父母一起找樂子。怪不得，自從你離開莎莉和麥克之後，對你來說，是很難去學習如何住在良好的家庭中，跟那些你曾經住過的家庭好好相處。他們從來沒有教過你。」

凱蒂沒有說什麼。愛麗森說：「凱蒂，談論這些是很難受的。不如深吸一口氣，也許能讓你放鬆一點。」然後愛麗森把她的手放在凱蒂的胸口，自己也做了一個深呼吸。凱蒂微笑，也做了一個深呼吸。「現在應該比較好一點，凱蒂。何不告訴我一些住在蘇珊家的時候，你覺得難受的事情？」

凱蒂猶豫了一下然後說：「蘇珊有時候不給我吃甜點，而且她要我坐在椅子上被隔離。」

「可是你要做到有什麼困難呢，凱蒂？你不知道怎樣做好嗎？」

凱蒂又一次不說話。她沒有被同理她吃不到甜點，那是她希望可以得到的。她不知道愛麗森想要她說什麼。

「你好像不知道該怎麼說，凱蒂，我來幫你，」愛麗森說。「當你做錯事情，蘇珊問你的時候，你會覺得很難說出真話是嗎？」

「是的。」凱蒂靜靜的回應。

「當蘇珊告訴你收拾玩具時，你會很難做到是嗎？」

凱蒂又一次說是的，這次是帶著微笑在說。

「對你來說參加潔西卡的生日派對是很困難的事情？」

「不，那不困難。」凱蒂說。

「可是當你沒有得到你想要的那份蛋糕的時候，你卻大吼大叫和打翻汽水。」愛麗森提出來。

「但那不難。」凱蒂堅持她剛說的。

「那我就搞不懂，凱蒂，我會想如果你真的很開心，你是不會介意拿到哪一份蛋糕的。」

凱蒂再度沉默。愛麗森把手放在凱蒂手上，緩慢地說：「凱蒂，我猜當你跟蘇珊住的時候，有很多事情對你來說是很困難的，因為她是一個好媽媽，而你不知道跟一個好媽媽相處時，要怎樣放鬆和感到安心。」

凱蒂看起來有一點點悲傷。她低下頭，有一陣子靜止不動。然後她看到那隻貓，突然把它抓起來，對著愛麗森微笑的說：「現在我想要跟其他動物玩。」

愛麗森把手放在貓那裡說：「現在不玩，凱蒂，我們現在還有話要說。」

凱蒂把貓搶去，大叫著：「我要現在跟它們玩。」

「哇，凱蒂，你怎麼一下子就對我生氣起來？」愛麗森說。「你一定是對我剛才說的一些事情感到不喜歡，你不要我再說下去。為什麼不直接說出來『不准說，愛麗森！』？」

凱蒂往窗外看，然後大叫：「不准說，愛麗森。」

「很好，凱蒂！我知道你可以做到！」愛麗森帶著微笑說。「我現在可以明白，為什麼你跟蘇珊這樣的媽媽住在一起的時候，對你是這麼困難，當她和你自己的媽媽，莎莉，是那麼不同的時候。蘇珊絕不會像莎莉一樣傷害你。不過，你很可能會想，當你對她生氣的時候，她就會傷害你。」

「閉嘴！」凱蒂尖叫著。

愛麗森轉向蘇珊靜靜地說：「凱蒂會有困難去說出這些問題。當你告訴她不准做某些事的時候，她可能以為你恨她。她現在真的很氣我，因為我不讓她做她想做的事情，還要她說一些她寧可不去想的事情。她真的很生氣！而我想她或許也覺得非常難過。」

「我沒有！」凱蒂對著愛麗森又大叫起來。

「噢！凱蒂，傷心沒有什麼不對。而我很確定我可以了解為什麼你傷心難過，當你經歷了這麼多的傷害。很多孩子受到傷害之後，有時候，他們也會為此傷心。」

凱蒂很安靜的別過頭去。他們都坐著，有一陣子都沒有說話。

愛麗森轉向史提芬和蘇珊說她想要跟凱蒂有一些時間單獨談話。他們就到休息室去。

「我很高興她終於可以看到凱蒂一些憤怒的情緒，」蘇珊說。「很多時候凱蒂跟大人在一起是很有吸引力的，當人們跟她見過面之後，他們都會用奇異的目光看著我。他們在想我太愛挑剔或是太嚴厲。」

「是的，」史提芬說。「希望卡布倫博士可以給我們一些好點子來幫忙她。」

「她對凱蒂很堅持，凱蒂不喜歡那樣子，」蘇珊說。「通常當老師或醫生們第一次看到她的時候，他們都會對她很好，還會給她想要的，所以她很快樂也會合作。卡布倫博士不是這樣子，而凱蒂也沒有想到會是如此。」

他們很安靜的談了二十分鐘直到卡布倫博士跟凱蒂回來，帶蘇珊以及史提芬回她的辦公室。凱蒂很滿意自己一個人在休息室遊玩。

「很確定的，她是一個很難教養的孩子，」愛麗森說。「她真的沒有任何概念，知道如何跟好父母相處以及依賴他們。她是非常有控制慾的，因為她很需要依靠自己，她就是信任感不足，無法依賴你，蘇珊。她不會讓自己相信你和依靠你，而沒有依附關係，她是永遠都不可能在你家安定下來、從你那裡學習、接受你的權威，或是自己可以快樂，覺得自己有價值，或是覺得有父母是很好的事。」

「卡布倫博士，她為什麼不可以呢？」史提芬問。「其他寄養童可以做到，而她已經接受寄養照顧二十一個月，卻一點改變都沒有。」

「很可能在她頭幾年，她的基本需求，安全感及學習投入在一個互惠的關係上，並沒有被滿足。我知道她在五歲的時候被虐待，但是我猜想她被虐的時間應該更早，而更重要的，她很可能有很嚴重的被父母疏忽照顧的情形。當嬰兒和幼兒整天被忽略和被吼叫，他們永遠沒有辦法學到父母是提供安全、安撫和歡樂的來源。最後他們不再要求父母給予任何滋養及愉悅的互動。他們不像那些得到真愛的兒童般成長發展。他們對肢體的安慰方式會覺得很不舒服，但這是嬰兒早期自我感的發展上極重要的一環。他們的情感發展缺乏調整及統整。隨著被拒絕、生氣和被虐待而來的強烈羞愧感，使得他們無法整合。與其說日常生活短暫的羞愧感是社會化的工具，不如說淹沒的潛藏羞愧感破壞了他們自我的價值感。這些淹沒的羞愧經驗是非常痛苦的，它會導致否認和憤怒，因而所產生的行為較極端，而不是變得更適度和自我調節。而且他們永遠無法學會去注意他們內在的想法和感覺。如果他們可以感覺到任何感受，那就是羞愧及憤怒而已。他們的內心世界依舊是被忽略而且是沒有連貫的成長發展。他們不知道如何跟人愉悅和有趣的相處。他們無法站在別人的觀點上看事情；他們不能獲悉父母的動機，因此只好單純把它想成是最糟糕的狀況。他們只會操控、要求和吼叫，或是當他們的『需求』再次被『忽略』的時候，他們就退縮。最重要的是，她不會讓你安慰她！她沒有足夠的安全感可以悲傷，所以她從不需要或想要安慰。凱蒂在生活中已經發展出對別人嚴重的不信任，她必須依靠自己，並相信她不能依靠別人。那就是為什麼在過去八個月你會如此艱苦掙扎，蘇珊，凱蒂是很難有任何改變的。」

「那真的很悲哀，」蘇珊靜靜的說。「我真的希望我可以說願意與她再試一次，卡布倫博士，但我實在不行。其他家中成員對她已經無法忍受，也包括我的先生。我對她已經沒有任何耐性，而她需要非常多的耐心。」

「我可以了解的，蘇珊，」卡布倫博士說。「你已經和她經歷那麼多，你是唯一有資格可以說，你認為你能配合她那強烈的需求，或甚至願意再試一次的人。你有著如此艱鉅的任務。對健康的嬰幼兒，我們藉由關心、愛和快樂地與他們連結，不需要開始社會化的過程，包括要學習他們的行為對他人的影響、分辨對與錯、可以抑制希望擁有或做一些不適合他們或他人的事物。這些嬰兒跟我們建立信任十到十二個月之後，我們才開始協助他們社會化。對於凱蒂，你得努力跟她建立信任感，那是她強烈抵制的事情，而在這同時對她進行社會化，這一點也是受到她強烈的抵制。難怪這對你、對她來說也真是太難了！」

「博士，你會建議我們現在怎麼做？」史提芬問。

「第一，你需要小心選擇一個新家。如果寄養父母沒有任何跟像凱蒂那樣的孩子在一起的成功經驗，他們在事前需要得到一些訓練，這樣一來當他們真的了解她的時候，不會受到驚嚇和挫敗。我曾經在電話裡提到我跟一個像凱蒂一樣狀況的孩子工作過的寄養家庭。那位寄養媽媽叫賈姬・凱勒，或許她有興趣接下凱蒂。第二，你要找一位治療師，她是有經驗，而且可以提供符合凱蒂所需的治療。傳統的治療方式，是給那些沒有像凱蒂那般嚴重問題的孩子使用。而大部分受治療的孩子會比凱蒂更可以也更願意信賴他們的寄養父母。他們也比較能夠跟他們的治療師進入治療關係。我是和像凱蒂一樣有比較嚴重問題的兒童一起工作，我可以給你其他幾位治療師的名字，他們都是和比較有嚴重問題的兒童工作的人。我可以把報告及推薦信寄給你。也許你應該要跟凱蒂目前的治療師討論，然後決定你現在想要如何著手。」

「凱蒂還有希望改變嗎？」史提芬問。

「我對她不是很認識，但以她目前的年齡是有希望的。而我可以設法跟她有一些正向的互動，不管有多短暫，雖然我不會做很多，因為目前凱蒂狀況是有點不穩定。而且，到現在為止，真的沒有可以採用的重要研究，能了解她的症狀及知道如何去教養她和治療她。所以希望有人謹慎地發展出一套完整的計畫，然後開始去做。她的父母、治療師，還有社工，需要對她抱有希望，她是可以改變的。他們要能看到在她的問題背後有著力量，我們要對她的力量做出反應，然後協助凱蒂去認識它們。我們要幫助她去開發她不是羞恥的那個自己，也要減少跟羞愧感的連結。她最終需要有足夠的安全感去感覺悲傷，然後接受安撫，並且開始習慣信任她的照顧者是在為她做最好的事情。」

「你覺得凱蒂有什麼優勢嗎？」史提芬問。

「凱蒂是一個戰士，這對她的父母來說是不容易的，特別是她做了這麼多的事情，可是如果我們能夠幫助她看到什麼才是她真正的最大利益的話，我們可能會發現她會努力學習如何跟一個良好的家庭好好相處。她是聰明伶俐的，她有點準備好要看看她的過去。有些有著凱蒂背景的孩子是很被動的，他們會跟著別人走，試著這一刻取悅這個人，下一刻取悅另一個人。一些孩子似乎有嚴重的學習障礙或神經功能損傷，可能繼發於嚴重疏忽，這些孩子可能比凱蒂更難學習新的生活方式。實際上我看到凱蒂的對抗和目中無人的態度，可能會導致她的心理健康問題。她還表現出一些可放鬆和大笑的能力，雖然這可能只有短暫的時間。有一些孩子即使沒有衝突的時候，還是很難做到。」愛麗森若有所思的說。

「她的診斷是什麼？」史提芬問。

「我希望我可以有信心的說出來，史提芬。」愛麗森回答。「有些人會叫它做依附疾患，雖然有關如何做出這診斷沒有一致的共識。有些人會說是創傷後壓力症候群（posttraumatic stress disorder，簡稱 PTSD），不過她的症狀深沉而強烈，她的困難很可能比 PTSD 還要多，是現在人們對孩子的了解。有一種稱為發展性創傷的分類，由美國兒童創傷中心所提出，但在這點上它不是一種被公認的精神疾病診斷。它是由家庭內／人際創傷所造成的，用來形容凱蒂最為貼切。現在我會說是嚴重的創傷後壓力症候群，伴隨著對立性反抗，還有補充說她的症狀是不易改變，因為她的創傷歷史，可能被疏忽的經驗和與依附紊亂類型一致的依附模式。紊亂型依附關係是研究的類別，在寄養童中很普遍存在，被認為是心理發展上一個重要的危險因子。她就是不知道如何去信賴好父母及其他照顧者，也無法與他們有相互的連結。她只知道去操控一切事物和避開不能操控的局面。」

❖ ❖ ❖

那天晚上，史提芬帶著更多他還想問卡布倫博士的問題離開辦公室。她說的似乎很合理。當她列出症狀時，的確與凱蒂相符合。但史提芬實在不知道父母或治療師還能夠做出什麼不同的改變。凱蒂之前的兩位寄養父母，他們過去與有困難兒童工作時，基本上都是很優秀的父母。而她的治療師珍，也有很多和寄養童工作的經驗。也許不同的教養是比較好一點，但這個不同會那麼重要嗎？或許如果治療師多用力一點推動凱蒂，她就不會逃避她的問題。可是如果她對父母給的愛真的毫無概念，她又如何可以學到愛？史提芬決定他會聯繫賈姬・凱勒，因為她似乎有空檔，而且卡布倫博士也推薦她。

當史提芬回到家，瑞貝卡過來迎接他，她很快樂的跑向門口，揮揮手、微笑，然後叫著：「Dada！」史提芬放下公事包，用他的雙手把瑞貝卡抱起來喊著：「貝卡！」他們兩人咯咯地笑，而他轉著圈圈走向沙發那裡，把她緊緊的抱著然後叫「Weeeee！」直到他坐在沙發上，把瑞貝卡從身上放下。她抓住爸爸的耳朵想要咬他的下巴，現在他叫著「Eeeeeee！」直到她咯咯地笑，而忘記抓緊他的下巴，然後史提芬把她抱起來躺在沙發上，假裝要咬她的下巴。他在她的下巴、脖子吹氣，而她用她的小指頭抓住他的臉頰，然後把他的臉面向她。史提芬緊緊的抱著瑞貝卡，然後把她轉回到坐在他的膝上說：「回到我的貝卡家！」她稍微休息一下，然後爬起來，開始要下來。她有一個想法！她抓住史提芬的手指，把他拉到走廊上的門檻，一邊指一邊說：「電話！」史提芬了解她的計畫，他跟她走到餐廳角落的遊玩區，跟她一起坐在地上。她伸手去拿她的玩具電話，放在耳邊，然後說：「喂，Dada！」他拿起一本書擋住自己的臉：「喂，貝卡！」她停了一下，她通常都這樣做，然後她說：「Dada，回家。」他回答：「我快要到家了，貝卡。晚餐吃什麼？」她起來跑進廚房。他聽到珍妮在她耳邊低語，她跑回來，然後抓起電話說：「義麵！」他回應她：「太好了，義大利麵！我會很快回到家！」當她聽到史提芬在書本的後面弄出很大的車聲時，她的眼睛張得大大的。然後他敲打那本書。瑞貝卡起來，把書從他臉上拿走，他大叫著：「貝卡，我回家了！」她微笑著，抓住他。他把她抱起來，他們雙雙走進廚房去跟珍妮打招呼。

「嗨，寶貝，貝卡告訴我，我們今晚吃義大利麵啊！」史提芬和瑞貝卡兩人都親了珍妮一下。她從她所做的沙拉中給他們一人一片芹菜。

「你跟貝卡今天做了什麼？」史提芬問。

「史提芬，我們在花園裡看到……在地上爬……有一些好小、好小的……」

「螞蟻！」瑞貝卡微笑的說。當她記起來的時候，她好興奮，伸出她的手給她爸爸看她是如何把螞蟻放在手上。然後史提芬知道他們閱讀了一本新書，瑞貝卡洗澡時被水濺到肚子，吃香蕉加花生醬的三明治，還有一些仍然藏在沙發底下，他們玩了一個裝扮遊戲，瑞貝卡穿上媽媽的夾克和帽子變成「媽媽」模樣。

晚餐之後，他們出去看看花園是否還有螞蟻在。不多久，瑞貝卡開始要準備睡覺。在梳洗後，找尋她的睡衣，聽了兩首歌、一個故事，她就睡著了。這時候珍妮和史提芬也同時把碗盤洗好，可以有時間聊天。珍妮經常都有很多有關瑞貝卡一天的詳細情況告知史提芬。她需要告訴史提芬每一個狀況，而他也想知道全部的情形。

之後，史提芬告訴珍妮有關他跟卡布倫博士見面的情形。「她留給我的是比之前更多的混亂，但基於某種原因，我覺得她是對的。凱蒂就是沒有跟任何人建立過真正的關係，不像貝卡跟我們。我之前沒有這樣想過。也許凱蒂從來沒有跟她的父母，像我們跟貝卡前幾個小時一樣開心地在一起。真難想像。我很清楚虐待對孩子所造成的傷害，可是現在似乎是，如果從來都沒有得到足夠的擁抱、歡笑、歌唱和對話，所造成的傷害和虐待一樣的嚴重。」

「按卡布倫博士的觀點，這也許更糟，」珍妮說。「瑞貝卡有很大的需求要我時時跟她在一起。我無法想像如果我長時間讓她單獨一個人，對她會造成什麼，如果忽略她想要靠近我的動作，我知道她會受到很大的傷害。」

「當你跟貝卡在一起的時候，就好像其他的事物都不存在，」史提芬說。「你們兩人是這樣的靈犀相通，我幾乎分不出，你們誰先在哪裡開始和哪裡結束。彷彿你們是一體的。」

「我想這就是所謂依附關係，」珍妮說。「跟女兒在一起的經驗很特別。類似你和我共處的感覺但也不盡相同。我很注意她，有時與她同時有同感。我希望幫她表達所有內在的感受，且讓她知道無論她的感受是什麼，對我都是獨特而可接受的。我願意她發現自己的美好、無可比擬，而且給我帶來影響。」

「對，珍妮，我知道你的意思。我對她也有這種感覺，雖然我沒有像你那麼經常。現在她對你跟對我是有差別或更渴望的。也許因為你比較多和她在一起；也許因為你是媽媽，你生下了她。我不知道。也許兩者都是。」

他們牽著手，想著他們的孩子。然後史提芬說：「我開始可以了解卡布倫博士所說的是什麼啦！剝奪一個像凱蒂一樣的孩子去經驗像我們之前所說的事情，如果這不叫疏忽，那還能叫什麼呢？怪不得她無法好好的住在一個家。她已經快要七歲了，在過去那些日子，前五年沒有人想去擁抱她，其後這兩年，她不想接受任何人的擁抱。她曾經信賴她最初的父母，但他們違背了她的信任。現在她不信任所有的父母，即使他們是值得信賴的。」

珍妮抱著史提芬，提議晚上不要再談論這事情。她跟瑞貝卡的關係，讓她很難去談論這個不認識的小女孩，她的名字叫凱蒂。

評論

愛麗森對凱蒂的評估參考了她過去以及最近的歷史，還有在辦公室中與她互動時的觀察，然後溫和地說出她的互動狀況。首先她從史提芬那裡得到她受虐和被疏忽的大概資料，以及被安置的歷史。在展現凱蒂的依附歷史時，她會想要知道，凱蒂在早年是否有任何穩定及正向關係。她需要知道凱蒂的歷史中一些特定的細節，這樣她才可以跟凱蒂簡短的提起這些事件並觀察她的反應。愛麗森也想確定和蘇珊互動時，凱蒂最新的功能是什麼？她要知道孩子的症狀和能力。她想知道凱蒂對輕鬆愉快、羞愧和壓力是如何反應？她也會觀察凱蒂跟蘇珊之間的互動情形。

在評估時段中，愛麗森以一種類似治療時但較輕鬆的方式來跟凱蒂接觸。在診斷之前，她要觀察凱蒂對命令和挑戰性議題的反應，並預估她對治療性干預會有何反應。她對同理和玩樂容易有反應嗎？她可以接納愛麗森對她的想法、感覺和行為的好奇嗎？她願意開放自己去探索有關經驗的意義嗎？她會如何表達她的生氣？她會抗拒去體驗隱藏在憤怒之下可能存有的悲傷、孤單和害怕嗎？如果他們彼此間有衝突，凱蒂可以接受協助，修復他們的關係嗎？透過這些觀察，愛麗森想要對凱蒂發展出多元但概略性的認識，以作為對她評估之用。

在評估過程中，愛麗森有一段時間單獨與凱蒂見面，她和有嚴重創傷及依附困難兒童做心理治療時，如果有依附者在場，她是不會這樣做。如果孩子沒有依附者，她會單獨跟他們見面，同時也會建議找一位依附者出席。她想要看看當凱蒂單獨跟她見面，和她跟寄養母親在一起時，她的反應是否有不一樣。當寄養母親跟她一起時，她會用她作為安全島嗎？她會比較容易表達各種不同的情緒嗎？她會對在寄養家所發生的問題表達出任何自責和負責，或只是找藉口和指責其他家中成員？她可以碰觸自己單獨活在世上的悲傷，以及是否有任何渴望，想要學習跟她的父母發展依附關係？當她和愛麗森單獨談話時，她會有什麼心理及生理的界限？凱蒂會如何與愛麗森聯繫？

史提芬和珍妮跟他們女兒瑞貝卡的關係，顯示了一個健康依附孩子是如何發展，以及凱蒂的依附是如何變得混亂，主要來自是否有每個時刻互動的深遠差別。凱蒂具體被虐的行為確實是傷害，但日常與父母的生活每個時刻也是如此。瑞貝卡跟她父母之間的互為主體經驗，雖然是每天的例行活動，但神奇地成為瑞貝卡的自我感，以及她現在及未來依附關係發展的基礎。沒有這些，一個孩子無法經驗到自己是獨特和有價值的，他也不會相信他的父母，或認同他的父母，讓自己感到他們是獨一無二且他們對自己是特別的。

第7章

新的模式

兩天之後，史提芬跟賈姬・凱勒見面。他們同意先談談，以幫助他們決定凱蒂跟賈姬是否適合。賈姬住在維蘇保羅鎮，大概距離北奧卡斯特十哩遠。她住在一棟灰色歐洲式的房子，有一個寬敞的餐廳，圍繞著一個很大的石造壁爐。史提芬若是在冬天去拜訪，一定會感到它產生的溫暖。賈姬的丈夫馬克，在格丁那高中當科學老師。他們有兩個孩子麥修和黛安，他們兩個都讀高中，還有一個寄養童約翰，現年十六歲，跟他們一起生活已經有兩年的時間。約翰被他父親肢體虐待，他仍然跟他的父母維持關係，但很可能不會回去跟他們住在一起。他們還有一隻大大的、灰黑色的拉不拉多犬溫西，牠喜歡舔人，以及任何會移動的東西。

兩個月前，賈姬的十一歲寄養兒子蓋比在凱勒家住了兩年之後，搬去了另一個領養家庭。她想念蓋比，也一直跟他有些聯繫。事實上，轉移家庭的計畫在 8 月份就開始了，好讓他有一些時間去探訪在賓夕法尼亞州的領養家庭。

史提芬馬上就喜歡賈姬，她看起來溫和自在。她的家簡單、整齊並充滿著活力。他想像三個青少年從學校回到家之後會是如何。在很多方面賈姬使他想到蘇珊。這次會不一樣嗎？賈姬可以給凱蒂需要的愛而不受她的憤怒所打擊嗎？

「告訴我有關凱蒂的事，史提芬，」賈姬給他一杯咖啡的時候說。「你說她現在是在第三個寄養家庭。她的情況如何？」

「她是一個容易生氣和想要控制的孩子。當事情都如她所願的時候，她跟一般孩子沒有兩樣，可是一旦不如她意，她會馬上憤怒起來。卡布倫博士說她有創傷及依附困難，跟剛離開你家的男孩狀況相似。這就是為什麼她建議我打電話給你。」

「這樣子，所以如果我接受她，我就要投入很多，」賈姬說。「雖然我喜歡跟愛麗森再度合作。」

「卡布倫博士還沒有治療她。她只是在幾天前給她做過評估而已。」

「我不確定我可以接受凱蒂，除非愛麗森成為她的治療師，史提芬。」賈姬說。

「為什麼她接受卡布倫博士治療會那麼重要？」史提芬問。「她有一位很棒的治療師，指出凱蒂有依附困難，現在我們已經知道是什麼啦！」

「我了解，史提芬，可是我不認識她的治療師，」賈姬說。「光是了解到凱蒂有嚴重依附困難，並不保證治療師可以治療他們。但我認識愛麗森，還有她的工作模式可以改變像凱蒂這樣的孩子。我很信任她，在我的經驗中，她會知道如何跟那些不想與任何人連結的孩子接觸。和愛麗森一起，我會參與治療。蓋比所有的治療，我都會去，我知道這對蓋比的進展有多重要。而且我完全信任愛麗森，也相信她會信任我。我需要跟凱蒂的治療師有這種關係，而這樣的信任是要花上相當時間才能培養起來的。這是一份艱巨的工作，史提芬，如果我無法跟愛麗森合作，我想我不會承諾跟凱蒂開始工作，我不想成為她第四個破裂的家庭。」

「但她已經跟她的治療師珍，工作超過一年半的時間。如果我們想要幫助她學習跟人依附，把她對珍的依附關係打破，這不太合理。」史提芬很堅定的說。

「我了解，史提芬，」賈姬說，「而且考慮到如何跟她的治療師告別也是重要的。可是如果愛麗森是對的，凱蒂是有嚴重的依附問題，她跟她的治療師就不可能有安全的依附關係。我相信她在某方面對凱蒂是很重要的，凱蒂在會談中，可能在某些方面會喜歡和她一起，但我的猜測是，她不相信她的治療師，也不相信她之前的寄養媽媽。儘管他們很努力想要奏效，但到目前為止的治療方法還不足以幫助凱蒂改變，使她可以從你所安置的家中受益。我真的相信，為了讓凱蒂改變，她需要一種有別於她過去所接受個別療法不同的方式。但我知道你才是她的監護人，你必須做你認為最好的事。但是，很抱歉，如果你決定維持她與目前治療師的關係，我就無法成為她的寄養父母。」

「我需要想一想，也要跟珍討論。」史提芬說。

「可以的，史提芬，」賈姬說。「我完全可以了解，這對凱蒂來說是一個重要的決定，你是需要確信你在為她做最好的決定。愛麗森有沒有告訴過你，如果凱蒂跟我們一起住時，我會如何養育她？」

「沒有，她沒有，」史提芬說。「那會有什麼不同嗎？」

「有的，我猜你會覺得很不一樣。我養育蓋比的方式跟我養育自己孩子的方式是不一樣的，甚至跟養育約翰的也不同。當我第一次跟愛麗森合作時，我很難跟隨她的建議去做。我覺得我太保護他，為他做了太多的決定。但是後來我看到，愛麗森所提出關於蓋比需要在我這裡獲得的，以及我該如何教養他，證明是有必要的。沒有她的這些建議，我知道蓋比不會改變。因此我需要知道，在我同意成為凱蒂寄養媽媽和期望她可以跟我建立依附關係之前，我的養育方式是否可以得到你的支持。」

「你可以給我一個例子，有關你所說的意思嗎？」史提芬問。

「如果你經過這裡，要做探訪的時候，你會看到我給凱蒂很多的監督。我會讓她離我很近，一開始我會為她做出大部分的決定，並給她在事情上有小小的選擇。她早年已經錯過了很多她需要的東西，她需要我的陪伴，我會用她像是小小孩般的方式去照顧她。還有，她對他人可能有傷害的意圖，史提芬，雖然我知道其他孩子可以照顧自己，但我會對溫西特別小心。那隻狗會喜歡她的可笑行為，而我需要保護牠，否則她有可能會對牠很殘忍或傷害牠。當然，我不想溫西被傷害，但更重要的是我不希望凱蒂會這樣子，這就需要我的支持和監督。」

「而且一開始，我會要求你不要帶她出去玩。我想讓她看到你，是在我們與你分享的時候，但我希望她能回到她的家人身邊尋求安慰和歡樂。她需要先跟我們學習安全感和信任，然後才能從其他像你這樣的重要人物那裡獲得。現在，如果你過來把她帶出去，她可能會認為你是好人，而她的寄養父母是卑鄙的，對於那些正在學習依附的孩子來說，有太多父母角色的依附對象，可能會讓他們感到困惑。她需要先跟我連結，以便她能真正學會如何與他人建立良好的關係。我會向她展示如何在我所提供的結構和監督之下建立關係、笑聲和成功。」

史提芬不知道該說什麼。沒有一個寄養媽媽曾經那麼直接的對他要求這樣的支持。賈姬似乎想要表達，她會按照她想要的方式撫養凱蒂，而史提芬對她如何撫養是不可置評的。他不知道他是否可以同意？或甚至是否想要同意？他是凱蒂的監護人。「我不知道我該怎麼做，賈姬。如果我認為你真的對她太約束的話？」

「史提芬，我不會違反你們部門的基本規定及程序。如果我的養育方式會超出你們的範圍，我會先獲得你的同意。我真正想要的，是有關我給她的照顧方面，你首先能接受我的決定。你可以跟我和愛麗森一起討論任何我在做的事情，而我們會告訴你為什麼我們要這樣做。可是我要得到你的支持，而且要讓凱蒂也知道你在支持我。」賈姬很確定的說。

「你是她的監護人，」賈姬補充說。「我知道你必須做到你認為對她是最好的。我現在告訴你，我大概會怎麼教養她，就是想要避免再一次傷害凱蒂，因為如果你不同意我的做法，你會把她帶離我家。我想要你了解越多越好，如果你不同意我的做法，你大可以現在就考慮不要把凱蒂交給我，這可省掉她又要再一次經歷關係的破裂。我知道我教養凱蒂的某些方式可能跟你的期望不同。如果是這樣，我想看看我們是不是現在就可以解決任何差異之處。」

史提芬開始感覺到賈姬不會被凱蒂打擊到。她有著一股力量，也很自信知道凱蒂真正的需要以及凱蒂可以從她那裡得到什麼。但是，史提芬還是不能確定他是否要接受賈姬在某種程度上照顧凱蒂的方式的說法。看起來她是在負起一些他的責任。她的確說她會遵照寄養照顧的基本規定。但在那些規定之內，她想要他說出對她的擔憂，如果有必要，她會按照自己的判斷去做。他必須先跟凱瑟琳商量才行。

「史提芬，這聽起來好像我會對凱蒂進行軍事訓練，」賈姬說。「而你一定認為她會覺得這是新兵訓練，在那裡她無法操控自己如此拚命想要擁有的一切。其實不是，這是一個提供給她生活結構和慰藉、樂趣及照顧、歡笑及規則的家，那是良好家庭會給孩子的，而當我跟她在一起的時候，我對她有一種永遠不會在新兵訓練營中出現的，愛麗森叫它做『態度』。」

「你所說的態度是怎麼樣的？」史提芬問。

「這態度有四種特質，分別是遊玩（playfulness）、接納（acceptance）、好奇（curiousity）和同理（empathy），我們稱它為 PACE。它們都是基於我對她的愛而激發出來的。這些是我跟像凱蒂一樣的孩子互動中的一部分，而它們會使情形完全不一樣。沒有這態度，凱蒂所需要的堅定結構和監督是不會有真正的治療性。但願她能經驗到這些結構及監督是一份禮物而不是懲罰。一份可以帶給她成功，而不是失敗的禮物。」

史提芬在想賈姬所說的，賈姬認為「態度」使結構及監督變得可以讓凱蒂比較理解。

在史提芬離開前，賈姬也告訴他，在決定以前，她想要先跟凱蒂會面和跟蘇珊討論。她也建議他和她在做最後決定時，他們應該跟卡布倫博士更詳細討論對待凱蒂的計畫。史提芬走的時候，他感覺到如果他跟賈姬合作，他會失去一些他的權力，這使他感到不舒服也覺得自己有些脆弱。同時，他知道凱蒂需要一個有能力、有信心的人，像是賈姬流露出的心聲，會時刻陪伴著凱蒂，跟她一起做決定，以幫助她學習如何生活在一個美好的家庭。

1994 年 5 月 19 日，史提芬、凱瑟琳跟賈姬與卡布倫博士在她的辦公室會面。史提芬預期她們兩人也許會要求一些需要得到凱瑟琳同意的事情，這就是為什麼他要求她也在場。

「賈姬告訴我她仍然有興趣凱蒂成為她的寄養孩子，」史提芬開了頭。「她很清楚說明她想要你成為凱蒂的治療師，卡布倫博士，所以我跟凱瑟琳和珍・譚寶討論她的要求之後，我們都同意，如果一旦我們決定賈姬成為凱蒂的寄養媽媽，而你可以跟她見面，我們會把她轉介給你。」

「太好了！」愛麗森回答。「賈姬跟我一直都合作得很好，而我也可以跟凱蒂見面。既然我們將要密切地一起工作，而且凱蒂也即將會這樣稱呼我，如果你叫我愛麗森，我會覺得比較自在。」

「好的，愛麗森。」史提芬說。

「史提芬告訴我，你和賈姬對凱蒂工作的方式有些可能是他不能苟同的，」凱瑟琳說。「是否這就是為什麼需要有這次會談？」

「是的，」愛麗森說。「人民服務局得到凱蒂的撫養權，這是你的義務，任何的治療及日常照顧都必須以凱蒂的最大利益為優先。如果你對我的工作方式，或是你對賈姬家的教養方式有任何根本上的歧見，我便不會開始跟她工作。因為六個月內，你若不相信我跟賈姬努力想要實現的，對凱蒂一定沒有好處，你會再次擾亂了她。」

「這很合理，」凱瑟琳說。「何不告訴我們，你要採取的大致方式？」

「很好，」愛麗森開始。「首先我要強調，如果凱蒂要改變，試著信任和依賴她的媽媽，她必須減少那潛藏的、無所不在的想要控制事情的要求，她要能很自在的和賈姬在一起，由賈姬來掌管她大部分的生活狀況。你們已經知道要等凱蒂主動放棄她的控制有多難，她也有可能永遠無法得到撫育的機會。她差不多在兩年當中住了三個家庭，卻沒有任何預備要被撫育的樣子。你們都很清楚，她有強烈的強迫性掌控。她害怕信任別人，讓她逃避對媽媽有任何健全的依賴經驗，也就無法知道這樣的經驗是愉快及安全的。更重要的是她無法有發展上的改變，這些改變需要有這樣的經驗做基礎。所以賈姬將會在家溫和但堅定地掌權，而我是在治療時。不過我們不會使用兇狠的方式。在她無法獲得掌控而出現困難時，我們會給她許多的接納和支持。我們不會生她的氣，也會接納她反抗我們為她做的決定。而當她準備好的時候，我們會慢慢還給她一些掌控的機會。我們不希望這些掌控是獨裁的，之所以要拿走它，只是因為她還不會好好使用它。她的掌控阻止了她學習去發展安全的依附關係，如果她要健康地發展，安全依附是決定的因素。事實上，孩子在安全依附的家庭裡，沒有人真的是在『掌控』。教養是基於父母和孩子共同知道什麼是孩子的最大利益，以及當他們有所不同或孩子是不確定的時候，孩子能接受父母的引導。」

愛麗森繼續說：「當我說『掌管』的時候，目的不是在教她服從。相反的，我們是要向她展示親子雙向關係的本質，那就是她的想法、需求和感覺對我們都非常重要。同時，我們將向她展示，現在我們必須對她的日常活動做出許多決定，因為她的決定──基於她可怕的歷史──往往不符合她的最佳利益，也不符合家人的。當我們限制她決定從事一些我們認為對她和他人有害的行為時，我們的做法，是完全接受她希望從事這些行為，以及我們會努力去發現她對我們的限制有關的想法和感受。」

愛麗森轉向賈姬。「何不由你來告訴史提芬和凱瑟琳，當凱蒂搬進你家的時候，你打算怎樣為她架構她的生活？」

「好的，」賈姬說。「我會在她搬進來那一刻就開始進行。我會讓她馬上知道我的期望，和我家的規則及日常作息是怎麼樣的。在跟我一起生活中，我也會發現她喜歡什麼、想要什麼，然後對於她可能有機會可以得到這些表示欣喜，而有些事情可能無法得到，至少不是現在，我會表達同理。我會告訴她這對她來說是很難的，因為她要學習如何住在這麼多不同的家庭中，但我很高興我可以教她。我會讓她知道，我知道她過去的一些行為，但我還是很希望她來跟我一起住。在我家，她需要學習改變那些行為。但是，史提芬，如果你聽到我跟凱蒂的對話你可能會感到驚訝，那不是你所想的講道理。這不是對規則和期望的理性說教，而會是輕鬆的談話，有關我們彼此的了解，以及日復一日的，有時是如何的既艱難又容易。」

「如果她在你的漢堡上大便呢？」史提芬問。

「好問題，」愛麗森說。「事實上，我會在開始治療時，跟凱蒂討論那個問題。」

「我第一個目標將會是阻止她在我家的漢堡大便，這就是要高度監督的地方，並且要賦予她我知道她有能力去承擔的選擇和責任。可是，如果她真的不知何故在漢堡上大便，」賈姬說：「她和我一定會想要知道，也會跟愛麗森一起去了解是怎麼回事，而且我們會一起來做清理工作。可是，理想的情況下，我會想阻止這樣的事發生，我是要她成功，不是失敗。所以她在廚房時，可能有一段時間我會緊緊的盯著她。我會直接告訴她，當她在食物附近時，我會小心的盯緊她，因為我擔心她也許會大便到我的漢堡或是湯裡，可是我不會威脅她或是羞辱她。我只是會鎮靜地使她了解到，我知道她過去的行為，而我的理解，引導我有這個計畫去協助她成功的跟我們在一起。」

「我們會在治療時做討論的一個理由，是要她知道我們已經知道她做了什麼，並要協助她了解導致她會這樣做的一些原因，」愛麗森說。「讓她知道為何會做出粗暴行為，不是要給她藉口，而是要協助她對她的行為感覺到少一點深層的羞愧，這樣她就可以慢慢面對和理解它們。」

「你真的認為她會感到羞愧？」史提芬問。「她的其他寄養父母們說，她從不對她所做的，有任何自責。」

「我知道那讓人很困惑，但羞愧不是自責，史提芬，」愛麗森說。「她的自責感受也許十分薄弱。比起羞愧，自責是較複雜，在發展上也較成熟的情感。但她確實有著羞愧，可能幾乎所有的時間都在羞愧，只是她不允許自己經驗到它。她跟麥克和莎莉在一起時，想必是一次又一次不斷地經驗到拒絕和感到羞辱，必定讓她深信自己『就是不好』。凱蒂經常性的憤怒是為了要控制他人和維持那份岌岌可危的安全感，同時也是為了要封鎖那羞愧的痛苦經驗。她經常性的說謊和否認她的行為，也只是為了避免羞愧經驗所做的努力。如果她真的接觸她的內在，並試圖弄明白自己為什麼做這些事，以及她的行為是如何傷害別人，她會被羞愧淹沒。羞愧使她無法發現自己是誰，因為她所看見和深信的只有自己是壞的、沒有價值的孩子，沒有人在乎，更不用說愛了。」

停了一陣子，愛麗森繼續說：「在治療的時候，我也許會告訴凱蒂，像穌珊家那樣的家庭聚會對她來說一定不好受，當每一個人都覺得好玩，而她不覺得，是因為她不知道如何得到樂趣。所以她也想破壞其他人的樂趣。我會同理她的感覺，然後告訴她在賈姬的家，現在她將會在家庭聚會時，全程被監督。如果她還是覺得對她來說太困難，她就不可以參加，賈姬會為她做其他安排，以確保她的安全，直到她準備好在賈姬的支持下參加家庭聚會。可是她會被告知，在聚會時有人會想念她，而賈姬會跟她一起努力，以便有朝一日她可以成功地參加聚會。」

「可是這樣會不會讓她覺得她不是家中的一份子，而延緩你們想要的依附發展？」凱瑟琳問。

「很好的問題，凱瑟琳，因為這直搗了這方式的核心，」愛麗森說。「如果我們給她快樂經驗，而她失敗了，表示我們並沒有協助她安全地依附。她只會感到更多的挫敗，她的羞愧感會增加，而她就更無法接受下一次的愉快經驗。那就像是帶著一個在沙漠中迷路三天的人，給他喝一加侖的水。給他喝很多的水是很合理的，因為他脫水，而且看起來他是需要那麼多的水。但那麼多的水不會幫到他，而是會要了他的命。他需要一點點的給，小心地給他足夠分量。他喝進的水不可以比他能夠吸收的多，否則幫不了他。對凱蒂也是一樣，如果我們給她大量的經驗，對一般孩子來說是覺得很享受，但她只會變得焦慮不安，不能真正享受。她無法整合它們。它們太令人興奮了，這些經驗不符合她的自我認知或是她對父母們的看法。對她來說，這差距太大，而使她感到焦慮和不舒服，因而她會出現一些引來拒絕和生氣的行為，那是她覺得比較舒服的感覺。」

「我還是很迷惑，愛麗森，」史提芬問。「如果她的早期剝奪是問題的來源，何以現在奪去她的愉快經驗，會是改變的成因呢？」

「我們對凱蒂的目標是相同的，就像對任何有困難兒童所設定的目標是相似的。我們想要她經驗到跟父母有一份愛的關係，我們想要她在她的生命中有很多愉快和滿足的機會，還有我們想要她有選擇的自由，在很多的選擇當中，選擇什麼對她是最有利的。但是對凱蒂，和其他有困難形成依附安全的兒童來說，她很難從遊玩、愛和自由選擇的經驗中去整合。她不能維持調節來體驗樂趣，她削弱去愛自己的努力，而必然地會做出不是對她最有利的選擇。實質上，如果她要從中受益，她需要大量的支持來信任及接受遊玩和愛的經驗，同時也學習為自己做更好的選擇。還有凱蒂的潛藏羞愧感也要縮減。我們會透過確保在她能力範圍內的工作，來移去從社會化經驗而來的拒絕、恥辱和輕蔑。最重要的是當事情出了差錯，或她做了糟糕的選擇，或賈姬設定了一個她不喜歡的限制時，我們會在她感到羞愧之後，很快地在情緒上跟她再連結，這樣她才可以感受到她的價值，並在跟賈姬的依附關係上感覺到安全，即使她對賈姬為她提供的結構和監督的限制感到惱怒。」

「我們要的也正是你們對她所要的，但是從她過去超過二十一個月的活動看來，顯然要達成這些目標，需要更長時間。我們一定要慢慢建立它們，一次一步，減少失敗，而漸進地讓她看到如何在一個好家庭中生活。」

「但你們要如何讓她有參與的動機呢，如果她沒有什麼可獲得的？」史提芬問。「如果你們那麼嚴格，為什麼她會想要改變？」

「賈姬和我都不想要那麼嚴格，史提芬，」愛麗森回答。「很確定的我們不會發怒也不會拒絕她的行為。更重要的是，我們要回到她在生命的最初兩年該有的親子互動狀態。我們會有耐性和持續地給她無數次互為主體的經驗，那是嬰兒和學步兒應該得到的，但那都是凱蒂所沒有的。」

「『互為主體』是什麼意思？」凱瑟琳問。

「互為主體指的是父母和嬰孩在最初一兩年期間，一次又一次所出現的一種相互好玩及快樂的早期經驗，而事實上在一個良好的親子關係裡，這是永遠不會停止的。在那些時候，父母和嬰兒沉浸在他們視線的接觸、臉部表情、同步動作，和共同的焦點上，他們會非常投入，常讓他們忘了別人的存在。父母和孩子正在分享他們的情感生活，分享彼此的注意，學習彼此的期待及意向，並對彼此的主觀經驗產生影響。凱蒂需要跟賈姬有那些經驗，而她需要每天都得到這些經驗，不管她的行為表現如何。事實上，如果賈姬成功地使她投入那層面去，凱蒂可能會反抗和生氣，因為她想讓賈姬停止這樣做。當賈姬提供這些經驗給凱蒂的時候，她會要求凱蒂做一些當她早年時嘗試去做，卻帶給她痛苦和羞愧感的事。那是很難做到的。希望假以時日，凱蒂開始感覺到她們的關係更加安全時，賈姬就可以成功地給她所需要的：跟一個愛她的人同樂，不管她的行為表現如何也不會拒絕她。這是你可以給任何一個孩子最激勵的經驗。」

史提芬現在覺得蠻有興趣了，愛麗森說的正是她的妻子和女兒——珍妮和瑞貝卡！但他還是不了解賈姬如何可以把這些經驗給一個快七歲的反抗孩子？「當凱蒂常常給她找麻煩時，賈姬如何能提供給凱蒂那些和善的注意力和其他一切？」

賈姬大笑著說：「是不容易，但也需要練習及一些喘息，還有從愛麗森、我丈夫馬克和你以及其他人而來的支持。我不會帶著怒氣來糾正她。當我對她設限令她難過時，我把這看作是一個機會來建立她對我的安全依附，而不是一個障礙。」

「那是怎麼樣的？」史提芬問。

「當我們發生衝突，而她生氣時，我會先幫她調節她對我任何不滿的惱怒情緒，這時 PACE 就派上用場，我會跟她共同調節她的情感狀態，如果你想聽，我可以舉例說明我將如何做。當我對她設限時，我會同理她而不是對她氣惱。希望相互的接納與愉快的經驗會優先出現，而且馬上跟隨著引發羞愧的經驗。當衝突為我們的關係帶來壓力時，我會意識到需要盡快在糾正或衝突後修復我們的關係。我會讓她知道，我了解她要做這些改變是很困難的，我會耐心地教導她。每次我們都在不讓凱蒂經驗到遺棄或虐待的狀態下解決衝突，她的安全感就會在她和我的關係中得到加強。」

「你不會對她生氣！是真的嗎？」史提芬問。

「我不是說我永遠不會生氣，但在我教養蓋比兩年之後，現在我有自信，當我對凱蒂生氣的那些時候，目的是要跟凱蒂一起去達成目標，而不是因為我失去控制。當凱蒂可以『使』我生氣，那就是她在掌控，這樣子我們兩人都輸了。要如此回應並不容易，但愛麗森讓我看到它有多重要，現在多數時候我能夠很容易就做到。而且如果我要協助凱蒂，我不認為我有任何其他的選擇。我知道有時候我會生氣，就算我希望我不會，但我也是人。所以我會承認，如果有必要我會道歉，並再次跟她修復我們彼此的關係。」

「愛麗森，你該不是說父母對他的孩子生氣，就是在傷害他和破壞他們的依附關係吧？」史提芬問。

「我不是在講健康的孩子，他們已經跟父母有安全的依附關係。」愛麗森說。「那些孩子很容易處理他們父母的生氣，不會削弱他們自己的價值感或是對父母愛她們的信任度。但是對受虐而且沒有安全依附的孩子，日常的生氣，或甚至是經常出現的溫和的惱怒，都會破壞我們在促進他們的安全依附能力所做的努力。對這些孩子，憤怒往往會觸動一個潛藏羞愧的反應，連結到自我輕蔑和對父母親給予糾正的不信任。習慣性的對凱蒂生氣，只會堅固了她無價值感的核心想法。」

「我向你們保證，雖然我對凱蒂的態度堅定，對於她在發展中能夠做的行為標準要求也較高，但我不會否定她，我也不會對她粗暴。我對我的兒女是比較『放鬆』，這是我想要教養我孩子的方式。但蓋比或是凱蒂不一樣，他們是不可以『放鬆』的，我被迫改變我的風格來符合他們的需求。」賈姬說。

「但是賈姬，如果你要求凱蒂『每次一步』的改變，你怎樣可以有高的期待呢？」凱瑟琳說。

「如果我的期待不高，她是完全不會改變的。然而，我會限制她的選擇。我不會給她導致她失敗的選擇，即使像她同年齡的其他孩子能在這些選擇中成功地做到。我的期望是取決於她的發展年齡，不是她的實際年齡。一旦我給了她選擇，我的期待就會高。可是，當她不能達到我的期待時，我還是會繼續接納她，不處罰，也不會對她生氣。」

「我還是不懂。」凱瑟琳說。

「凱瑟琳，」愛麗森說，「凱蒂雖然快要七歲了，但是賈姬只用三歲或四歲孩子的標準來期待她。因此她會要求她在這標準內做好，如果凱蒂無法達到，賈姬會要求她重複練習直到做到為止。她可能會跟凱蒂一起做或為她做更多的事，或她會降低對凱蒂的期待，以較類似一個更小的孩子可完成的標準，但是她仍會要求凱蒂在這降低的標準內把事情做好。可是她不會接受凱蒂無理的行為舉止。如果她要住進賈姬的家和我們的社區，凱蒂需要成功地社會化。例如，凱蒂也許不知道如何分享家庭活動，像是一起好好玩遊戲，因為事實證明她會爭論規則、大聲講話或是欺騙。凱蒂不會有這樣失敗的機會。賈姬會和她一起玩那些競爭和刺激性較低的遊戲，它們較像是我們與幼兒一起玩的互動方式，引人入勝的遊戲。賈姬就不用在超出凱蒂發展年齡的沒完沒了、充滿衝突的遊戲中糾正她。」

愛麗森繼續說：「重複的糾正可能表明我們的期望太高了。也許適合她的實際年齡，但不適合她的發展年齡。我們會喜歡『先連結，後管教』（connection before correction）這句話。我們的首要任務是與孩子建立牢固的連結，一旦獲得良好發展，就會讓我們對孩子有更深的了解，知道他的發展年齡。這種連結還可以為孩子提供支持來處理糾正的壓力，幫助孩子信任照顧者的用意，並使糾正後的關係更容易修復。」

「愛麗森，賈姬那天告訴我，她對待凱蒂將會採用一種態度，那如何搭配在你剛剛所說的？」史提芬說。

「『態度』與我們剛剛所描述的是異曲同工，」愛麗森回答。「『態度』的四種特質提供一種情感的情境使凱蒂容易接受互為主體的經驗，讓她能夠忍受我們對她的行為期待和監督所產生的壓力，因為這些很可能會觸發她的羞愧感。而且，我們的態度可以幫助她在羞愧後與我們再度連結。實質上，它們是協助她看到什麼是依附關係。」

「你所謂的『態度』是什麼？」凱瑟琳問。

「凱瑟琳，在過去幾年，一些治療師、父母親和我越來越覺察到，當我們很成功地跟有依附困難的兒童連結時，我們實際上的狀態如何。我們確認了四種特徵，它們很像一個父母跟嬰兒或學步兒同步時所具有的態度。這些特徵包括了遊玩、接納、好奇和同理。我們認為所有四種特質都是必需的，而且如果要一個孩子開始做出回應，包括在家中和在治療中，必須有這態度作為背景氣氛。當一位母親，像是賈姬已經發展出這態度到某一程度，可以很容易和自然地跟她的孩子互動，也會在很多時候較容易避免生氣、挫敗，和緊張的互動。一旦母親善於保持這樣的態度，對羞愧經驗之後的互惠樂趣和關係修復兩者而言都會是有效的，教養就變得容易多了，不管孩子的行為有多暴虐。」

「說是容易！」賈姬笑著。「不過，真的，愛麗森是對的。當我失去那態度時，每一小時都很困難。當我可以維持它時，實際上，我常常覺得教養這種倔強的孩子是很有挑戰、很值得，甚至是很有趣。跟她在一起，我可以有多一點放鬆和享受。我不會試著要預估或控制她的行為，而是好奇和接納它們，這讓我敞開心扉，隨時隨地做出同理以回應她的鬥爭。這有助於我真正接受她正在經歷的事情，並幫助我更能符合她的需求。我可以將她的經驗（我接受），和她的行為（我可能需要限制）這兩者分開。我的反應可以是有愛和好玩的。她不可以控制我的情緒，所以我可以使用這些態度保持對她的投入，不管她做了什麼。這些態度確實讓我記起我是如何跟我自己的孩子麥修和黛安相處，當他們還是嬰幼兒的時候。這讓我對養育這些倔強的孩子覺得比較容易。對父母和孩子雙方都是好的。」

「你可以簡單的告訴我們，在你的治療時段會做些什麼？」凱瑟琳問。

「當然可以，」愛麗森回應。「我跟她至少每週有一次會面，而治療時段大約九十分鐘，然而每一次開始時會先單獨跟賈姬會談。在治療時，賈姬每次都要在場。她必須要在現場，因為我的目標就是要促進她跟賈姬建立安全依附關係，而不是跟我。我不想跟她單獨會面，因為很多時候我會跟她坐得很靠近，而且有時會以一種安慰、支持或遊玩的方式觸摸她。由於她有被虐的歷史，凱蒂和我都會覺得如果賈姬在場會感覺比較安全。」

「在每一個時段開始時，我跟賈姬先單獨談論有關在家裡發生的事情，從而找到一些點子在時段中做介入，我也會給賈姬一些介入的建議讓她可以在家裡做做看。我不想凱蒂知道我給什麼忠告，除非我知道賈姬同意我的做法。還有，如果賈姬感到精疲力竭或憤怒時，我需要先照顧她。在那些時候我要先幫助到賈姬，才更能夠幫助凱蒂。如果賈姬無法展現那些『態度』，我也不想要提出跟凱蒂有關的害怕或羞愧的議題。」

「在治療中我有很多例行工作都建基於依附順序（sequence），那是每天生活裡，在健康的媽媽與孩子依附關係中都會發生的情況。首先我會在每一時段跟凱蒂建立關係，包括分享情感狀態的特徵：情感調和，和那些我們之前討論過的『態度』。有可能會閒聊前一週發生的小事情，也許是好笑的事。然後我會從她最近在寄養家庭所發生的，或是從她跟原生父母的早年生活而來的事情，帶出引發羞愧的經驗，開始討論。我們的長期目標之一是幫助凱蒂發展一個關於自己和她生命前後連貫一致的敘述，要做到這一點，我需要知道一切你們所知道的，有關她早期生活中被虐和被疏忽的狀況。最後，如果我們把注意力集中在她生活中的某些壓力方面時，她對我或賈姬感到惱怒，我會努力跟她再一次建立修復的關係，以協助她慢慢地開始減少和整合她潛藏的羞愧經驗，而且更能接納舒適愉悅的感覺，並且發現她的羞愧經驗不會傷害到她跟賈姬或我的關係。」

「那建立互為主體連結的順序，會因為感到羞愧、挫敗或衝突，而在關係中經驗到破裂，之後就再一次建立關係，有可能在每一時段中會發生好幾次。從一次會談到下一次，我會以專注於和凱蒂在一起的方式，表達我對她是誰的深切關注，以及我對她的接納和重視。我會注意賈姬關心她的細微之處，並且幫助凱蒂注意到——我想喚起凱蒂對那關心和是怎麼一回事的好奇心，還有進入她對自己的潛藏信念：她是壞的，任何真正認識她的人都會看到她很糟糕和不可愛。」

「我無法想像你是如何進行的，」凱瑟琳說。「你就只是坐在她旁邊，跟她玩，然後再次跟她玩之前，和她聊聊有關她的問題？」

「態度的特質將會在順序的每一個層面中都應用到。凱蒂經由每次互動，經驗到接納、好奇和同理。她也會經驗到我對她內在有著熱切的好奇：有關她對一切事情有什麼感覺和什麼想法；而她將在一種輕鬆而且溫和、好玩的特質當中，經驗到這些互動。但我並不是在傳達她的問題是『有趣』的，我會讓她看到我對她的信任。我會傳達我看到一個健康的自我在她內在，不管過去她曾經驗過什麼創傷或壓迫，她都不會被毀滅，或甚至是被危及到。我會『不斷發現』她內在美好的特質，那是每一個嬰幼兒都擁有的，而她的父母沒有看到。當我發現那些特質時，我會比較直接的把我的經驗，經由語言和非語言告知她，凱蒂也就會發現它們的存在。當她學習住在賈姬家時，可以跟我們一起微笑度過困難，甚至當她記起跟莎莉和麥克的生活時，她可以表現出傷心讓賈姬在旁安撫她，她跟賈姬的依附關係就跨了一大步，同時，她也可以建立一致的自我感。」

停頓了一會兒之後，凱瑟琳說：「我認為我們可以也應該贊同你為凱蒂工作，愛麗森，而且讓她可以住到賈姬的家。我喜歡你剛才所說的，但我還是很想知道這要如何一天一天做到。你們會反對史提芬常跟你們談論有關治療進行的狀況並較常順路拜訪賈姬家嗎？」

「一點也不會，」愛麗森和賈姬一起回答。愛麗森更說：「事實上，如果史提芬想要有些治療時段跟凱蒂、賈姬和我一起，那也可以。」

「我會想要。」史提芬回應。

「那讓我們試試看，」凱瑟琳說。「你放心，我們不會干預你所做的事情，即使我們仍不能確定那是否有幫助，不過我們讓你帶領。我們會希望你遵循寄養部門的條例來做。如果你認為任何條例需要修正，可以跟我們核對，假如我們同意，我們會看是否可以獲得總部給予的例外。我們很願意給你六個月的時間，直到對凱蒂的治療及安置做第一次檢討。那足夠嗎？」

「有可能不夠凱蒂做任何重要的改變。」愛麗森說。「必須要給我們足夠時間讓你知道我們在做什麼，並且讓你看到一些初步的改變，那是我們要繼續建構的根據。」

「用這樣的方式來跟有困難在良好的寄養家庭中有發展的孩子工作，有多少成功的比率？」凱瑟琳問。

「我希望可以給你很確實的研究發現，」愛麗森回答。「但目前很少有關童年時曾有發展傷害的研究，而且甚至很少研究提到對這些嚴重困難的孩子所做的治療性及親職方式。我只可以告訴你，有關我過去二十五年的經驗。」

「那會很有幫助。」凱瑟琳說。

「按我工作過的經驗，大概可以預估 40% 像凱蒂般的兒童都有非常顯著的進步，其他 40% 證實這一些進步是蠻有幫助，而最後的 20%，如果有進步，也只是一點點。對這 20% 的群組，我所能夠做的，就是幫助他們的家庭學習跟他們相處，以便有助於家庭的維繫，保護孩子的安全，和希望孩子或是青少年的未來也許可以獲得較好的生活。我的目標就是要孩子承擔問題後果，而不是讓他們傷害其他家中成員。而我會幫助父母探索有可能的傷痛，一旦要讓孩子安置在機構，如果那看起來是有必要的。」

「你的結果讓我有點感到沮喪。」史提芬說。

「我了解，」愛麗森說。「但當我使用我曾被訓練過的不同傳統治療方法介入時，他們的結果比我之前所見到的要好得多。在過去，我會說對像凱蒂一般的兒童，我的介入有八到九成是一點效果也沒有的。現在每次我看到有五分之四的正向效果，而對許多孩子而言，那影響是很重要的。因此，我很興奮於目前所見的結果，雖然我對那些我無法接觸的兒童及家庭感到悲傷。我們需要好好的去探究有創意和更廣泛的方法來協助這些兒童，他們有非常嚴重的心理問題，以致不能對治療馬上產生回應。」

「對這些兒童有沒有任何其他方法？」凱瑟琳說。

「我很遺憾的說，沒有一個是有研究基礎的。有一些有成效的研究結果是針對簡單創傷治療，但這些創傷是無法與發展創傷所造成的損害相比較。我熟悉並支持治療性遊戲（Theraplay），這種治療也是基於依附原理，並且與我的 DDP 治療模式相輔相成。」愛麗森回答。

他們四人沉默的坐了一陣子，他們都經驗到為每一個受到父母傷害和遺棄的孩子，以及當給他們機會時，他們對有能力及有承諾的父母，卻又缺乏能力學習建立依附的孩子們感到難過。一個惡夢般的人生。

「好的，」凱瑟琳說。「我們何不現在就訂下凱蒂搬到賈姬家的日期？」

評論

愛麗森和賈姬需要報告詳細做法，說明她們將如何介入凱蒂的生活，因為在凱蒂被安置在賈姬家，和愛麗森當她的治療師以前，她們的策略必須被了解及接受，那是很重要的事情。因為有一些介入的方針，和傳統所謂恰當的幼兒照顧是有所不同的。很多其他方法強調需要給孩子選擇，然後讓孩子從這些選擇的後果中學習，即使孩子一次又一次地失敗。往往這些選擇是基於他們的實際年齡，而不是他們的發展年齡。通常會透過降低期望來避免衝突和限制所產生的憤怒，這樣孩子就不會生氣，但付出的代價是無法學習如何面對挫折和獲得困難中的成就。

愛麗森和賈姬不斷重複地強調維持 PACE 治療態度的重要，如果她們想要對凱蒂的發展有巨大影響，就要抱持此態度，好讓策略可以有治療性。假使凱蒂需要被限制參與家庭派對，為了讓這些限制有治療性，賈姬一定要用之前所描述過的態度表達出來。賈姬會對凱蒂說：「我很難過，你沒有準備好跟我們一起參加派對。等到你比較可以處理好跟我們一起玩的時候，就可以和我們其他人一起有這樣的派對。」這種說法是有治療性的。永遠不要用譏諷的語調來表達上面所說，這說法只是在反映父母真正的想法。不可參加派對並不是用來懲罰孩子，可以提供其他替代的活動，讓她可以感到有樂趣並且可以成功。

跟它對比的說法是：「當我們在派對時，你不可以在客廳，直到你學會如何做出對的行為，否則你不能跟我們在一起。」另一種需要避免的說法是：「叫你做什麼你都不做，這是你的錯，所以你不可以跟我們一起。」以上三個介入方式都限制了她參加派對。然而，能否運用態度的本質來表達將決定介入是否有治療性。同樣是有害的處理方式是，允許她參加派對，給予五次警告，要求她表現正確行為，但在前三次類似的派對經驗中，凱蒂的行為是非常有破壞性和攻擊性的，因此真的沒有任何理由認為在這次的派對中，她會有所不同。而當她失敗而需要離開時，大聲的罵她：「已經給你機會！我告訴過你會發生什麼！」這樣的處理不會對凱蒂有幫助的。

很多時候，照顧者會給像凱蒂這樣的兒童許多機會去做出適當的選擇，即使他們每次都失敗。倘若照顧者對每次失敗的回應是懊惱、訓誨和一個「重新開始」的機會，那無疑就是一個充滿失敗的「無用的重複」，這會是一個極好的方式增加凱蒂的羞愧及無價值的感覺。如果一個七年級的孩子只有三年級的閱讀能力，那孩子應該要持續容忍每天「重新開始」去閱讀七年級的讀本嗎？如果給他用三年級程度閱讀，而且提供三年級的書本，期待他在這程度的能力上努力，並且鼓勵他朝向閱讀技能上的發展有一小步的前進，這不是更好嗎？受到發展創傷所限制的孩子，在情緒、認知或行為上無法適當地產生功能。他們需要有一個環境認清那樣的事實，敏感到孩子目前能夠實現的目標，並且建立在父母關懷、監督和期望的基礎上，來支持孩子的發展從一個墊腳石到下一個。如果凱蒂的能力表現比較像是個學步兒，而她的確是，她就需要像我們給學步兒同樣程度的互為主體經驗、監督及父母期望。用 PACE 的態度來對待她，可以確保這樣的介入是會成功及有治療性，而不會是處罰或羞辱。

第 8 章

賈姬・凱勒（第四個寄養家庭）

1994 年 6 月 9 日，星期四，凱蒂搬進賈姬和馬克・凱勒在緬因州維蘇保羅鎮的家。六歲的她，已經被寄養照顧二十一個月了，而如果把她跟莎莉和麥克一起生活的時間也算進去，她現在已是搬到第五個家了。就像之前搬家時所做的，史提芬把凱蒂和她大部分的衣物載到賈姬家去。蘇珊在一個星期前已經告訴凱蒂，她要搬去一個新家庭，那裡比較符合她的需要。凱蒂沒有任何反應，也不做任何努力去改變蘇珊的決定。反而，她對賈姬的家會是怎麼樣感到非常好奇。在幾個星期前她跟賈姬見過面，但她沒有真正地記得賈姬。

賈姬和馬克住在距離下 201 號高速公路一哩遠的一條迂迴路上，大概距離北奧卡斯特十哩遠。早在五年前，當他們決定要照顧寄養兒童的時候，馬克在屋內額外建了一個雙人房。凱蒂睡在樓下兩個房間中的一間，賈姬和馬克睡另一間，而三位青少年睡在樓上。

當史提芬下午兩點鐘到達時，賈姬和溫西在他們的大飯廳裡等他們。沒有其他人在。賈姬很熱情的跟凱蒂打招呼，溫西舔一舔她，而且很快就想要當她最好的朋友。凱蒂拍拍溫西的脖子，同時看看廚房周遭。賈姬幫忙她處理行李與箱子並把它們放到她的睡房。這時候史提芬跟溫西在廚房等著，直到他們回來吃餅乾和牛奶。

「凱蒂，我很高興你到這裡來，我很開心你成為我們家中的一員。在晚餐以前，你會見到你新的寄養爸爸馬克，還有我們其他孩子。現在你有一些時間可以慢慢認識我以及了解住在這裡的情形。你想吃些餅乾和牛奶嗎？」

「我想要吃小甜餅。那通常是我下午吃的點心。」凱蒂說。

「我很高興你讓我知道你想要什麼，凱蒂。我也喜歡吃小甜餅。在這裡我們下午的點心是餅乾和牛奶或是水果。你也許會很失望，但是過一陣子，你就會慢慢習慣。還是你只要吃水果？」

「我不喜歡吃那些餅乾！」凱蒂說。

「好吧，你可以不要吃，凱蒂。如果你想要，你可以只喝牛奶，或如果你不想要，甚至你也可以不喝。或是你也可以喝柳丁汁。」賈姬說。

凱蒂凝視著她面前的牛奶和餅乾。她看起來繃著臉，似乎不知道該怎麼辦。

「我了解你不喜歡只能有餅乾吃，而沒有小甜餅可以吃。也許你會覺得才和你第一次見面，我就故意為難你！天哪，也許你甚至會想這會不會是一個很糟糕的家，是你不喜歡的。對你來說這會是一個困難的開始。」

「你是故意為難我！」凱蒂大叫起來，突然把她的手臂掃向那杯牛奶，大部分牛奶倒在桌上，而其他則流到地上。相當多的牛奶在打翻後濺到史提芬大腿上。

史提芬往後縮了一下，然後從椅子上站起來，抓住他的褲子叫著：「凱蒂，為什麼你要那樣做？」

賈姬馬上站到史提芬和凱蒂中間，把所有注意力放在凱蒂身上，然後說：「哇，你真的好生氣！當我不讓你做你想做的事情的時候，你馬上讓我知道你有多氣憤。我猜你在想：『我才不要你的牛奶！』我敢打賭你希望那些牛奶是濺在我身上而不是史提芬身上！」

賈姬轉向史提芬，建議他可以用浴室裡的毛巾弄乾他的褲子。然後她彎下腰來轉向凱蒂，把手放在凱蒂的椅背上，安靜的說：「凱蒂，我知道這對你來說是很難的。你已經搬過了很多次的家，這麼多的家庭！小甜餅、餅乾、水果！永遠有新東西要你去習慣。哇，這一定是很不容易的。」

凱蒂只是繼續盯著桌子，她的牛奶之前是在那裡的。

「我很希望可以讓你更容易適應，寶貝。但對我來說，在一開始就讓你知道住在這裡要怎麼做才對，是非常重要的。你認為你會有小甜餅當點心，但卻只有餅乾或水果，這很不公平。你大概會想那遜斃了，『沒有小甜餅當點心。』但這就是我們住在這裡的情形，甚至我也沒有小甜餅當點心。」

當這六歲的倖存者似乎還在衡量她的選擇的時候，賈姬已好幾次站近凱蒂那裡。賈姬顯得輕鬆且接納。如果有人能夠從錄影帶看到凱蒂早期的生活，凱蒂的行為或許就很容易被理解，她所經驗到的是，她的期望受到成千上萬次父母的憤怒及無情的對待。任何對她的拒絕，現在都變成是對她侮辱的另一個標記，而且意味著完全對她的感受及需要漠不關心。

凱蒂也許感覺到賈姬的接納。她也許在想她要用另一個方式，或許只好決定等到第二天再說吧。凱蒂伸手去拿餅乾，而當她拿起來要放到嘴巴時，她安靜地再多要些牛奶。

「噢，凱蒂，我希望你現在可以喝到牛奶，但你已經把它打翻到桌上、地上和史提芬的褲子上。我告訴你怎樣做，在我們清理好牛奶後，我會給你拿點喝的來配餅乾。」

「我現在就要牛奶！」凱蒂大叫而且把餅乾丟過房間，打在櫥櫃上，變成很多小碎塊，跟地上的牛奶混在一起。

賈姬蹲下，然後把剩下兩塊餅乾移開。「我會留住這些，凱蒂。你很氣我！但現在沒有小甜餅、沒有牛奶，而且不可以丟餅乾！你或許也想要丟我，但我太重了。」

凱蒂站起來想要去搶賈姬手上的餅乾。當賈姬把餅乾放到料理檯上的時候，她把凱蒂的手挪開。「凱蒂，現在我會拿水桶及海綿出來，我們需要把地上的牛奶擦乾淨。」

凱蒂大叫，而且想要去踢賈姬。

賈姬抓住凱蒂的手腕，偕同她坐在椅子上，說：「噢，這對你來說是一個辛苦的開始，凱蒂。一點也不好玩。」當賈姬用雙手放在她的肩上把她移動到椅子去，好讓凱蒂不能再踢她，凱蒂開始掙扎。

「你現在真的很氣我，而且我知道你真的不想要幫忙弄乾淨那些牛奶。但是我不會讓你踢我。哇！（賈姬正在與凱蒂憤怒聲音的強度相配，賈姬沒有在生氣。）你肯定想告訴我，你會生氣的！有時生氣就是會發生。每個人有時候都會生氣。」

凱蒂很明顯是非常憤怒的坐著，她把臉別過去，雙手用力拍打桌子。這時候史提芬回到房間來。

凱蒂往上看，大叫著：「我不想要住在這裡！我恨她！把我帶回蘇珊的家！」

史提芬無言以對。賈姬很快填補這沉默。「凱蒂真的很氣我，史提芬。首先，沒有小甜餅。我不再給她牛奶。然後，我告訴她我們要清理牛奶。而最後，在她丟餅乾之後，我又把餅乾拿走，她想要踢我，因為她現在太生氣，無法清理地上的牛奶和餅乾，她大概很想要再踢我。還有，我甚至還沒有告訴她需要向你說對不起，她把牛奶打翻在你身上！凱蒂可能一點也不喜歡我。」

「我恨你！」凱蒂大叫。

「我猜現在她甚至很恨我！怪不得她不想跟我住在這裡。」賈姬說。然後她更安靜地跟史提芬說，但實際上是用她的話替凱蒂說。「她大概一直希望，終於可以得到一個她喜歡的媽媽。而現在她擔心我會是最壞的媽媽，那是她以前沒有遇到過的。對她而言，那一定很難。」

史提芬坐下對凱蒂說：「我很難過，現在你對賈姬很生氣，凱蒂。但是我不會把你帶回蘇珊的家。我認識賈姬，而我認為一旦你也認識她，你會喜歡她。」

「我不想留在這裡！」凱蒂又一次大叫起來。

「恐怕你得留下，凱蒂。這是你的新家，而我希望有一天你會喜歡這個家和賈姬。」史提芬說，他顯得對自己所說的話也不太有把握。

「我永遠都不會！」凱蒂尖叫著。

「史提芬，現在凱蒂真的、真的很生氣。我不覺得你可以改變她的想法。或許，現在你最好先離開，而凱蒂可以開始習慣這裡。」

「不要！」凱蒂大叫著，然後從她的椅子上跳起來。當史提芬走向門時，凱蒂抓住了他。賈姬設法擋在凱蒂和史提芬之間，雖然凱蒂想把她推開，大聲尖叫。當史提芬伸手去開門時，賈姬建議他第二天打電話來，她會讓他知道凱蒂是如何安頓下來。

史提芬不知道他可以做什麼，除了盡量表現得體地離開那裡。他想不出要跟凱蒂說什麼才可以使狀況穩定下來，所以當他走出門外時，他只說了：「再見，凱蒂。」

當史提芬開車到車道上時，凱蒂又大喊一聲，然後坐到椅子上，背對著賈姬。

「啊，凱蒂，這對你來說一定是很難的事情！你甚至不認識我，而現在你卻要一個人跟我在屋子裡。史提芬把你留在這裡，跟一個你討厭和不認識的人在一起。我知道你也許不相信我，但是我可以答應你無論你對我有多生氣，我會讓你和我都安全的。」

凱蒂不理會賈姬。賈姬平靜地說：「我很難過，你的生活過得那麼辛苦。」然後，她走到料理檯，開始把東西放在一起要吃晚餐。

接下來的十五分鐘，就在賈姬開始準備晚餐時，凱蒂繼續漠視賈姬。

有一部車子開進了車道。一分鐘之後，在走廊上聽到黛安、約翰和麥修的聲音，然後他們從門那裡跳進來。他們停下來，注視著他們的媽媽、一個生氣的小女孩，和地上一團糟的牛奶。

「孩子們，我想要你們認識一下凱蒂。她現在會跟我們一起住。」賈姬用平常而輕鬆的口吻說著。

「嗨，凱蒂！」黛安說。她的兄弟帶著並不熱誠的態度也跟著說。

「凱蒂現在有麻煩，但一切還好。」賈姬說。「如果你們想要吃餅乾和牛奶，現在要自己弄。但是不要踩到牛奶。」

黛安走到凱蒂那裡。「你是我的新妹妹。我很高興我不再是唯一的女孩。看起來你跟媽有些意見不合。她想要你做什麼？」

「她說我要幫她一起弄乾淨那些牛奶！而且她不會給我任何餅乾！」凱蒂說的時候帶著對黛安的好奇，同時也對自己的處境氣惱。

「太糟了，妹妹。在你和媽做完這件事之後，我會帶你到處看看這個地方。」黛安離開房間，而凱蒂的眼光也隨著她。

「我會把牛奶弄乾淨，不用你來幫忙。」凱蒂堅決的說。

賈姬對她突然改變情緒和願意做被要求的事，感到意外。三個出現的青少年也許只不過打破那氣氛而已。也許她想要給黛安一個好印象，不想跟她在開始就有過節。黛安和她的兄弟也許會聯合起來對付這個惡魔媽媽。

「看起來你不再生氣了，凱蒂，可是我對你不是很清楚。你確定你準備好去弄乾淨那些牛奶嗎？」賈姬問。

「是的，我會去弄好。」凱蒂平靜地說。

「好的，凱蒂。」賈姬從水槽底下拿出一個小水桶和海綿，放了一些水，交給凱蒂。凱蒂拿到就自己開始把那些牛奶擦乾淨，不要賈姬任何的協助。這時候黛安進來拿蘋果吃。

「你做得好棒啊，凱蒂，」黛安說。「也許現在媽媽不會常常叫我幫她的忙了。」

凱蒂微笑著，繼續擦洗。她真的做得很好，當她完成之後，她把水桶還給賈姬。

「黛安，凱蒂也許還在生我的氣，你可以帶她到處看看我們屋裡其他地方，還有車庫和鞦韆架嗎？」

「當然好，媽。」黛安對著凱蒂微笑。「來吧，妹妹。我們從你的睡房開始，然後我給你看我的。」

凱蒂跟著黛安離開，彷彿她從沒有像這樣子的快樂過，溫西跟著她們。賈姬有點精疲力盡，可是凱蒂看起來活力十足。賈姬無法習慣像凱蒂那樣的孩子，可以如此突然從一個情緒和活動轉變到另一個，沒有上一次事件所遺留下來的任何跡象。賈姬在想，只是繼續往前沒有遺憾會使生活更容易嗎？或許吧！可是，一個人的生活就會是更零碎，很少可以把生活帶來的不同經驗和學習持續下去並加以整合。

在返回辦公室途中，史提芬對賈姬和愛麗森，還有所有她們所說的都深感懷疑。聽起來很好，但是看起來事實跟理論不盡相同。凱蒂的第一天不需要感到被歡迎和輕鬆些嗎？為什麼賈姬不給她那可惡的小甜餅？有什麼大不了的呢？然後她又對打翻牛奶事件大作文章！難道她沒有看到孩子在一個糟糕的起點上產生了距離？為什麼她要那麼逼迫孩子？

三天之後，史提芬為了凱蒂的第一次治療，來到愛麗森的辦公室。他跟愛麗森和賈姬先有一陣子的會面，凱蒂則留在等候室。

「事情進行得怎麼樣？」愛麗森問賈姬。

「就如我想的。史提芬看到她第一次發脾氣，就在她到達之後五分鐘發生。她之後還有幾次，但我認為她是想要在著陸前爭取時間。她放很多精力跟其他孩子們好，多於要跟我親近。我懷疑她在找弱點，好讓她在未來有時機反擊。」

「我很好奇，為什麼你好像想要凱蒂第一次來的時候就發脾氣？」史提芬說。「如果你試著做，是可以防止她發脾氣的。」

「也許我可以，但是我並不認為這對她有什麼幫助。她想要用她的方式，而她在測試如果她發脾氣，是否可以幫助她掌控我們的關係。可是，史提芬，我沒有想要讓她發脾氣……如果可以，我寧可她不發脾氣，可是如果我不停的逃避它，在未來的日子裡，我就更會逃離。」

「像凱蒂這樣的孩子，史提芬，通常讓她不發脾氣不是好的對策。她必須要自己處理以避免發脾氣。」愛麗森建議。「如果她看到我們在用力處理，她會以為我們若非害怕她生氣，就是認為她無力處理生活中的挫敗。這兩個訊息都不是她需要的。賈姬當然不會故意製造狀況讓凱蒂發脾氣。她也會盡力為她提供適當的環境，以免她發脾氣。如果凱蒂出現生氣，賈姬會協助她，她會透過了解和配合凱蒂的情緒表達與她同在及共同調節凱蒂的強烈情緒。但是，為了避免凱蒂發脾氣而不設限，對她是沒有幫助的。」

「但她才剛到那裡呢！為什麼不讓她選擇小甜餅或是餅乾呢？」史提芬問。

「那她就會另找其他事情作為發脾氣的理由，」愛麗森回應。「她想要知道她在這個新家庭中掌控的可能。她需要知道她是否可以發脾氣。賈姬不會拒絕她發脾氣，也不會默從它。如果她選擇接受賈姬給她的，那也可以。事實上凱蒂也許從她發脾氣又看到賈姬的反應中學習到更多，而不單只是去成為別人眼中的『乖』小孩。」

史提芬還是很懷疑，但決定不再追根究底了。

賈姬繼續描述頭幾天的狀況。「凱蒂到目前看起來都睡得很好，她的胃口也還可以。頭一兩天她對一些日常活動表現出煩躁，但之後她會和我一起參與，尤其那些她較喜歡的活動。有幾次她很生氣，因為她不能跟其他的大孩子出去。」

經過一些討論有關凱蒂最近的行為和對下星期的策略後，愛麗森到等候室去接凱蒂。賈姬和史提芬聽到凱蒂在進來途中很興奮的說話。

「他們在這裡做什麼？」在凱蒂進入治療室時，她問愛麗森。

「好問題，凱蒂。你很習慣與珍治療，她都是跟你單獨見面，對吧？但在我的治療中，你媽媽賈姬，會常常跟我們在一起，而有時候史提芬也會在這裡。」愛麗森平靜地說。

「我不想他們在這裡！」凱蒂大叫。

「我了解，凱蒂，」愛麗森回答。「你一定有點生氣他們跟我們在這裡。」

「叫他們離開！」凱蒂很大聲地向著愛麗森叫喊。

「你真的很不喜歡他們在這裡！而我了解你想要決定這裡所發生的。」愛麗森說。「我很高興聽到你想要什麼，但是我需要決定什麼方式對你長期以來的困難才是最好的治療。而你的媽媽是真的需要在這裡。」

「她不是我媽媽！」凱蒂再次大叫起來。她在找尋其他可以使她掌控的事情，因為她在掌握賈姬和史提芬離開這件事上無法成功。

「哇，凱蒂，聽起來你真的對我和你的寄養媽媽好生氣啊！現在事情不像你想要的方式，是嗎？」

凱蒂沒有回應。她坐在沙發的角落，不理賈姬和愛麗森，把臉轉到別的地方。她不是個快樂的女孩！她不喜歡治療，除非她可以控制要發生的事情。她很確定不想讓賈姬在這裡。愛麗森不會要賈姬離開，但是她必然無法強迫凱蒂跟賈姬說話，凱蒂會不理她。

愛麗森坐在沙發靠近凱蒂，靜靜地說：「太糟糕了，這下成了你一個艱難的開始，凱蒂。你寄養媽媽說你在家裡也不太跟她說話。這是很不容易的，六年中，要適應那麼多的媽媽！難怪你不想要另一個媽媽。怪不得你想告訴媽媽們：『離我遠一點！』」愛麗森加強最後的一句話，想要讓凱蒂知道，她了解要她跟賈姬建立關係是多麼令人憤怒。她安靜且較緩慢地繼續說：「你對媽媽們感到厭煩。她們對你有太多傷害，特別是莎莉。怪不得有時候你會寧可自己一個人，也不想接近媽媽。也難怪你會常常想：『不要再有媽媽。』」

凱蒂動也不動的坐著，退回到一個她很少注意到的事實中。她平常是不讓自己的感覺和想法走進那些經驗中，那些讓她對人斷絕念頭的經驗。她沒有覺察到她的想法，否則她現在會找其他的藉口喊叫生氣。憤怒是她最喜歡的逃避方式。

愛麗森可以從她的動作和疏離、悲傷的凝視中，得知在內在某處，她正在回應愛麗森的話語和同理。愛麗森繼續說，甚至比之前更慢更慎重，觀察著凱蒂有任何情緒反應的線索。「你也許希望你不要有媽媽，你或許會奇怪為什麼其他的人不能給你食物、衣服，也不給你住的地方。那些不是媽媽，不會要你去喜歡她和親近她。」愛麗森溫柔地把手放在凱蒂的手上，然後在凱蒂反抗之前移開。在她繼續下去之前，她讓時間沉默了片刻。

「讓我們現在談談別的，凱蒂，」愛麗森說，改變她的聲調和姿勢。「我聽說黛安在今天結束治療之後要帶你去游泳！」

「是的，我們要去一個大湖。而且我們會帶一些食物去！」凱蒂很熱切的回應。

「聽起來她好像是一個很棒的姊姊！」愛麗森說。

「是啊！」凱蒂笑了。

「所以我猜你一定希望我們今天的治療趕快結束，然後你可以跟黛安去大湖玩。」愛麗森說。凱蒂看著她，等著接下來是什麼。

「凱蒂，我知道在你來跟你的媽媽賈姬住之前，你有過一些艱苦的時間，而且沒有真的快樂地跟莎莉和麥克在一起，然後是三個你曾經住過的其他家庭，對嗎？」

「是的。」凱蒂回答。

「你是不是認為是你做了什麼，所以使你更不容易在寄養家庭裡生活？你會不會覺得這也許會是一個好主意，就是讓我幫你在這個家過得比在其他的家更快樂些？」愛麗森問。

「是的。」

「好的，凱蒂，但那表示你也許要非常努力，因為你的問題已經有很長的一段時間了，你可以嗎？」

「是的。」

「噢，我的天啊，好多『是的』，那些『不』去哪裡了？」愛麗森微笑，然後用她的手握住凱蒂的手臂。帶著燦爛微笑的她繼續說：「好，停止再說，不准再說『是的』，給我幾個那些『不，我不！』我知道你很會說。」

凱蒂停了下來，微笑，而且有一點遲疑，不知道該說什麼。

「它們在哪裡？」愛麗森說，然後調皮地往凱蒂耳朵後看，好像在尋找「不」在哪裡。

「是的！」凱蒂咧嘴大笑著說。

「不是！」愛麗森張大眼睛微笑著說。她輕輕的碰觸她的手臂一下，凱蒂很大聲的笑起來。

「不，我不！」愛麗森大聲的說。

「是的！」凱蒂大叫著回應。

愛麗森再次輕輕的碰觸她，這一次她加上很快的摸她頭髮一下。「不，我不！」

「是的！」

「不，我不！」

「是的！」

「凱蒂，如果你不說：『不，我不！』你會有大麻煩！」愛麗森臉上誇張的假裝皺著眉說。

「是的！」

愛麗森用手環抱著她，給她一個快速的擁抱。「你再說一次，我就要給你再兩次擁抱！」

「是的！」

愛麗森再一次擁抱她，當她說「一」的時候，她放開凱蒂，對著她的眼睛微笑，然後說「二」的時候又再把她抱住。「我想你說過你要我的幫忙。」愛麗森用同一聲調在說。

「是的！」

「好的，凱蒂，如果我要幫你，你就要同意跟我合作，可以嗎？」愛麗森問。

「是的！」

「太好了，凱蒂！我知道我可以幫你，只要你跟我一起努力。因為這樣，你可以有一個大大的擁抱！」愛麗森又再緊抱住她。

「不！」凱蒂大叫著，同時大笑起來。

愛麗森靠過去悄悄的說：「我會是一個狡猾的治療師。你最好小心你說的話，不然你會得到一百萬個擁抱。」

凱蒂看著愛麗森，微笑著說：「不，我不！」

愛麗森微笑著又一次靠過去悄悄的說：「你也會狡猾，太好了。我們一定是雙胞胎！」她又再抱凱蒂一下。

「不，我們才不是！」凱蒂繼續笑著和大叫。她的微笑是真實的、自然的，而且是意想不到的。

愛麗森往後坐，然後深吸一口氣。「哇，這孩子真聰明。她知道發生了什麼。跟她工作將會是很有趣的事。」

凱蒂看著愛麗森，不知道下一步該說什麼或該做什麼。她比剛開始的時候更接納愛麗森。她不知不覺地玩起來。儘管賈姬坐在附近，笑著看她工作，她仍然可以玩得很開心。她有做了什麼他們想要她做的事嗎？如果有，她不是有意這麼做的。也許她要更小心的注意那狡猾的愛麗森。

愛麗森讓活動在小小的對話及好玩的互動之間交替著，她溫和的推擠、碰觸、模仿凱蒂的臉部表情，並給一個玩鬧的擁抱。她好像要跟凱蒂建立互動，然後又停止，如此一次又一次反覆進行。每次凱蒂都會跟著她的帶領，而愛麗森不想跟凱蒂連結過久而超過她可以接受的尺度。她在凱蒂打破這關係之前就先停止，讓愛麗森在治療中可以比較容易主導她們的互動關係，並延續整個治療時間中的情感語調。她正調整著凱蒂容忍相互、來回地溝通及接受享樂的能力。對健康孩子而言這是很基本的互動，對凱蒂卻是一種煎熬。愛麗森了解到這一點，因此相應地在治療中也調整著她的步調。

愛麗森判斷凱蒂會因被帶領到她自己過去從沒有被注意到的領域去，而有所獲益。她知道凱蒂的個人重要特質是被埋藏在羞恥底下，如果這領域一直未加觸及和探索，它們會形成一道無法跨越的牆，分隔她與其他人，特別是和賈姬。

羞愧！只要凱蒂做任何事時，遇到輕微問題、限制或批評，羞愧都會如影隨形的降臨在她身上。羞愧等同於她是「壞的」、「沒有價值」和「不重要」；羞愧阻礙了她接受紀律的現實，那是進入人類社會的重要社會化過程。羞愧使她無法了解，自己的行為是跟後果連結在一起的。如果羞愧感持續和她的自我感糾纏在一起，她永遠不會（甚至永遠無法）相信她對某些人而言是特別的。這樣的羞愧，不會留給有意義的依附關係任何空間；不會允許一個人的特質及自我價值感從安全的依附關係中展露出來。

在整個治療的過程中，愛麗森用平靜、關懷和實事求是的態度去處理羞愧的領域，她要讓凱蒂知道她的這領域和生活，就會像其他每一個領域一樣可以探索。愛麗森的態度和情緒語調是不改變的，她接受也不會批判這領域的凱蒂，就好像她接受和不會批評任何其他部分一樣。

「凱蒂，我聽到你第一次到新家的時候，有一段不好過的時間。你真的很不喜歡那些餅乾，你想要小甜餅。而你覺得你媽媽太兇了，她都不給你，所以你打翻了你的牛奶！哇，你在生氣！而那些牛奶弄到史提芬的褲子！他很狼狽！而你認為這都是媽媽的錯。」

凱蒂沒有回應，也不看著愛麗森。這兩種反應現在都不是被期待或是被鼓勵的。愛麗森認為對凱蒂而言，繼續跟愛麗森維持一些主動的情緒連結是很難的。因此她只希望同理凱蒂可能的想法及感覺，讓凱蒂能與她保持被動的反應。

「有兩件事我希望你會去做，凱蒂。我知道那也許是很難的。」愛麗森停了一下，然後再次輕輕的碰觸凱蒂的手。「首先，我希望你看著史提芬，然後告訴他說你把牛奶弄到他，你覺得很抱歉。」

愛麗森的手離開了凱蒂的手，安靜地等待。如果凱蒂不道歉，她會接受她的決定，然後她會假裝自己是凱蒂，去幫她道歉，「協助」她。因為她不強迫凱蒂做出反應，她可以依舊保持接受和不加批評的態度。這樣的態度使凱蒂比較容易選擇願意去做。

耽擱了一陣子之後，凱蒂向上看，再往窗外看，然後說她很抱歉把牛奶弄到史提芬身上。

「謝謝你告訴我，凱蒂，」史提芬回答。「那可是緬因州最冰的牛奶！」

「很棒，孩子。」愛麗森隨口說。「現在我希望你告訴史提芬，下次他來你家探望的時候，你會給他牛奶和餅乾，而且一滴也不會灑出來。」

凱蒂微笑著，然後再次看著史提芬。「下次你來我家，我會給你牛奶和餅乾，而且我不會打翻。」

「那太好了，凱蒂。」史提芬帶著感情的回答。

愛麗森微笑著，溫和地把凱蒂拉向她。她把凱蒂抱近然後說：「猜猜看，如果你在史提芬身上打翻了一滴會發生什麼？」

「我不知道。」凱蒂帶著疑惑及興趣回應。

「史提芬會告訴我，而下次我見到你的時候，你可以得到七次擁抱，四次握手，兩次擠壓鼻子，三次弄亂頭髮。所以你最好小心一點。」

凱蒂大笑著，愛麗森往後坐。她轉向賈姬說：「我想今天凱蒂真的是跟我們在一起。」

賈姬同意。「似乎我在這裡知道她跟你做些什麼，並不會讓她覺得困擾。那會幫助我在家給她更好的協助。」

「的確，」愛麗森說。「而她真的需要媽媽的協助，雖然她現在不是非常喜歡。」

在第一次治療之後，史提芬還是不能確定愛麗森和賈姬的做法。她們所做的是有道理，但她們為何不放過她呢？他知道愛麗森並沒有太過於強迫，但是又好像有。當她們已經有不錯的治療時間之後，真的有需要把打翻牛奶的事再提出來嗎？值得冒這個險嗎？為什麼要強迫她學習？她的生活已經那麼艱苦，為何要把小小的事弄得那麼大驚小怪？那只是發生在賈姬家一次而已。還有，凱蒂難道沒有權利要求史提芬和賈姬離開她的治療時間嗎？如果她在第一次跟愛麗森單獨見面是比較自在的，她的期望不應該被允許嗎？史提芬不知道該怎麼想。在這情況下，他回到辦公室跟他的同事貝蒂・諾頓討論。貝蒂很多時候對事物都有直覺的反應，她的回應總會有最佳的判斷。他告訴貝蒂有關牛奶和餅乾的插曲，還有第一次治療時段的狀況。

「聽聽看我說的對不對？」貝蒂興致勃勃的說，雖然她很享受史提芬在想要搞懂問題的掙扎中。「這孩子把一杯牛奶倒在你身上，你實在很想扭斷她的脖子。但是你卻對她的寄養媽媽生氣，跟她的治療師爭論，而又對她的遭遇感到難過。然後孩子跟治療師有好多有趣的時間，做她被告知去做的事，並告訴你她感到抱歉。直到目前，我說的對嗎？」

史提芬對貝蒂描述這故事的來龍去脈感到不舒服，但同時他也很慶幸她對他的疑惑感到有興趣。

「而最後孩子給你一個承諾，她會給你餅乾和牛奶，而且不會再打翻。你認為也許事情應該不會是這樣。對嗎？」

史提芬帶著微笑，顯得有點困難的回答：「對。」

「史提芬，」貝蒂很嚴肅地說：「你有很好的觀點，你應該堅持賈姬和愛麗森給你牛奶和小甜餅。她們怎麼可以這麼大膽的馬上讓凱蒂去面對她的行為，她已經轉換過三個寄養家庭了！」

史提芬大笑起來。

「我想到目前為止，她們做得很棒。我不知道這是不是可以幫到凱蒂，但是我認為她們目前是在正確的方向上。這孩子有很大的問題，我們不可以按照一般狀況來處理。」

之後幾天在賈姬家是稍微平靜無事。凱蒂很想跟黛安在一起，而且只要黛安在，凱蒂都很幫忙也很可愛。但是，當黛安跟朋友出去或是想要自己一個人在房裡，凱蒂的情緒就比較起伏不定。當賈姬跟她說話的時候，她有時會回應，有時不會回應。當賈姬要和她一起活動時，她可能會，也可能不會投入。有時候她顯得很開心和很友善，有時候卻又顯得很無情和易怒。當凱蒂想要在賈姬那裡得到一些東西，她表現得很友善也肯「付出」，但不像是她對黛安的那種喜悅。凱蒂可能在找尋一個有利機會，去控制賈姬。當她找到時，賈姬就會知道誰是老大了！

❖ ❖ ❖

6 月 20 日，凱蒂慢吞吞的吃著早餐。賈姬太了解她了，猜到這也許是她其中一個「也許不會」的日子。凱蒂吃完麥片和果汁，站起來，就要往她的房間去，大概想要看看黛安起來了沒有。

「我很了解，今天你不太想把碗放在水槽裡，寶貝，如果你需要幫忙我可以幫你。」賈姬帶著微笑說。

「什麼？」凱蒂生氣的問。

「什麼？你想假裝你聽不到我說什麼。你真的很不想把碗放在水槽裡。」賈姬繼續以輕鬆愉悅的口吻說。

「不然我該要做什麼？」凱蒂追問。

「寶貝，如果你是真的忘記，或是假如你用適當及友善的方式來問我，我一定會告訴你。但是我知道你是知道的，而且你會用跟剛剛比較不一樣的方式來問我。」賈姬停頓了一下，當凱蒂正盯著桌子那裡時。「你何不友善的問我，而我假裝你不知道，然後告訴你。」

「我到底要做什麼嘛？」凱蒂又再一次追問，跟她最後說出來那句話差不多一樣的憤怒。

「那不是我說的『友善』啊，寶貝。你想要再試一次嗎？」賈姬問，持續以她關心和接納的語調。

凱蒂覺得現在要對賈姬表現友善，是她目前在這世界上最不想做的事情。她衝到桌子那裡，抓起碗和杯子，很粗暴的把它們放到料理檯上，轉身要離開。當凱蒂轉身離開時，大叫著：「**我討厭你告訴我要做什麼！**」

賈姬保持著她那放鬆以及接納的態度，她再看了凱蒂一眼，然後說：「我覺得你一定會有這種想法，凱蒂。你不滿的大叫真猛！」之後她轉回料理檯。凱蒂看起來感到莫名其妙，然而她不想多留，馬上離開廚房。

那天早上稍晚的時候，黛安到路口的鄰居家看顧小孩，凱蒂在家中的起居室裡開了電視看。賈姬在頭幾天已經告訴她兩次，她需要先問才可以開電視。賈姬要知道她想要看的是什麼節目。賈姬告訴過她，通常一天只可以看一小時，家裡不要太常看電視。賈姬解釋說孩子最好是做一些活動，而不是老是盯著電視看。

賈姬特別注意凱蒂的動靜，所以她馬上發現電視是開著的。她很鎮靜的走進房裡。「凱蒂，你是不是裝作忘記了開電視的規則。」

「我沒有打開它！」凱蒂大叫。

「對你來說要說實話是很不容易的，對吧。好吧，請把它關掉。」

「為什麼？黛安在離開前把它打開的。」凱蒂說得好有說服力。

「那黛安會很感謝你幫她關掉。」賈姬回答。

「我沒有開！」凱蒂尖叫起來。

「今天，做我要你做的事是很不容易的，寶貝。」

「我沒有開！」

「我很願意幫你把它關掉，寶貝，但是你今天整天就不能看電視。」賈姬保持著鎮定。她的態度顯示她真的不在乎凱蒂要不要關掉。賈姬不介意幫她關上電視。凱蒂盯著電視，顯現出從沒有過的憤怒。賈姬等了一下子，然後把電視關掉。

在她要回到客廳半途時，賈姬聽到電視又被打開了，她停下腳步，輕聲低笑了一下，然後再回到起居室去。「我猜**真的**、**真的**很難去做我告訴你要做的事。而你現在**真的很氣我**！」賈姬關掉電視然後走到凱蒂那裡，坐到她的旁邊。

「凱蒂，你知道今天有什麼讓你那麼不耐煩嗎？」賈姬問。

「閉嘴，不要管我！」凱蒂大叫。

「所以今天你是對開電視和早餐規則都感到憤怒。為什麼是今天，你有任何想法嗎？」

「**閉嘴！**」凱蒂更大聲的說。

「真的很生氣！ 但為什麼在今天？ 通常你會大驚小怪，但是你不會那麼生氣的。」

「我說**閉嘴！**」

「好的，寶貝，如果你想要弄清楚的時候，讓我知道。我有一些想法……但是現在最好是你和我一起進去客廳。我在那裡有事要做，你在我身邊會比較好。我會找到你要做的事。」

「不要，我想回去自己房間！」凱蒂大叫。

「我知道你不太想靠近我，但是，你需要有好一陣子這樣做。我會讓你知道什麼時候你可以回到房間去。」

凱蒂跺著腳走進客廳。賈姬找到樂高，給了凱蒂，然後轉身到靠近飯廳的桌子上處理她的文件。她花了三十分鐘在她的工作上，對凱蒂建造的樂高給意見，聊聊有關午餐吃什麼，和自己哼著歌。她想凱蒂覺察到她在這裡是平靜、接納，而不要求回應的，她們的衝突並不會傷害到她們的關係。賈姬會跟她溝通這想法好多次，不計較到底有多少次。

在第二次治療時間，賈姬告知愛麗森，凱蒂用一種無法預測、即時反饋的態度跟她建立關係。她也許表現友善、幫忙和看似滿足；她也許表現得很緊張、退縮和易怒。但這些看起來跟剛發生的事毫無關係似的，凱蒂好像不太理會賈姬對她制定的每日作息時間。每天凱蒂會多次使用語言暴力，而自從她來了之後，她已經因攻擊賈姬的行為，有兩次被抑制（譯註：以較溫和、勸告的方式制止他人的行為，如用力抱住），雖然只是短暫的。通常凱蒂會用憤怒的語言來回應賈姬，當賈姬同理她，跟她的情感匹配和接受她似乎感覺到什麼，而且有時候她甚至顯得有點難過，雖然這只是很短暫，然後她會停止回應賈姬提供的任何安慰。

史提芬問假如有其他的不同做法，是否可以不用這樣抱住凱蒂？

「我不介意抱著她，如果這是她需要的，在傷害我時確保她的安全。」賈姬說。

「可是為了凱蒂，是否有別的比較好的選擇？」史提芬問。

「我明白抑制她會讓你擔心。當一個有創傷的孩子因為失控而被抱住時，我也會擔心。她可能已經很害怕，因為她無法控制自己，然後又進一步被一個控制她的成人嚇到。如果她需要被抱住一陣子，直到她得到足夠的調節而感到安全， 我覺得抱住她是我的責任。」賈姬繼續她的堅持，不想用史提芬的方式來接近凱蒂。史提芬擔憂的是用約束來限制她是一種失敗，那會帶給凱蒂傷害；但賈姬並不這樣想。

「史提芬，我知道這需要一些時間來習慣我們所相信的，有時候是需要抱住凱蒂，協助她調節和讓她冷靜下來以確保安全，這是可以接受的事，而且對她是有利的。」愛麗森解釋。「當它用一種愛的態度時，凱蒂是在學習一些非常重要的事情。第一，當她在生氣和挑釁的時候，她不覺得被拒絕或受傷。第二，她會很安全。而最後，她會體驗到賈姬全心全力的抱住她，因而滿身大汗、疲倦或者有可能瘀傷，但最終是希望給她所需要的。如果凱蒂每天被抱，我不會有任何掛慮，只要賈姬能夠持續她的愛與接納。我當然也會探索我們是否可以有不一樣的做法，這樣凱蒂就不需要經常被抱住了。我或許會擔心賈姬的健康和體力，可是我不會擔憂凱蒂！當她正在生氣的時候，她也許真的需要被抱住。我們不可以拒絕擁抱她，如果這是她需要的。我真的相信，在一段時間之後，凱蒂也許會生氣可是不再攻擊，那時就不需要抑制她了。可是現在，凱蒂需要賈姬用抱著來跟她共同調整她的憤怒。日後，賈姬只要以一種關懷的眼光、帶有同理的聲調，或有堅定自信的態度來靠近她，就可以跟她共同調整她的憤怒。然後凱蒂就能夠抑制她的憤怒，以至於她不會對自己或別人構成危險，因此就不用再被抑制。最後，凱蒂就可以自己調整自己的憤怒。

「當然，我們不會『陷害她』，給她不可能達成的期望，讓我們可以抑制她。我們會嘗試把她每天的生活結構化，而且給她監督，好讓她可以更能調適她的情感及行為。可是我們不會為了要避免賈姬可能要抱住她，而讓她逃避重要的學習情境或是逃離她需要的常規。」

愛麗森暫停了一下，然後再說：「事實上，透過賈姬本身鎮定和接納的態度，她是在幫助凱蒂避免被抱。以不必要的抱住來抑制孩子通常發生在照顧者自己感到緊張和生氣的時候，而她惱怒的態度，孩子是可以感覺得到。那是不會發生在賈姬身上的。」

「你是對的，這真的是需要一些時間來習慣。我花了很多時間告知家長和寄養父母要避免衝突，特別是跟身體有關的。」史提芬說。

「而在很多家庭裡這大概是最安全的做法。賈姬很會處理，她會帶著『態度』及透過敏感的結構和監督來減少這些衝突。然而，當這樣也不能阻擋凱蒂憤怒的危險肢體語言時，那麼賈姬是以有利於關係，而不是造成傷害的方式來處理這些爆發。對凱蒂來說，有時候如果不是因為她的情緒和行為失去控制，然後又能經驗到賈姬對她憤怒的接納以及可以保護她的安全，我真的不認為她會學到真心的依靠賈姬。這些對她來說是羞愧的經驗，她是需要在不被拒絕且不是受辱的情況下經驗到它們，而且她需要感受到在這種情況下，賈姬對她的情緒支持和同理依然存在。凱蒂還要看到當她無法控制自己的行為時，賈姬在情緒和身體上都夠強大，足以保護她的安全。」愛麗森說。

「在我去帶凱蒂來以前，還有什麼我們應該討論的？」愛麗森問。

「我注意到她晚上睡不好，她要好一陣子才可以睡著，而且是睡得很不安。之前蓋比從來沒有那種問題。」

「你可以試試看把被子的邊緣都往裡塞好，」愛麗森說。「那會使她的身體有點重重的感覺，或許這可以幫助她感到較安全。調整一下就寢時間，看哪一樣可以助她好睡。如果都不行，讓我知道，我們再來找找看其他方法。很可能她有一些跟虐待或遺棄有關的夢或夜間恐懼，也許我們可以幫忙她。」

當凱蒂進入治療室時，她表現得很友善且暢所欲言。她告訴愛麗森她跟黛安下午要去游泳，然後她說她有多喜歡她的新家。愛麗森對她的喋喋不休很感興趣，而且跟隨著她的話題，問了更多關於游泳和新臥室的事情。之後凱蒂問她可不可以玩放在房間角落的填充熊熊？愛麗森知道，凱蒂決定要嘗試透過她的閒聊和問問題來掌控這時段。如果凱蒂可以引導他們去玩那些玩具，那有多好。第一次開始治療時，她使用憤怒命令，並沒有讓她控制到狀況，也許利用她的魅力可以較為奏效。

「哇，凱蒂，你今天看起來很想說話。這就是我現在想要繼續做的事，然後在某個時候，我們可以讓熊熊參與我們的對話。」愛麗森很高興的說。「我很想知道為什麼你喜歡你的新家？」

「黛安是我的新姊姊，我喜歡她。」凱蒂很快的回答。

「我很高興你有這樣好的姊姊，凱蒂，」愛麗森回應。「那你覺得你的新爸爸馬克如何？」

「他很好，他會在我盪鞦韆時推我。」

「很棒，凱蒂。你爸爸似乎真的很好。那你媽媽呢？」

「她還可以。」凱蒂淡淡的回答。

「她是個好廚師嗎？」愛麗森問。

「是呀，我們有披薩吃！」

「披薩！」愛麗森驚叫起來。「怪不得你喜歡你的新家和你的媽媽。你有帶過來嗎？我好餓。」愛麗森帶著微笑問。

「沒有！」凱蒂回答，露齒而笑。

「沒有？」愛麗森顯得震驚。她伸手過去，把她的手指放在凱蒂的襯衫口袋裡。「也許你藏起一些，我一定要找到它。」

凱蒂大笑，然後往後縮。「全部吃光了！」

「全部吃光？你沒有留一些給我！凱蒂，你怎麼可以這樣？」愛麗森也大笑著。

「她也吃了一些！」凱蒂指向賈姬。

「誰吃了？」愛麗森問。

「賈姬！」凱蒂回答。

「啊，你的媽媽！那 OK，因為是她做的。」愛麗森說。

「她沒有做，我們是叫必勝客。」凱蒂回答而且帶著微笑。

「我以為你說她是一個好廚師？她是買回來的？你確定她是一位好廚師？」愛麗森微笑著。

「是呀，她會做巧克力蛋糕！」凱蒂說。

「凱蒂，我猜她是。剛才有一度，我真的覺得她不是好廚師。我以為是你編造出來，所以你媽媽不會因為是不好的廚師而有麻煩。有時候女兒會為了替媽媽辯護而這樣說。」愛麗森很合理地說。然後她更靠近而且把聲音放低一點。「現在我想問你一個大問題。我聽說史提芬昨天經過去看你，那餅乾和牛奶的事怎樣？」

「我有給他而且我一點都沒有潑出來。」凱蒂帶著微笑說。

「你一點都沒有潑出來！」愛麗森看起來很驚訝。

「一點都沒有！」凱蒂很確定。

愛麗森轉向史提芬問：「她說的是真的嗎，史提芬？」

「她說的是真的，而且很好吃！」

「這更證明賈姬是一位好廚師！」愛麗森回答。然後她帶著一種十足懊惱的眼光看著凱蒂。「而你一點都沒有潑出來！那我不可以像之前說的，如果你有潑出來一些，我可要挑你的毛病。討厭，我想要挑你毛病，就是不可以。」

「不，你不可以！」凱蒂似乎好高興而且很興奮。

「這樣我就給你看，我對你一點都沒有潑出來這件事有多開心。」愛麗森伸手把凱蒂的鞋子脫掉。她把凱蒂一隻腳放在她手上，然後大大的微笑著說：「這隻小小豬走去市場……」

凱蒂覺得很驚訝。她似乎在嘗試記起過去的一些事情，但她不確定愛麗森在做什麼。愛麗森打算做些意想不到的事，凱蒂變得警覺起來。

當愛麗森開始說：「wee、wee、wee，一路回家！」凱蒂尖聲笑著。然後愛麗森提起她另外一隻腳，重複那遊戲。凱蒂尖叫得更大聲。

「好吧，凱蒂，你一定心想為什麼這位女士在逗你、搔你癢，還有跟你玩這些可笑的遊戲？」愛麗森說。

「是呀。」凱蒂回答。

「我想現在是告訴你的時候。」正當她微笑和捏凱蒂的腳趾頭時，愛麗森說。「你看，我就是想要找到方法，可以幫助你在新家裡放鬆和享受樂趣，像一個孩子過一般生活一樣。我知道你之前經歷了三**個**寄養家庭，現在是**第四個**家！對一個小女孩來說是**太多**。換家是**太難**的事：新父母、新臥室、新規則、新學校、新朋友——這**太多**了。**不可以再換家！**」

凱蒂點頭表示贊同。

「所以我想，我也許可以找到方法來幫你學習在一個好家庭裡生活。」愛麗森往前傾，而且很慢、很小聲的說：「我知道你小時候，沒有住在一個好的家庭裡。莎莉和麥克沒有好好照顧你，他們不知道小嬰兒和小小孩需要笑，……和被抱，……需要溫暖以及被餵食……和對她微笑，……和搔癢，……」愛麗森微笑，輕輕的碰觸凱蒂的腳趾頭，直到凱蒂回以一個微笑，然後繼續說：「所以你從來都沒有學到跟一個好媽媽和好爸爸住在一起是怎麼樣的。賈姬是好媽媽，而馬克是好爸爸，……但是你要知道他們是好的好難，……太難……。你怎麼會知道？當你是小嬰兒的時候你媽媽犯了一個很大的錯誤，所以要你分辨好媽媽和不是好媽媽，真是好難。」

愛麗森再次向後傾身，溫和的微笑，然後再一次捏一下凱蒂的腳趾頭。凱蒂非常安靜和專注。她靜止不動的躺在沙發上，兩腿抱住，而愛麗森在她腳那邊。她的眼睛盯著愛麗森的眼睛，愛麗森深呼吸一下，然後靜靜地說：「好難……好難。」

然後愛麗森往前傾，她的眼睛閃爍著，大聲地耳語說：「看看賈姬，凱蒂。從她黑色的馬尾辮子，可以告訴你她是好媽媽嗎？不行？她臉頰上的雀斑呢？那白色運動鞋旁邊的紅線呢？一定有一些什麼關於她的，是會告訴你她是一個好媽媽。讓我們來仔細地看著她一陣子。」

凱蒂開始咯咯地笑，愛麗森也跟她一起笑。不久賈姬和史提芬也開始大笑。最後賈姬咕噥著說：「噢，停止，你們兩個。你們讓我覺得很不好意思呢！」

「凱蒂，我猜不可能用看的，你就可以知道賈姬是好媽媽。所以我要教你，你自己怎樣可以知道她是好媽媽。一旦你知道，就會比較容易和她住在一起。當她教你東西的時候，你不會介意，而且開始……感到更快樂……並希望和她一起做餅乾……在花園裡一起摘玉米……當她幫你找到你那不見了的特別娃娃時，你甚至會抱她。你覺得這樣好嗎？」

凱蒂點頭表示好。

「所以，小孩，凱蒂小孩，多棒的名字！我會在這裡，要求你說和做一些事情。當你很難說出你要說的話時，我會為你說。而我會建議你跟新媽媽在家裡要做的事。我會希望你跟媽媽都同意去做我告訴你們的事。如果你們兩個都這麼做，你就可以知道賈姬是不是一位好媽媽。如果她是，你的生活就會比你過去長久所過的生活好更多。你了解嗎，凱蒂小孩？」愛麗森問。

「是的。」凱蒂回答。

「太棒了，孩子。在治療時我會給你和賈姬很多建議。如果你們都跟著我的建議做，事情會很快好轉。當你們不這樣做的話，情況就會很慢的好轉。有時候你不會想做我給你的建議，沒有什麼大不了，沒有孩子會常常想要做被告知去做的事。治療的進度慢一點也是可以的。快、慢、慢、快。賈姬也許也不想要做某些事。任何一種，你都會得到一些擁抱，而賈姬也是。」愛麗森微笑。「所以，孩子，可以準備工作了嗎？」

「是的。」凱蒂說。

「又是『是的』。那是你唯一會講的嗎？」當愛麗森捏她的腳趾頭時，她問。

「不！」凱蒂大叫和大笑起來。

愛麗森轉向賈姬：「你可以幫忙凱蒂認識你是一位好媽媽嗎，賈姬？」

「我會協助她知道，」賈姬回答。「而我也會努力。」

「太棒了。有著你們兩人的努力，我的工作就容易多了，」愛麗森說。「現在我們需要做一些事情來找出凱蒂要學到什麼。」愛麗森靜靜的坐著，把她的手放在她的臉，說：「唔，唔，」看著房間四周，突然大叫起來：「對了！」看著凱蒂，淘氣地微笑。

凱蒂的眼睛張大，她開朗的微笑起來，然後她說：「什麼？」

「賈姬，我要你抓住凱蒂左腳的大拇趾，而我抓住她右腳的。如果我的小豬先回家，那就表示你是好媽媽；如果你的小豬先回家，那表示你是很棒的媽媽！」愛麗森愉快的說。

凱蒂尖叫著：「不要！」

賈姬往前傾，抓住凱蒂左腳，小豬比賽（譯註：美國兒歌遊戲）很快就開始。

「她是很棒的媽媽！」愛麗森在比賽結束後大叫。她的聲音幾乎聽不見，只聽到凱蒂的笑聲、扭動和叫聲。愛麗森繼續：「好棒的開始，凱蒂小孩！你即將會有很多要學習的，有關你的新家和你的新父母。我很高興在那些年之後，你現在有機會可以真的知道……一位很棒的媽媽……是怎麼樣的。」

愛麗森暫停，又一次深呼吸，然後繼續：「現在，我想和你聊聊跟你新媽媽生活在一起的事；我聽說你們有時候會一起做有趣的事情，有時是很普通的事，有時媽媽會要你做事，有時候這會讓你生氣……是嗎？」凱蒂點頭。

愛麗森繼續：「現在如果我們和你媽媽聊聊跟她住在一起是怎樣，如何？你可以說任何你想說的，或我可以為你說，如果這樣對你來說更容易一些。」

「你說。」凱蒂很快地說。

「好的，如果我說錯了，告訴我你會要我如何說，或你要我停，就讓我知道。」

愛麗森繼續，現在她就像是凱蒂在說話：「賈姬，我還不認識你，你也不是很認識我。我是凱蒂，而你是我的寄養媽媽，有時候我喜歡和你一起生活，有時候我不喜歡。有時候我不喜歡你告訴我的事，而有時候，我會生你的氣。」愛麗森注意到凱蒂對她所說的話是多麼的安靜和專注。愛麗森再次改變了聲調，這次是非常安靜地說：「而有時候我在想，你不喜歡我。」愛麗森接著向賈姬點了點頭，好像凱蒂已經說了一樣去回應她。

賈姬靜靜地說：「凱蒂，我很高興你現在跟我還有其他家人一起住。我知道有時候你不喜歡我告訴你要做的事情，你對我很生氣。我知道有時候你會覺得我是壞媽媽。我知道要你習慣跟我們住和遵守我們的規則，對你來說很難，那不要緊的。我會努力的不斷尋找方法讓你更容易相信我。而最後，凱蒂，我很抱歉，你有這種感覺，覺得我不喜歡你……這一定很難，想到你的媽媽，本來應該關心你，卻不喜歡你……我真的喜歡你，我好喜歡你。甚至你對我生氣，而且認為我是壞媽媽的時候，我還是喜歡你的。」

當賈姬跟她說話的時候，凱蒂似乎變得很緊張。愛麗森接著再次為凱蒂說話：「媽，聽你這樣講，對我來說是很難的。媽，我不確定我是否想讓你喜歡我。如果你喜歡我，這有點可怕，我會感到混亂。媽，我不知道你為什麼會喜歡我。」

賈姬輕聲地回應凱蒂，像是凱蒂在跟她對話。「凱蒂，要你相信我喜歡你，真是很難，特別是當我對你說不的時候。聽起來很難感覺到有人會喜歡你，或許你不確定你是否惹人愛。有一天，凱蒂，我希望你能知道我為什麼喜歡你，你會真的、真的在這裡深深相信。」（賈姬溫柔地把她的手輕放在凱蒂胸口。）

「現在，」愛麗森繼續說：「凱蒂，我們即將會有好多的對話，就像剛剛我們所做的一樣。我知道對你來說，很難說出來。我想很多時候，你不知道你在想什麼和感覺到什麼，或是你不確定那是你想說的。我們會談所有的事情——困難的、容易的、有趣的、害怕的、瘋狂的、悲傷的事。當出現很難的時候，我會建議你給賈姬抱一下，或是坐在她身邊。我會希望當你在困難的時候，你可以學習如何讓賈姬幫助你。而當她在身邊的時候，你會感覺到那是多麼好。或是如果在困難的時候，或是在好玩的時候，你想要她擁抱你，只要讓她知道，然後看看她會怎麼說。我猜她會覺得可以。到目前為止你了解嗎？」

「是的。」凱蒂回答。

「太棒了，凱蒂。我現在要講所有的事情，你準備好了嗎？」

「是的。」凱蒂仍然保持比較被動，但不是不合作。

「告訴我你有多少個手肘。」

「兩個！」凱蒂笑著大聲叫喊。

「現在告訴我，你有多少根手指頭？」

「十根！」她大叫著。

「現在告訴我你有多少雀斑？」愛麗森說。

凱蒂停住，感到驚訝。「我不知道！」她大聲叫。

「你不知道？」愛麗森表現得很驚訝。「我們要去找出來。賈姬，你來數數看！」

賈姬開始碰觸凱蒂臉上的雀斑，而且她安靜的在數。凱蒂剛開始在笑，但之後變得安靜而最後是很平靜。

「六十二！哇，凱蒂，那是很多雀斑。」賈姬微笑地說。「那表示你將會學到如何在一個好家庭裡面成為一個特殊的孩子。如果你忘記，只要看著鏡子，還有看著你那六十二個雀斑，它們會提醒你在學的東西，是不是很棒呢？」

凱蒂沒有回答。

「是不是很棒呢？」賈姬現在有點玩樂的說。

凱蒂人笑然後說：「**不是！**」

「不是？」賈姬興致勃勃的說。「說『是』，小孩！」

「不是！」凱蒂繼續。

賈姬表現得很害怕，搔癢她身體兩側。「說『是』，凱蒂！」

「不是！」凱蒂大笑大叫。她繼續大叫著「不是！」這時候賈姬搓她的臉頰、弄亂她的頭髮、給她一個快速的擁抱。當她輕輕搔癢她的頸部時，凱蒂大叫：「是！」賈姬跟她一起大叫而且又給了她一個快速的擁抱。

「凱蒂，你已經學到如何做這樣的治療！很好。」愛麗森往後傾，然後深呼吸一下。很多時候，當她從積極投入的調子，轉變到放鬆和連結時，她是很明顯的。凱蒂到目前都能跟隨她的調子，而沒有發現。隨後愛麗森會與賈姬有短暫對話，讓凱蒂可以在對話中有休息時間，而且把焦點放在她的生活上。

過了一會兒，愛麗森沒有改變她的聲調：「現在，凱蒂，你媽媽告訴我說，前幾天你在家裡對她很生氣，因為她把電視關掉！我在想什麼讓你那麼生氣！什麼讓你在這事上覺得那麼難！你想呢？」凱蒂馬上緊張起來。她的臉和身體上的肌肉繃緊起來。賈姬輕撫著凱蒂的頭髮和搓揉著她的肩膀及手臂，直到凱蒂再次放鬆下來。

「我不知道！」

「那是我猜想的，凱蒂，我的猜想是當你媽媽關掉電視時，你真的不知道為什麼你會**那麼**生氣。等等，凱蒂，你想媽媽為什麼會那樣說？」

「她在兇我！」凱蒂現在把她的聲調提高。

「凱蒂，我現在可以了解你為什麼那麼生氣。你認為媽媽在對你兇。哇，凱蒂，那樣很難過吧。媽媽基本上是要保護及幫助你快樂，卻反而對你兇！非常的難過！」

凱蒂靜靜的坐著，注視著愛麗森的眼睛，似乎在傾盡全力去了解愛麗森所說的話。凱蒂沒有想過她爆發的憤怒，從來沒有人問她，為什麼她會生氣地做一些事情。她也許會想到的，她假設，很可能那就是另一個證明她是多麼壞的孩子。

愛麗森繼續說：「我在想，凱蒂，如果你認為媽媽想要對你兇，那會有多難過。為什麼她想要對你兇？為什麼？」愛麗森的聲調越來越熱切，暗示她有深深的渴求，想要了解一些重要的事情，非常重要的事情。

「她不喜歡我！」凱蒂快速地大聲叫出來。

愛麗森配合著她表達的張力。「噢我的天，凱蒂！這就是為什麼你那麼生氣。當賈姬關掉電視的時候，你覺得她不喜歡你！如果她不喜歡你，那會是一個怎麼樣的媽媽！怪不得你那麼生氣，凱蒂！怪不得！」

凱蒂注視著愛麗森，她的臉漸漸變得溫和及脆弱。她看起來很累的感覺。

愛麗森稍微停頓一下，然後輕聲地問凱蒂她可以為她跟賈姬說。凱蒂同意，愛麗森強而有力地說：「媽，我真的生你氣。真的！你不讓我看電視！我只是想要看電視，然後你說：『**不可以！**』我會想你是在對我**兇**！真的很兇！（現在變得安靜、更慢的表達）而我在想……我想……你對我兇是因為……因為……你不喜歡我（更安靜），那就是為什麼，媽，為什麼我會生你氣。我不覺得你會喜歡我。」

賈姬再次捏了一下凱蒂的手，然後輕輕地說：「噢，凱蒂，對你來說，那一定很難過。當我說不，你認為我在兇，而且我不喜歡你！現在我知道你為什麼對我生氣。現在我知道。謝謝你告訴我，凱蒂，非常謝謝你。」

愛麗森語氣很柔和的回應：「賈姬，我認為凱蒂是那麼的勇敢，把你對她說『不』的想法及感覺說出來。」

「是的，愛麗森，我同意。非常的勇敢！」

賈姬拿起凱蒂的手，而她並沒有抗拒。

愛麗森俯下身，然後平靜地說：「凱蒂，要你告訴媽媽你的感覺和想法是很困難的。如果我為你向媽媽多說一點，可以嗎？」凱蒂點頭，然後愛麗森持續帶著一些焦慮的語調說：「媽，我很害怕……我很害怕當我對你生氣的時候，你也會生我氣……然後你會非常生氣，你會覺得我是壞孩子，你會打我和傷害我！」

賈姬捏著凱蒂的手。凱蒂看著她。

「天啊，對於一個小女孩來說，這是多麼、多麼大的一個憂慮……不會，寶貝，不管你對我有多生氣，就算我真的很火大，我也不會打你和傷害你。」賈姬溫和地回應。

「謝謝，媽媽。但是我現在很難相信你。」愛麗森為凱蒂說。

「我知道很難，寶貝。我希望以後對你會比較容易。」賈姬說。

「我也希望，媽媽。」愛麗森說。

賈姬馬上給凱蒂一個大大的擁抱。

「做得好，你們兩個！」愛麗森很開心地說。「你們兩個真是一對好母女！你們兩個在一起真的是很有意思。」她對著她們兩人微笑。

在剩下幾分鐘的治療時間，愛麗森引導賈姬討論凱蒂的游泳能力，而且詢問泰迪熊，他們是否認為凱蒂會是一名優秀的游泳運動員。她們測試了她的手臂肌肉，確認她肯定是！最後在結束前，愛麗森對她們說：「我希望你們兩個人在下一次來治療之前可以做一些事。凱蒂，我希望當你認為你的新媽媽很兇的時候，你畫下來；而當你認為她對你好的時候，你也畫下來。賈姬，我也希望你畫兩幅圖，我要你猜猜看你認為凱蒂在畫什麼，你把它們都畫下來。所以在下次時間，我們就有四幅圖可以看，你們兩個都可以嗎？」

賈姬和凱蒂兩人都贊成。「最後，凱蒂，我想要你告訴馬克有關我們今天見面做了一些什麼，而且看看他會怎麼想。如果你不記得，那也沒關係，你的媽媽會幫助你。」

凱蒂同意，也結束了這次的治療時間。當她們離開時，愛麗森聽到凱蒂很興奮的跟賈姬說話。史提芬等到機會，可以有幾分鐘跟愛麗森說話。

「看起來很棒，愛麗森，」史提芬說。「可是凱蒂真的是你為她代言的那個意思嗎？」

「什麼是『真的是那個意思？』，史提芬！你是指凱蒂會自己這樣說嗎？不會。她對我所說的話有感覺嗎？可能某種程度上。她的臉上表明了她確實對我所說的話很專注投入。我想那些對話跟她自己微小、深藏的樣貌有著共鳴，假使她要有改變，這部分是需要發展出來的。希望那些話讓她能有所懷疑，並覺察到，其實在她與賈姬之間是有一些特別的關係存在。我真的很希望是這樣。」愛麗森平靜地說。

「你的意思是說，如果你能夠常告訴她有關健康的親子關係，她就會開始相信？」史提芬問。

「不只是單純的『告訴』她。就像你注意到的，那些話總是埋藏在互動中，對她是很有情緒性的意義。她很警覺、容易接納和好奇。只是跟她『說道理』，或試著說服她相信我所知道的是真的，那是沒有作用的。那些她接受的話，一定要很自然的從我跟賈姬在同理、滋養的態度中出現。那是健康的嬰兒及學步兒語言發展的方式，如果要能持續保有並影響她，這也是必需的方式。同時，賈姬在家日復一日對待她的行為，將使那些話對她變得有意義，如果她開始去『感覺』那是什麼意思，而且很真實的相信它們。賈姬的目標，將會是盡可能跟凱蒂有許多互動，整個過程中持續著好玩或同理，以及滋養的態度。那就是小嬰兒跟媽媽建立依附關係的方式。你有見過一個媽媽跟她六個月大的嬰孩互動的方式嗎？」

「你提醒了我，」史提芬微笑著說：「我太太珍妮和我們十八個月大的女兒瑞貝卡正是如此。是的，我知道你的意思，而我認為你應該把父親跟他們孩子的互動，也包括在你所描述的方式裡。」

「很棒，史提芬，是的，我很抱歉沒有把父親也包括在內，」愛麗森說。「所以當你跟瑞貝卡在一起的時候，想像一下那就是賈姬嘗試跟凱蒂連結的方式。而那也是我嘗試在這裡與她連結的方式。」

「聽起來很容易，愛麗森。」史提芬說。

「我希望是這樣，問題是凱蒂現在不想要跟她父母像瑞貝卡和你們相處的方式一樣，在她沒有感到安全去連結之前，她有太多需要拋棄的想法。還有她的行為很強硬，會把很多人推開。這也會讓賈姬要維持那『態度』對待她更困難。我可以向你保證，這不是那麼容易。」

「我知道你是對的，」史提芬靜靜的說。「我只是對那孩子有太多擔心，我希望她可以成功做到。」

「我們只要繼續努力去做，」愛麗森帶著微笑說。「同時，這也意味著她對你、我，以及賈姬和馬克來說，是很重要的。」

當賈姬和凱蒂在治療後回到家，她回想起愛麗森曾經說過凱蒂也許不會好好表現。雖然凱蒂在治療時間放掉她要操控的需要，並讓自己更靠近賈姬。但是賈姬預期她會很快地做一些事情，建立她認為她們之間關係應該是如何的想法。凱蒂會否定她在治療時間內任何她所說及所做的事情，而且找出一些方式把賈姬推開。

當她們走出車子時，賈姬站在往廚房門口的走道上，等待著凱蒂。她往後看，見到凱蒂在車子的另一邊。凱蒂彎下腰，好像撿起什麼似的。她沒有再站起來。

「凱蒂，過來，該進屋裡了。」賈姬說。沒有回答也沒有動靜。

「凱蒂！」賈姬說得更大聲。

「什麼？」凱蒂回以大叫，聲音中帶著強烈的生氣。

「過來，凱蒂。」賈姬說。她看到凱蒂站得直直的，然後很快地繞著車子走。賈姬覺得有些不對勁。

「你在做什麼？」賈姬問。

「沒有！」凱蒂現在顯得更加懊惱的樣子。

「你在車子後面做什麼？」賈姬問。

「我說沒有！」凱蒂大叫。

賈姬牽著她的手臂說：「我要檢查一下，寶貝。你說話的方式讓我覺得你做了一些你不應該做的事情。或許我是錯的，等下就知道。」賈姬就事論事。

「不要煩我，我什麼也做！」凱蒂變得很生氣，但她還是跟著賈姬走。

賈姬沿著車子走，一邊看著地上。地上什麼也沒有。沒有問題。「好吧，凱蒂，我想你是對的，我錯怪你了，對不起。我相信，總有一天我可以知道你說的都是真的，而不會要檢查，但現在我需要檢查。」

當賈姬轉身往屋子去時，她再看了一下車子。她很快注意到有一道刮痕，大概有十五公分長，在右邊的門上。她知道那是新的刮痕，而她現在知道為什麼凱蒂在下車後蹲下來了。

「凱蒂，我對你刮花了車子這件事感到生氣！在我們家我們不會因為很氣對方，而破壞對方的東西。我不喜歡你那樣做！如果你氣我，你可以叫喊、抱怨和哼聲……或是告訴我，可是我不要你破壞東西！」

凱蒂往下看，沒有移動。然後賈姬深深吸一口氣，這次她用平常同理及滋養的語調，再次跟她講話：「我知道很不容易，凱蒂，學習跟好人住在同一個家裡並且可以適應下來，我們會成功的做到。我會幫你。你是家裡的一份子，我們所有人都會協助你學習這些事情。」賈姬給她一個快速的擁抱，牽著她的手，進入屋裡。

當她們進去之後，賈姬蹲下，把手放在凱蒂的雙臂上。「真是難過，你在愛麗森那裡有一段美好的時間後，你需要做一些錯事。我猜你真的很想我對你生氣。可是，寶貝，我會對你所做的事生氣一陣子，現在結束了。讓我們進去廚房！」賈姬說。

「我沒有做任何事！」凱蒂尖叫。她掙扎著要掙脫她的手臂，可是賈姬把她抱得緊緊的。「讓我走！」

「我需要你現在跟緊我一點。讓我看得出來你在進行些什麼，我很擔心如果你不留在我身邊，你會惹更多麻煩。」賈姬非常清楚的說。凱蒂跟著她走。

凱蒂順從著，但還是大叫著我沒有做「這事」，只是已沒有信心可以如自己所願。賈姬打開門，把她帶到桌子那裡。

「從現在開始，坐在這裡，凱蒂。」賈姬平靜的說。凱蒂坐下。賈姬走到料理檯那裡，開始準備午餐。「我會跟爸爸查問一下，看要用多少錢修理那道門。那麼你和我會找到方法來還錢。」

「我沒有做！」凱蒂尖叫。

「我現在要弄番茄湯，我們還會吃起士三明治。」

「我不想吃起士！」

「沒問題，寶貝，湯是很好的午餐。」賈姬不介意。

「我要吃大香腸！」

「今天只有番茄湯和起士三明治。但你可以不吃。」賈姬說。她繼續準備她們的午餐，這時候黛安和約翰跑進來，他們穿上泳衣要去游泳。

「你要快點吃完午餐，凱蒂，」黛安說。「我的朋友蘇珊十五分鐘之後就會過來接我們去湖邊。」

「我想凱蒂今天不能跟你去，黛安。她現在很難過，因為我們今天的治療很難。她必須在剩下的下午時間和我待在一起，以確保她的安全。」賈姬很失望的說。

「我要去游泳！」凱蒂大聲尖叫。這從來不曾發生在她身上，她刮花了車門就要被禁止去游泳，這對她來說是沒道理的。在早餐時黛安告訴她會帶她去的！賈姬怎麼可以阻止她去呢？「我要去游泳！」

「我希望你可以去，在這麼溫暖的日子，一定會很好玩。但是我不會去，而且你現在真的要跟在我身邊。這次會談讓你感受到各式各樣的困難。」賈姬對她的憤怒和困惑給予同理。

「真可惜你不能去，凱蒂，」黛安說。「當媽媽說你可以去的時候，我會再帶你去。」

「不！」凱蒂大叫著，她拿起湯匙要丟出去。賈姬站得很近，她知道像這樣的狀況會發生。她很快伸手過去，從凱蒂的手中抓住湯匙。

「我恨你！」凱蒂對著賈姬大叫，她跳起來想要逃離這房間。

賈姬阻止她。「在午餐這段時間，你需要坐在這裡，寶貝。我知道你對我很生氣！那沒關係。但是你現在太生氣了，不能單獨一個人。你就是要坐在這裡。」

「不要，我恨你！」凱蒂再次尖叫起來。當她想要打賈姬時，她的媽媽抓住她的手臂，把凱蒂拉向她，然後坐在椅子上，凱蒂坐在她的大腿上。

「你可以看一下那湯嗎？黛安，麻煩你。然後你可以把那起士拿走嗎？凱蒂現在需要我抱著她，幫助她發脾氣。」

「讓我走！讓我走！」凱蒂不斷想要掙脫。但她需要繼續在賈姬的大腿上一陣子。終於，當她可以靜下來的時候，賈姬讓她坐在另一張椅子上。然後賈姬去拿她的湯及三明治，坐靠近凱蒂。「你現在想要你的湯或起士三明治嗎？凱蒂？」凱蒂不理她。「對你來說，今天真是很困難的一天，而現在才下午一點而已。」賈姬和她坐在一起一會兒，然後走到水槽去。不久之後，凱蒂在吃她的起士三明治和湯。

那個下午，凱蒂跟她的新媽媽在一起打發時間。賈姬在花園裡撿豆子，凱蒂很不情願地幫忙。賈姬估計她們在花園的時候，她工作了三十分鐘。然後她們一起去洗衣服，凱蒂負責把衣服分類。賈姬依舊跟她閒聊，就像她們是在最好的時光中。凱蒂說得不多，而且是盡了努力了。然後她們畫了一些搞笑的畫，畫中淨是色彩奇異的生物，而且她們決定，當馬克回家時，他會為它們起名字。賈姬是自得其樂，她很開放且投入。她有耐性，就像她的同理一樣。但是她不禁心想，這將會是一個漫長的夏天。這孩子不會輕易放棄她的生活方式！

評論

在凱蒂踏進她家那一刻，賈姬就把凱蒂看成已經在她家住了好幾個月一樣對待。賈姬不想因為是凱蒂的第一天就對她「好」，而去忽略她的錯誤行為。賈姬需要很快地示範在她家的生活是如何。她不是用權威、粗魯的態度來表示，她只是表達什麼是被期望的，然後根據凱蒂對她期望的反應做出回應。她也很快對凱蒂的生氣和懊惱表達同理，保持接納並且讓凱蒂掌管自己對「牛奶和餅乾」事件的情緒反應。賈姬要凱蒂知道以後的日子就是這樣子的，凱蒂可能會期望這是在幾個月之後才會發生，如果賈姬因為這是她的第一天而「屈服」，凱蒂會希望她永遠都「屈服」。然後當賈姬開始聲明常規和期望時，凱蒂會認為賈姬越來越嚴厲。凱蒂會認定，當賈姬越了解她時，就越不會喜歡她，而因此賈姬會對她更兇。

目前有各種不同的短期課程，教導父母及兒童工作者一些技巧，如何安全地抱住那些情緒失控的孩子。許多治療性寄養方案、收容所、兒童和青少年團體之家，也都對他們的父母和工作人員培訓這些技巧。我們的目標是安排結構和常規，以減少需要用到這些擁抱技巧，以及看到孩子憤怒的早期跡象，這可能比抱住孩子來調節他們的情緒容易得多。短暫有耐性和在乎地抱住孩子，比經常轉換家庭，或經常被送往醫院，或者使用大量藥物來抑制行為要好。

在第一次治療過程中，愛麗森建立了一般治療的工作程序，而在第二次治療時，她隨口告訴凱蒂治療會是怎麼樣的。愛麗森在開始就很明確表示賈姬會在治療中出現，賈姬必須在場的原因很多，賈姬可以提供凱蒂情緒的支持，而且她可以有機會跟凱蒂產生相互的樂趣，她的出現也會協助凱蒂分辨賈姬和她的原生父母不同，而且把治療性的經驗帶回家裡。愛麗森也會運用賈姬的在場增強她對凱蒂的父母職權，和她設限的動機，而且告知她對賈姬教養能力和對凱蒂的承諾的信任。最後，當她們投入在如此情感互動過程時，有時會充滿壓力，賈姬在場提供了她們必要的心理安全感。

在頭一兩次的治療過程中，愛麗森示範了一種有情感經驗的環境，是有利於互為主體經驗以及減少羞愧感的治療方式。一開始，她透過遊玩、同理和接納的互動特色，建立一種支持氣氛。愛麗森的工作核心，在凱蒂用語言和非語言公開地表明她在各方面的樂趣和興趣中與凱蒂建立連結。之後，她探索與羞愧有關的主題，她的方式可以減少凱蒂的羞愧感並使她可以說出及整合這些經驗。開始時，愛麗森有很大部分是幫凱蒂說出她的話，因為那是凱蒂無法有能力或動機為自己說出來的。在第一次治療，愛麗森主要重點放在凱蒂給她的回應。第二次的治療，她開始較多主導凱蒂對賈姬的注意和反應。

就像愛麗森在整個治療過程中的做法，她接受凱蒂的抗拒，無論它在什麼時候出現。當她要求一些特殊的回應，而凱蒂拒絕時，愛麗森會為她做或是就接受她的抗拒並探索凱蒂有點不願意參與的原因。她想要向凱蒂表達，她會繼續陪伴她做這非常困難的工作，不管凱蒂做什麼，逃避參與、生氣和挫敗，或是抗拒治療性的主題。愛麗森不會對凱蒂生氣，也不會逃避探索這些重要的主題。她會稍微處理一個議題，探索一下，直到凱蒂明確表示她不會參與或不再參與有關的對話，然後留到下一次再處理。她了解凱蒂抗拒的原因，她會有耐心。在整個治療時段，她會在治療中持續同樣的態度，賈姬在家也會維持同樣的做法。

在第二次治療時間接近結束時，愛麗森很平靜的告訴凱蒂和賈姬，治療時段也許對凱蒂帶來壓力，所以回到家的時候，也許會發現自己很生氣，而想要做一些什麼來讓賈姬氣她。這很常發生。當孩子踏入一種跟自己和他人連結的方式時，她常常想要做一些事，似乎在表示她真的不想要改變，她還依舊是那個「壞小孩」。透過告知這樣的反應是會發生的，它也許就不會發生，或是它不會停留太久。然後父母及治療師可以冷靜的同理她從連結到改變的焦慮，而且很明確的告知她，在治療及家裡發生的進步是真實的。透過確認，那行為的意義就更容易被理解為會談使孩子感到脆弱，而不是孩子「不在意」。

在凱蒂刮了車子之後，賈姬有短暫的生氣，重點是針對行為，接下來是修復關係。某些行為是需要短暫的生氣反應，照顧者需要用「我訊息」（I-message），簡單地說：「我對你所做的事感到生氣。」接下來是簡短的說明，然後是替代的行為。要使這樣的反應有效，父母需要很快修復這段關係，因為孩子也是很快速的朝向羞愧去。孩子若是帶著羞愧，父母對行為生氣的反應就會有反效果，這種行為反而更容易增加。

賈姬犯了一個錯誤，讓黛安在早上告訴凱蒂下午要帶凱蒂去游泳。在事情發生之前，還要等很長一段時間，往往會製造焦慮，而孩子就會製造一些問題，使事情不會實現。而且如果因為破壞性或失調的行為，或是外在狀況使計畫好的事情被取消，孩子通常會經驗到類似背叛的感覺。在凱蒂目前的安置階段，最好是在黛安要出發去湖邊前（如果可以去的話），才告知凱蒂她可以去游泳。

第 9 章
和賈姬共同生活

時至 7 月 12 日，在賈姬的積極在場和指引下，凱蒂已經在常規上有點步入正軌，她甚至有時候還可以跟黛安去游泳。當然大部分的時間她還是被監督著。即便賈姬或是馬克並沒有真的在看著她時，他們也是確實的掌握她在哪裡和在做什麼。他們一直保持著警覺，注意從凱蒂那邊傳來的任何奇怪聲音或動靜。凱蒂的情緒仍舊無法預測，如果她想要東西，她會表現得開心，也很願意幫忙。大部分時間，她會一邊埋怨做著的事，一邊計畫著下一步要做什麼。她想要知道每一件正發生的事情。如果賈姬和馬克在說話，她就會一直待在他們附近。當家裡的大孩子在的時候，她會經常干擾他們或是要求讓她加入他們的計畫中。她不想要單獨一人，可是當她跟家中任何成員在一起的時候，她又無法放鬆享受和家人在一起的時光。她似乎寧可把精力全部花在計畫、操控以獲得東西或掌控活動。一旦被轉移時，她會生氣和埋怨。

現在，那些大孩子已漸漸對她失去耐性。黛安給凱蒂一些她的舊娃娃，可是凱蒂很快就把它們弄壞了。她從麥修的皮夾裡拿走了錢，而且摔壞了約翰的手錶。他們開始避開她，那表示他們不願花時間跟賈姬在一起，而寧可多留在自己的房間或是跟朋友外出。賈姬之前也見過這樣的狀況，那是在蓋比住到他們家之後。他的負面態度不久就影響到全家人，家中的氣氛變得緊張和憤怒，甚至她跟馬克也開始為了很多小小的事情發生爭執。他們對蓋比也有很多不同意見。馬克認為賈姬對他太嚴厲，因為蓋比的不當行為總是導致每天生活充滿了高度結構及被監督。賈姬要確定凱蒂不會破壞她的家庭氣氛。假如賈姬可以持續保持她的 PACE 態度，同時也可以有愛以及好奇，這樣凱蒂對其他家人的影響就會減少。凱蒂必須盡力變得像他們的家人一樣：友善、輕鬆和支持。每個家中成員都有他們自己的空間和興趣。他們同時也彼此互相關心，而任何事情都存在著那樣的脈絡。他們不需要變得像凱蒂一樣。這世界上已經有太多憤怒、恐怖以及絕望。

1994 年 8 月 4 日，凱蒂七歲了。愛麗森和賈姬在上一次的治療時段，也討論到她是否可以有生日派對一事。她們知道凱蒂會找方法破壞生日派對。自從到賈姬家以來，還不曾為她舉辦過任何快樂和有趣的活動，因為她會緊張、暴躁。她會在活動當中或是剛結束時，做一些毀滅性或是反抗的事情。賈姬應該給她機會在她的生日會裡做同樣的事情嗎？舉行生日會，收到禮物的短暫「快樂」，會比破壞了她自己的生日會及家人的興致後，隨之而來的焦慮和羞愧來得有益處嗎？收到美好禮物所傳達的訊息，會比她在破壞它們之後所感受到的羞愧來得有分量嗎？賈姬應該給她機會從破壞自己特別日子的「必然後果承擔」中學習嗎？

賈姬及愛麗森看到凱蒂在短短的生命中，雖經歷過無數次破壞自己快樂的機會、損壞禮物及物品的「必然後果承擔」，但她似乎沒有從那些強迫性、驅動羞愧感的行為中學習到任何東西。因此，這次她也不會有任何不同的反應出現。在她應該慶祝自己快樂生命的時刻，為什麼要給她失敗？如果一個人不能從失敗中吸取教訓，失敗就顯得沒有價值。很難想像她能接受自我侮辱和對他人的不信任來「慶祝」她的生命。所以賈姬及愛麗森決定只給凱蒂的生日一個小小的慶祝，也許她不會太緊張，就可以成功地應對這天的來臨。史提芬並不接受她們對這計畫的說法，但他照常的順從她們的計畫，現在就只等賈姬來告訴凱蒂了。

8 月 4 日早餐時，凱蒂下來吃早餐，找到一張靠在她的麥片碗上的生日卡。凱蒂沒有跟賈姬提到她的生日，雖然凱蒂和黛安在幾天前已經討論過有關生日的事情了。凱蒂很可能以為賈姬不記得了，凱蒂知道要如何避免失望。當凱蒂看著她的卡片時，賈姬向她微笑並祝她生日快樂。

「凱蒂，今天是你的生日。你現在七歲了！我希望你有快樂的一天！」賈姬很開心的說。

「我會有生日派對嗎？」凱蒂很天真的跟賈姬說，可愛的臉部表情，可以把一個痛恨小孩的人的心都溶化掉。

「有的，是家人聚餐的派對。今天晚上，你可以自己選一個甜點，你爸爸和我會買一份小小的禮物給你。我們會在吃完甜點之後，為你唱『生日快樂』歌。」

「為什麼我不可以有大型生日派對？」凱蒂問。她似乎覺得很紊亂。不是真的很生氣，很明確的不是難過。只是紊亂。

「寶貝，你爸和我覺得你還沒有準備好過大型的生日派對。我希望你可以。我們希望可以給你大型的生日派對，但我們沒有辦法做到，我們也很遺憾。那是因為當你太快樂的時候，你內在會出現混亂，然後你會做一些事把它搞砸。我們希望你有一個美好的生日，所以我們以目前最適合你的方式來慶祝。」賈姬清楚、鎮靜，而且也非常接受凱蒂的情緒。

「可是這不公平！每個孩子都有生日派對！我去年也有！」凱蒂變得很生氣。

「寶貝，我知道去年你有生日派對，露絲說你在派對之後大吼大叫，又丟東西，而且需要被緊緊抱著。第二天，你更把所有的禮物弄壞！當你這樣做的時候，你一定覺得很難過。如果我們給你太多禮物和讓你太過興奮的話，我們認為這狀況會再次發生。」凱蒂相信賈姬所說的，可是她很渴望可以聽到別的。

「你就是不喜歡我！」凱蒂大叫。

「噢，凱蒂，如果你覺得我不喜歡你，現在你一定很不好過。哇！我是你的媽媽，如果我不喜歡你，你也許會認為我不會保護你的安全，而且也沒有一個人會喜歡你。但是我喜歡你，寶貝。我想給你一個大大的生日會，可是我很難過我不可以。我可以了解為什麼你對我那麼生氣，而且認為我不喜歡你。這一定讓你很難理解，知道自己沒有準備好有生日派對，也得不到好多禮物。」

「我準備好了！」凱蒂大叫。

「我希望你是，寶貝。這是很難受的，知道你自己還沒有準備好。」賈姬很安靜的說。

「我準備好了。」凱蒂說。她的憤怒似乎減少了。她好像退到她自己的思路去。她看起來沒有打算改變賈姬的主意或是要向她猛烈回擊。當賈姬看著凱蒂時，她在想這是否是凱蒂可以感受到或是表現出來最難過的一件事。她想如果凱蒂現在可以哭出來，那她就不必再為不給凱蒂生日派對的事傷神了。她會馬上衝出去給凱蒂裝滿一車子的禮物，和弄一個全奧卡斯特最大的蛋糕給她。凱蒂沒有哭，她從來不哭。而車子依然停靠在車道上——那是最好的做法。

在他們討論過後，凱蒂裝作好像沒有發生過什麼似的，一切還是像平常的日子。就像平常表現的一樣，她埋怨她被禁止做她想做的，以及她不喜歡與賈姬一起做的活動。那天晚上的晚餐，她進行得很順利。她選了巧克力蛋糕作為她的甜點，以不曾有過的速度，她把自己那塊蛋糕很快吃掉。凱蒂吃甜點的速度很快，比他們要弄給她吃的速度還要快。當家人為她唱「生日快樂」歌的時候，她向每一個人微笑。當她打開禮物發現是跳繩和一件藍色泳衣時，她向每一個人說謝謝，她似乎感到很滿意。那天晚上睡覺時，賈姬就像以往一樣坐在凱蒂的床邊，然後很安靜的跟她說這一天所發生的事情。

「我好高興可以跟你一起過生日，凱蒂。我很開心你選了巧克力蛋糕。那也是我最喜歡吃的一種。」

「我明天還可以再吃嗎？」凱蒂問。

「凱蒂，我知道還有剩下，我會確定留一些給你，如果你有吃晚餐，就可以吃。」賈姬回答。然後她很快又加上說：「你或許會對那跳繩和泳衣的禮物覺得很混亂，凱蒂。我知道對你來說收到禮物是一件很難的事，就算它們只是小小的禮物。如果你不把它們弄壞我會很高興。也許那會讓你感到難過。可是那是你的，你可以決定是要保留它們，還是毀掉它們。如果你想要我幫你保管，讓你在生氣的時候不會毀掉它們，我會很高興為你保管它們。」

「我去湖邊時可以穿那件泳衣嗎？」凱蒂問。

「當然可以，寶貝，如果你想要，下次你去游泳也可以穿。」賈姬回答。

凱蒂沒再說什麼。她看起來比平常更有距離，也比平時更有自己的想法，可是賈姬不知道她在想什麼，或是感覺到什麼。不過在那個夏天，她真的很多時候都穿著那套泳衣。但跳繩不見了。這要花上好長一段時間，賈姬才會知道它不是凱蒂能接受的禮物。

賈姬在剩下的夏天裡都看不到凱蒂有任何功能上進步的跡象。她知道她要小心不要期望有持續的進步，可是要不存有希望是很難的。她在蓋比早期安置時就出現過這樣的錯誤，當蓋比沒有進步的跡象時，她會覺得挫敗，然後開始懷疑自己是否有能力成為一個寄養父母。每天她都用蓋比「行為表現」如何，來評定自己有沒有成功地作為一個父母。愛麗森協助她把焦點放在自己的態度及行為上，而不是在蓋比身上。她開始回想她是如何跟他連結，以及在危機和衝突出現時如何回應。當賈姬判定，她已經盡力在他最需要時給他最好的照顧，那麼不管他的行為表現如何，她都能感到滿意。在繼續維持這樣的看法之下，賈姬能夠更接納他，而這就是促使他最後進步的重心所在。這做法也可以讓賈姬不受到蓋比誇大的情緒和極端的行為所影響。當她自己可以保持更穩定時，她就能協助蓋比減少他的激烈反應，這也可以防止蓋比控制她的情緒。賈姬希望她跟凱蒂一起時，可以繼續維持這樣的態度，比起她跟蓋比相處時，她對凱蒂是較常可以這樣子的。愛麗森還告訴她有關封鎖照顧的意義，協助賈姬了解到這一點，可以讓她不會受到太大的影響。愛麗森說，每當賈姬需要增強時，如果馬克都可給予關注，這也會減少封鎖照顧。所以她要確定馬克知道她的需求。

在下一次的治療裡，開始不久，愛麗森很輕易的掌握住凱蒂每天的生活流程，和對事物的看法、臉部表情、姿勢、嘆氣，甚至她襪子的顏色。在用輕柔、溫和的戲謔及放鬆的態度跟凱蒂連結的同時，不需任何特別的要求，凱蒂就馬上完全地投入即興的互動中。愛麗森的目標只是想要與凱蒂和賈姬閒聊，不幸的是，對於有發展性創傷的孩子來說，這是非常困難的事情。這種共同興趣和相互對話往往太難。

愛麗森帶凱蒂和賈姬到她的桌前，然後表示她想要看看她們畫畫的能力。她放了一張很大的白紙在桌上，要求賈姬坐下，把她的臉頰貼在紙上。愛麗森要求凱蒂用一枝長長的鉛筆沿著賈姬臉頰把輪廓描繪出來。在第二張紙上，凱蒂描繪出第二個圖形。然後愛麗森把兩個圖形剪下來，一個貼在藍色紙上，另一個貼在紅色紙上。在第一張剪下的圖形裡，她在賈姬的臉畫出一個大大的微笑；在第二張，她畫了一個生氣的臉孔。然後輪到賈姬去描繪凱蒂的臉型輪廓兩次，剪下來，畫出快樂和生氣的表情。愛麗森把四張圖貼在搖椅的背後，她請賈姬抱著凱蒂坐在沙發上。

「那就是你們，每一個人都有**兩幅**。」愛麗森說。「因為你們**兩個**都會有快樂和生氣**兩種**情緒，我想我們應該來看看你們在這兩種情況是怎麼樣的。」

賈姬只是簡短的「埋怨」她的鼻子沒有凱蒂畫的那麼大。

「現在，我很想看看上個月我給你們的回家功課。凱蒂要畫一幅媽媽對她生氣時候的畫，還有一幅是媽媽對她友善的時候。賈姬要猜凱蒂畫什麼，然後把它畫出來。」

當她們舒服地坐在沙發上時，愛麗森展示凱蒂畫出賈姬對她友善時候的畫。畫中是賈姬給凱蒂一些紙和色筆，圖中兩個人都在微笑，還有一些細節。她們一起討論這幅畫，凱蒂承認當賈姬給她一些東西時，她很喜歡賈姬。她們轉到第二幅，賈姬看起來對她生氣的圖。在圖中，賈姬正拿走凱蒂的遊戲玩具。凱蒂畫出賈姬是個巨大且具威脅的人，有著大大的眼睛和手。而凱蒂好小，坐在地上。雖然賈姬姿態嚇人，但凱蒂看起來卻很生氣，而不是害怕。凱蒂告訴愛麗森當賈姬不給她東西時，她會不喜歡她。

「哇，凱蒂，賈姬在那幅圖中真的很生你的氣。她真的是這樣！**如果**她對你**那麼**生氣……她對你生氣的話……為什麼？為什麼她會對你這麼生氣呢？」

凱蒂迅速而強烈地回答：「她不喜歡我！」

「哦，凱蒂，在你看來，當賈姬不讓你得到想要的東西時，她就是不喜歡你！」愛麗森以一種與凱蒂情感表達相匹配的方式表達了同理。「當賈姬對你說不的時候，如果你認為她不喜歡你，那對你來說一定很難。……為什麼你認為當她對你說不，是因為她不喜歡你？為什麼你會這樣認為，凱蒂？」

「因為我真的很想玩那個遊戲！我真的很想！而她不在乎！她還是不給我玩。」

「凱蒂，現在我明白你為什麼認為賈姬不喜歡你了！當你真的想要做什麼，她對你說不的時候——就像她不在乎你想要什麼！哦，凱蒂，那對你來說也一定很難！當你告訴賈姬你在想什麼的時候，她為什麼會對你說不，她說了什麼嗎？」

「我不知道。」

「我想知道她會說什麼，如果你告訴她的時候。如果我跟她說，可以嗎？」凱蒂點頭表示可以。

愛麗森（模仿凱蒂的聲音）：「我想玩那個遊戲，你不讓我玩！你說不！這不公平。我**真的**想玩，但你不在乎！ 你不在乎我想要什麼！我想要的對你來說並不重要！（然後用一種更柔和、悲傷的聲音）我對你並不重要。」

賈姬也生動地回答，好像她剛剛才了解到凱蒂的一些重要事情，她的想法、感覺和行為。「哦，凱蒂，現在我明白了！如果你認為我不在乎你想要什麼，你當然會生我的氣了！你會認為你想要的對我來說並不重要，那**你**就對我不重要。謝謝你告訴我。這是很難過的……真的很難過……如果我不在乎你想要什麼……或甚至是你。」

愛麗森（靜靜地，還在為凱蒂發言）：「如果你真的在乎我想要的東西……那麼，你為什麼對我說不？」

賈姬說：「有時候我覺得這是因為做別的事情很重要，或者你想做的事情對你來說是不好的。當我知道這真的是你想要的東西時，在我說不的時候，我是很難過的，我看得出來你很失望。我知道在你跟我們一起生活之前，你的人生中有許多失望，我不想讓你失望，但是有時候我覺得某些事對你來說是不好的——即使你非常想去做。」

凱蒂正靜靜地看著賈姬，似乎相信她的動機，或者至少想去相信她。這是一個新的事實：一個不想讓她失望的媽媽。甚至當媽媽說不的時候，她是在乎孩子想要什麼。這一切都讓人困惑。很難相信這是真的。

賈姬輕輕地碰一下凱蒂的手，低聲說：「凱蒂，這一定很難理解。我希望你能相信我。但這需要一段時間，沒關係。」

凱蒂已經到了極限。她變得不舒服，並說：「不要說！」

賈姬不再勉強，然後說：「我想今天對你來說，已經夠了。」

「我想是的。」愛麗森說。然後她轉向凱蒂補充說：「我想你對剛剛發生了什麼，和可能感受到了什麼，一定覺得很驚訝。我可以了解為什麼你現在很想停止。你對剛剛所做的，一定非常不好受。」

「不要說！」凱蒂再次大叫。

愛麗森繼續在動嘴巴，好像在說話，但沒有出現任何言語。她多做了一會兒，似乎很驚訝的，然後動她的嘴唇，好像試圖要說出話來。賈姬開始咯咯地笑起來，然後凱蒂跟著。愛麗森也加進來，放鬆地，她們繼續在大笑，三個人很真實地在同一時間內感到很快樂。凱蒂很少有這種情形。

愛麗森在她們休息時，隨口說：「你知道嗎，凱蒂，有時候媽媽是會讓孩子**混亂**。先前她說可以，然後又說不可以；她給了，然後又拿走。可以，不可以。可以，不可以。作為孩子會怎麼想！就好像是她有兩個媽媽，可是那是**同一個人**！一，二，二，一，有多混亂啊！你一定是有一個可以和不可以的媽媽！」

「一個可以和不可以媽媽！」凱蒂咯咯地笑。

「那是我！」賈姬大聲叫。「你的可以—不可以—可以—不可以—可以—不可以媽媽！」

「讓孩子很難分辨，對吧，凱蒂小孩？」愛麗森問。

「是啊。」

「孩子，這就是為什麼我們要畫那兩張你們兩個的圖。」愛麗森說。「你看，你們兩人都是可以和不可以的人。當你媽媽說『可以』的時候，看起來她對你是快樂的和『好』的；當她說『不可以』的時候，看起來她對你是兇的和『壞』的。而你，孩子，當你快樂的時候，你會有那個微笑，而且覺得你是『好』的；當你生氣的時候，你有那個樣子，而我猜在那個時候你可能會覺得你是『壞』的。」

愛麗森給凱蒂看著那些圖畫一陣子。然後她再補充說：「你們兩個在畫那些圖方面都很棒。我們會常常來看這些圖，這樣將來有一天，凱蒂，你就不會對你和你媽媽是誰感到**混亂**了。」

評論

第五到第十次治療時段，愛麗森繼續用 PACE 連結凱蒂。她探索最近的經驗，並且好奇凱蒂對它們會有什麼想法和感覺。當在同理凱蒂，一個跟她有同樣早年經驗的女孩子，通常都會有像她那樣的想法及感覺的同時，愛麗森也經常提出其他凱蒂感覺到或想到的想法。當討論一些凱蒂想要否認的羞愧經驗的時候，凱蒂對愛麗森和賈姬出現憤怒。她有幾次回到凱蒂有一個「可以和不可以媽媽」是如何感到混亂的感覺上。愛麗森也提出凱蒂也許會有悲傷和害怕的感覺，可是凱蒂通常都拒絕那些想法。整個時段，賈姬很多時候都觸摸凱蒂。她也會略略擁抱她，玩她的頭髮，搔她癢，和在她臉上畫圈圈。有幾次愛麗森給她擁抱。很明顯的，凱蒂對賈姬給她的擁抱比起愛麗森給的擁抱來得緊張。這只是在最開始的時候而已。在一些治療時段結束時，賈姬會給她唸故事。有些時候，愛麗森會放一些安靜的音樂，協助形成一種放鬆、愉悅的氣氛。久而久之，凱蒂會跟隨愛麗森所設定的指示，而且可以更容易忍受對羞愧經驗的探索。

在治療時段中，愛麗森也較多提到凱蒂的原生父母——莎莉和麥克。她會探索凱蒂與賈姬的事件，然後她把凱蒂對那事件的經驗與發生在莎莉和麥克時的事件聯繫起來。賈姬的「不」激起了她來自於莎莉或麥克的「不」的記憶，這記憶可能是某種方式的虐待。愛麗森也花了一些時間說明人民服務局紀錄中有關凱蒂最早五年的生活狀況。凱蒂很仔細地聽著，對某些事件她甚至要求愛麗森再讀一遍。可是，除了使她進入寄養的那事件以外，凱蒂對那段重要的人格塑造的時光，似乎沒什麼記憶。不管怎樣，愛麗森會在治療時段更多地說明這時期中她的生活狀況，通常是一小部分，除非凱蒂引發更詳細的討論。凱蒂會有可能漸進地回憶起較多跟莎莉和麥克在一起的時候。

當賈姬告知凱蒂她會有一個小小的生日派對，不是大型的，凱蒂的反應讓她感到驚訝。凱蒂對這限制表現的傷心比憤怒還要多。因為凱蒂對挫折的習慣反應是爆發憤怒，而不是感覺悲傷，賈姬很正確的看出，這是凱蒂學習把注意力放在她的內在狀態而不是憤怒上的開始。如果凱蒂可以開始注意到她的傷心或害怕，她也許可以漸漸接受那些感覺，甚至那些在她內在深處的傷害。她也許開始允許自己去感覺那在生活中無所不在的羞愧感。為了讓凱蒂在解決她生命中早期創傷方面，開始取得一些持久的成果，她需要足夠的安全來感受悲傷。多美好的目標——協助一個孩子接觸她內在的悲傷、害怕及羞愧感。如果希望凱蒂減少她的否認、逃避及憤怒，那是重要的一步。如果她能持續面對這樣的痛苦，她就可能會尋求賈姬的協助及安撫。如此賈姬就不再是她的敵人，而是她的保護者。可是，一個單一事件不足以形成一個模式，一個模式也不會創造一個自我。賈姬需要有耐心，當凱蒂還是一直維持她本來的樣子時，賈姬要繼續對她維持治療性的態度。

在治療時段中，愛麗森想要凱蒂覺察到，在健康的親子關係中人性本然的矛盾。賈姬是一個可以和不可以的媽媽，因為她要給凱蒂滋養及管教，接納和社會期望。也因為這樣，怪不得凱蒂有時候會喜歡她，有時候不喜歡她。好像凱蒂有兩個媽媽似的，一個好媽媽和一個壞媽媽。這種在心理上的真實感常常出現在學步兒的世界裡，那時孩子還沒有統整這些對立的經驗，同時也尚未將媽媽內化出一種一致的關係。當父母讓孩子挫敗，引起憤怒，然後一分鐘後孩子再轉向父母尋求安慰時，孩子呈現了成功的整合過程。對於被虐待和被疏忽的孩子來說，這個過程要慢得多。當賈姬讓凱蒂感到挫敗時，凱蒂並不想要安慰，而是寧願自己獨處，或者使賈姬挫敗作為回報。

在很多日子裡，凱蒂都投入在「操控」的行為上。父母通常都不太懂得如何回應這些行為。他們經驗到自己被孩子「利用」，他們經驗到孩子欺騙，而感到所有的行為都是「壞」的。對父母較有幫助的是，假使他們可以提醒自己當孩子處在一個虐待及遺棄的環境，這樣的「操控」行為是為了求生存。這些孩子不能設想父母會自然地預期及符合孩子的需求。他們無法想像，如果他們直接提出他們想要及所需的要求，會得到父母正向的回應。於是，孩子想出一些策略來「騙取」父母以獲得自己的需求。這些孩子相信如果不能精通「操控」或「威脅」父母，他們可能遭受更嚴重的痛苦。明白了這些，可以幫助父母不會對孩子的「操控」產生拒絕和生氣，或甚至給予後果承擔。如果父母用 PACE 的態度來回應「操控」，它很容易就會減少。當父母出於好的動機下能夠增進孩子的安全感及自信，孩子對他的要求就較直接和開放。如同孩子許多不當行為一樣，當孩子能夠增加對父母和他們的動機信任時，這些操控可能會減少。同時，父母也可以單純的說出孩子行為的明顯動機所在，然後帶著接納，給予或是拒絕那隱藏的要求。例如，父母可以說：「我注意到，在你擁抱我之後，你向我要糖果。嗯，你現在不能吃糖果，但我很樂意再給你一個擁抱。」

第 10 章

織布

9月中旬，大約在開學之後的兩個星期，有一事件發生，使得賈姬更清楚凱蒂還有多遠的路要走。這是星期六的早上，每一個人都要做一些家事。因為凱蒂還不能對每一個人（包括賈姬在內）證明她已經準備好可以獨立做事，所以凱蒂必須要在賈姬所在的地方，跟她一起工作。需要勞動的工作，如分類要洗的衣服、打掃和整理，凱蒂現在都做得很好。賈姬也要她複習一些學校功課，或是整理她的衣櫃抽屜。凱蒂很少再埋怨她必須要在賈姬附近，賈姬在想也許她已經接受了。

大概早上十點的時候，溫西吠叫起來，賈姬聽到有車子開上車道。是茱蒂・摩莉士順道經過，茱蒂在學校的委員會裡是很活躍的一員，而她有一個孩子是麥修的同學。那年夏天，她用了很多時間在做一塊織布，學校委員會打算在 10 月上旬的秋季節慶開始時用來義賣的。她把它拿到賈姬家，而賈姬負責在下個月正式義賣之前，先在不同的社區集會中陳列出來。

賈姬把茱蒂帶到客廳，她跟凱蒂正在摺疊洗好的衣服。她好欣賞那塊織布，而且拿給凱蒂看，她們討論那塊織布同時賈姬展示它的計畫。茱蒂不能停留太久，於是賈姬陪她走到她的車子那裡。她們站在外面好一陣子，討論開課後新的課程，而且她們計畫下星期再見面。

當賈姬回到客廳，她想再看一下那塊織布。當她看到織布不在桌子上，立刻有種不安的感覺。她不是把它放在那裡嗎？沒錯，是在那裡的呀！凱蒂！她望向凱蒂那裡，凱蒂正在客廳地上分類襪子。「凱蒂，織布在哪裡？」

「我不知道。」凱蒂回答，她對大部分的問題都是用這種方式回應。

當賈姬向她再問一次的時候，她看到那織布在沙發上，就像它在桌上時一樣，摺得很整齊。凱蒂一定只是想要看看它！她走到沙發那裡拿起來，有些不對勁！濕濕的！那害怕的感覺又回來了！賈姬嚇壞了。她知道她做了什麼，可是她還是覺得很害怕。她把它提到面前聞聞看。尿！這是尿！凱蒂尿在上面！

賈姬很震驚，她動也不能動，眼淚從她的眼眶中湧出來。她想要大哭大叫，和把之前十分鐘的時間，從她的生活中抹去。她怎麼會犯這樣的錯誤呢？她為什麼會讓凱蒂跟那塊織布單獨留在那裡？她該怎樣跟茱蒂說？她可以做什麼？

首先她需要把那塊織布在尿液還沒有完全浸透進去以前，把它清潔好，她知道茱蒂織的是很「耐用」的。她跑到廚房的水槽，把織布泡在溫水裡。她拿起它讓水流過那紡織品，她把水扭乾，一次又一次地弄。她的眼淚混著水流過那塊織布，最後她不知道還可以做什麼，她把它鋪在床上的毛巾上。她會等到它乾了以後再去告訴茱蒂，他們才能知道是否有任何損壞。

賈姬最後走回客廳裡，凱蒂仍然在分類襪子，雖然她早就可以完成。她抬頭看著賈姬好像什麼事都沒有發生一樣。「我現在可以吃午餐了嗎？」凱蒂說，彷彿沒有什麼不對勁的事情發生。

賈姬坐到地板上，跪在凱蒂前面。她用雙手抓住她的雙臂，把身體傾斜過去，很靠近她。

「凱蒂！」賈姬大叫。她很生氣，凱蒂是知道的。「我非常、非常生氣你在那塊可愛的織布上撒尿。對摩莉士太太做這樣的事情是很卑鄙的，那是她花了很多時間去完成的。對你學校裡所有的小朋友也很不公平，如果這塊織布被弄壞了，他們就損失了做某些事情的機會。對我做這樣的事是不對的，因為是我負責這塊布。我很氣你，家人不會這樣對待家人，你是我們家中的一份子，我很氣你對摩莉士太太和我們的家人做這樣子的事。」

賈姬在看凱蒂的反應，看到她慣常出現的防衛、怨恨的眼光，這是每當她面臨有關她的行為問題時，就會出現的眼神。可是賈姬還看到另一種眼神。凱蒂似乎有某種程度對賈姬的生氣感到害怕，但也很得意賈姬對她生氣。凱蒂使得賈姬生她氣！凱蒂得到了控制權！賈姬終於告訴她，凱蒂是一個壞女孩。

賈姬繼續注視凱蒂的眼睛，她深吸一口氣，這對賈姬來說很難，可是她必須要繼續跟凱蒂說。

「凱蒂，」賈姬用較為安靜的語調說：「我愛你，寶貝。我很愛你，而這非常重要，我要繼續教你不可以對人做這些事是多麼重要。我知道對你來說，要學這些事情很難，但是因為我愛你，我將會繼續教你直到你學會。」賈姬繼續注視凱蒂的眼睛，凱蒂現在似乎感到更害怕，比賈姬對她表達憤怒的時候還要驚嚇。凱蒂顯得迷茫和害怕，賈姬靠近她，然後給她一個擁抱。她繼續抱著她，而同時自己的眼淚也不斷湧出來。她往後，看著凱蒂那充滿驚愕的眼睛。凱蒂不知所措，她無法了解或是表達現在包裹著她的那些情感。賈姬在哭喊，就像她其他寄養母親也曾經出現過，可是這次是不同的，她不知道為什麼？凱蒂感覺到她不是在控制，她覺得害怕。賈姬給她最後一個擁抱，然後她站起來到廚房去。

自從三個月前凱蒂住到他們家以來，告訴凱蒂說她愛她，是賈姬最艱難的一件事。對她大吼並威脅她說如果她再做任何像這樣的事，她就要搬到另一個寄養家，這是多簡單的事。用一種厭惡的目光，或是不要碰觸她，或許緊緊抓住她的手臂，然後用力捏它，那是多麼容易。如果賈姬這樣對待凱蒂，她就會變成跟凱蒂的生母莎莉一樣。那就是告訴凱蒂，莎莉是對的：她不特別，她只是一個壞孩子，而且她不值得有人為她操心。如果她這樣做，她就是告訴凱蒂，她自我厭惡也是對的，她是不好的，那就沒有任何理由，要她試著去學習如何像凱勒家的人一樣生活。她永遠不會歸屬於他們的家庭，也不會歸屬任何一個健康的家庭。賈姬不會那樣做，她知道凱蒂對她的行為有大量的羞愧感，是對自己這個人做的事，而不是為了弄髒織布這行為本身。她需要重新跟她建立一個連結，而不是拒絕她。凱蒂可以學到：對傷害他人感到一些同理，然後感到有一些自責及良心不安，只是在什麼時候而已。賈姬會繼續努力，也會繼續哭泣。

那天傍晚，在沙發上，賈姬靠近馬克身旁坐著。「我很近的搖晃她，而且向她大叫，她做這件事有多壞。蓋比沒有像這樣子讓我生氣過，我一直在想：『我該怎樣告訴茱蒂呢？』我一直想像那塊織布會有一個大大的褐色斑點，而且有一股味道，連冬天放在馬背上也不配！」

馬克很少表達他的感覺，可是他很有興趣多了解賈姬的感覺及想法，很專注的聽著，而且也想到很多有關他的家庭及他的生活。當賈姬需要他的時候，他是賈姬堅強的後盾；當他需要賈姬的時候，他也知道賈姬夠堅強可以給予他支持。有時候賈姬不是很確定他對事情的感覺是什麼，因為他對他的想法總是輕描淡寫。可是經過這麼多年，她已經學習到可以較好的解讀他的意思。她知道他很小心選擇他的詞彙，來代表什麼是最重要的，而且對他來說是很個人的。而馬克也學習較開放地用話語來表達他的內心，因為這對賈姬是很重要的。藉此他也發現，他可以對自己有更多的覺察。

「我很抱歉發生了這件事，親愛的。可是你就像任何人一樣，盡力去處理好這件事。我不覺得在那時候，我可以對她那麼了解。」

「要是我沒有把她單獨留下跟它在一起就好了。我那時候在想什麼？」

「你只是用了些時間在想茱蒂。那塊織布還好吧？」馬克問道。

「到目前我想還可以，」賈姬回答。「等它乾的時候，我會比較容易跟她說。」

「你在處理對凱蒂生氣的部分，真的做得很好。」馬克說。

「也許吧！可是那時候我真的很想用那塊織布把她捲起來，然後把她寄回去給史提芬。」

「郵局會運送她嗎？」馬克微笑地問。一陣子之後，馬克補充說：「如果真的要繼續留住這個孩子，我希望我可以在任何方面幫上忙。」

「謝謝你，親愛的，」賈姬回答。「我知道你會做，而且也信任我，如果有什麼是你可以幫忙的，你會是第一個知道。只是，你要答應我，如果她向你埋怨我的時候，不要站在她那邊。如果你這麼做，我會用那塊布把你捲起來，讓郵局把你寄出去，相信我。」

「還有什麼嗎？」

「也許就像現在一樣陪著我。如果我們可以訂出一些時間，當你『負責』照顧她的時候，我可以有多一點時間出去跟朋友一起，那會很好。總是付出、付出、付出，當給出去又不感覺到重要時，有時候真的會覺得很難受。我腦子裡一直想『為什麼要自找麻煩？她又不在乎，我為什麼要做？』一點回饋都沒有。我知道她是孩子，我是大人，我這樣做不是為了要她回饋我，但我只想讓她在乎。知道我想讓事情變得不同，但有時我自己也不確定。」

那星期的治療時段，賈姬告訴愛麗森有關織布的事以及她的反應。史提芬在場，雖然現在他只是在每三到四次的治療時間才出現一次。愛麗森替賈姬感到難過，她知道對賈姬來說，告訴茱蒂有關凱蒂尿在她用了好幾個星期才做好的織布上這件事，有多麼困難。而且，這是發生在茱蒂將織布交給賈姬之後不到十分鐘。愛麗森現在把注意力放在賈姬的感覺上，想要知道，她現在是否可以持續對凱蒂維持治療性的態度。愛麗森知道，沒有那態度，賈姬就沒有立場可以在治療時支持凱蒂而且也可以持續好好的養育她。愛麗森在每一個時段的工作焦點都放在賈姬和她的需求上。如果凱蒂回到家，媽媽不想跟她做什麼，那麼愛麗森跟凱蒂做的，就無法有任何效果。

「賈姬，我很遺憾發生了那樣的事情。我知道這對你一定很難。」

「我是對這整個狀況不高興！」賈姬回答。

「是的，我可以知道你這個寄養媽媽一點也不輕鬆。」愛麗森平靜的說。

「沒錯，我很氣凱蒂，」賈姬說。「可是，我更氣我自己。我怎麼會留下那塊織布單獨跟她在一起？我頭殼壞了嗎？」

「我可以了解，賈姬，當你沒有做到你認為應該做的一切時，對你來說有多難受。你多想要幫助她的生活，以至於當你，如你所見的犯了一個錯誤時，對你來說是如此痛苦。有些時候，賈姬，你只是一般家庭裡的一般媽媽。」愛麗森提出說明。「一天中無時無刻都與有著凱蒂問題的小孩相處，要成為一個有治療性的媽媽，那是很難的。」

賈姬看起來很洩氣，自從在蓋比非常艱苦的時間中，有過一次如此精疲力竭的狀況以來，愛麗森沒有看過她是這樣的情形。

「你是對的，可是這沒有讓我好過一點。跟凱蒂一起，我是不可以有所『忘記』的，否則她真的會傷害他人或自己。如果這是比較可以預知的！如果我知道她在生氣一些事情，我會知道不可以讓她離開我的視線。可是她看起來沒問題，我無法想到有任何事情，可能讓她在生氣！」賈姬很挫敗。

「大概沒有任何特殊的事件會讓她生氣，像凱蒂這樣的孩子，光是活著已足夠讓他們生氣，成為自己就讓他們感覺到羞愧。跟像你們這樣的人一起，而不能讓他們有安全的依附，使他們感到孤獨和害怕。她坐著，腦海裡沒有什麼特別的想法。突然一些特殊的東西，像那塊織布，就在她身邊，沒有大人在。她的內在感到爆發！隨之而來的衝動使具體行動出現。沒有一個健康的自我可以去覺察、監督和統整那些感覺跟衝動。他們過著他們自己的生活，她要從任何其他在她生活中的人和甚至從你身上獲得刺激，以表達她深沉感受到的邪惡和沒有價值的滿足感。她預估會看到你震驚的尖叫，或是哭，或甚至可能打她。當她看到那塊織布跟她單獨在一起時，那些感覺從她內在爆發出來。」

「為什麼我沒有記起來？」賈姬問。

「賈姬，為什麼你不是聖人呢？或是一個機器人，我們可以擬定程式，就可以百分之百的『正確』？你是一個真實的人！你已經在過去三個月比任何其他人在過去七年中，給這個孩子的還要多。她不需要一個聖人或是一個機器人，她需要一個愛她的媽媽，一個會為她焦急的媽媽。一個為她而哭泣的媽媽，和有時候會對她生氣的媽媽。她不需要你是完美的，賈姬。她只單純需要你對她持續的承諾，找方法跟她好好玩和教她，而那往往會比成為完美更難。我無法做到你對她做的事。」愛麗森對這女性帶著同情和讚賞說。

賈姬做了一個深呼吸，眼中閃著淚水。「謝謝！偶爾我需要聽到像這樣的話。」她擦去鼻涕然後笑起來。「那孩子真的知道怎樣可以抓住我。我應該給她擁抱一分鐘再來使她窒息。我知道你是對的，有關隱藏在她生氣底下發生了什麼，以及她的行為意義。如果我不知道，我是無法跟她住在一起超過一天的。」

三個人靜靜的坐在那裡好一陣子，愛麗森提議她要去等候室請這孩子進來。

在沙發上，凱蒂坐在賈姬旁邊，愛麗森開始跟她探究一些最近在凱勒家發生的事情。很明顯的，在場的人馬上就發現，凱蒂完全沒有想到那塊織布的事，這就像是發生在一年前的事一般，就像是其他人尿在了那塊織布上，而不是她。

愛麗森很容易就進入她慣常的輕鬆和好玩的態度，跟凱蒂連結。剛開始，史提芬很不習慣愛麗森跟凱蒂互動的方式，不管凱蒂做了什麼，愛麗森總是花第一部分的互動時間跟凱蒂大笑、觸摸她、揶揄她所做或所說的一些事情、挑戰她做一些事情，然後在那裡享受她的抗拒，或是做一些無法預估以及意想不到的事，讓史提芬跟凱蒂一樣有那混亂感覺，不知道愛麗森想要做什麼？今天也不例外，那塊織布的事情可能要再等一下。

史提芬很注意凱蒂對愛麗森的反應，她照例很快的進入愛麗森那好玩、友善和有趣的態度中。凱蒂是開放且投入在愛麗森的每一個動作及話語，很明顯地，她很喜歡嘲笑愛麗森那頭灰白的頭髮，而且，當愛麗森警告她不可以告訴任何人她有多少根白頭髮時，她會邊大聲笑邊叫著：「我要！」當愛麗森開始在她的腳趾頭間找尋細毛的時候，她會叫喊著。當愛麗森告訴她，現在是「朋友圈」時間，剛開始她會侷促不安和抱怨。愛麗森用她的手指沿著凱蒂臉頰畫五次圓圈，然後她會很溫柔的在凱蒂鼻子上輕擊五次，之後在她的前額上親五次。雖然她會對這樣的做法表示生氣，但是，如果愛麗森沒有跟她這樣做，凱蒂總是會在快要結束治療之前，找到方法來「提醒」愛麗森，她沒有做。她會說：「我很高興，你今天沒有做『朋友圈』。」然後，當愛麗森感謝她提醒她需要證實她們的友誼時，她會表示非常生氣。最初，凱蒂會把臉上的圈和親吻都擦掉。然後，愛麗森告訴她，「每一個人」都看到這「朋友圈」，如果她沒有把最後一個親在她前額上的親吻在三秒鐘內擦掉，它會留在她的臉上一個星期。之後，愛麗森抓著她的手，當她數到三時，她問賈姬及史提芬他們是否喜歡那圓圈？他們兩人都同意很可愛，而凱蒂這時候就會表現她慣常的生氣。賈姬報告說，在那天之後，她發現凱蒂開始注視著在鏡子裡的自己，找尋那些圓圈。

就像愛麗森通常做的，不做停頓，她就開始討論凱蒂其中的一個「行為」。她很輕鬆的從好玩和輕微的事件轉到較困難的領域，沒有改變任何聲調或是臉部表情。

「噢，凱蒂，你媽告訴我說你在那塊織布上撒尿。我有點搞不清楚，是什麼讓你要這樣做？」

凱蒂馬上緊張起來而且變得很生氣。「不要再提這件事！」

「可是寶貝，我們一定得談這件事，因為我知道你媽媽在這星期對這件事有很多感覺，而這對你們兩人都很重要。」

「這對我不重要！」凱蒂表示。

「噢，我想這是重要的。可是我知道要你去說這件事，對你很難。沒關係，我可以幫你。」愛麗森用就事論事的語調在說。

「我不需要你的幫忙！」凱蒂大叫。

「我知道……你不要。 我知道你不要。也許你會想說：『不要管我，愛麗森。這不關你的事！！！』」

愛麗森的話配合著凱蒂的強烈度和抑揚頓挫。然後愛麗森前傾靠近她，安靜且慢慢地在她耳邊說話。「我知道要接受我們的幫忙對你來說很難，寶貝。」

凱蒂大叫：「才不難！」愛麗森把椅子拉近沙發，在凱蒂和賈姬的前面。

「你可能想說：『不要管我， 我不想談這件事！』」愛麗森再次回應，配合著凱蒂強烈的說「不！」但沒有生氣。

「閉嘴！閉嘴！閉嘴！」凱蒂大吼大叫。

「你想要我閉嘴！」愛麗森繼續格外生動地說。「你想要我停止跟你說，你有多氣我，和你的媽媽，賈姬。」愛麗森停頓了一下，然後她繼續，現在更加安靜地說：「可是我需要再多說一點，寶貝，因為我知道你可能對發生的事也感到傷心和害怕，而你不很喜歡你自己。」

愛麗森安靜的語調，而且她把重點轉向凱蒂的脆弱，再次啟動了凱蒂的憤怒。「我真的喜歡我自己！」她大叫著。

「你確實喜歡你自己……是的……而且我也在想，當你在織布上撒尿的時候……在那之後，你就很難喜歡你自己了……。」愛麗森同理地說。

「我真的喜歡我自己！」現在凱蒂的眼淚，流到她的臉頰上。

凱蒂沒有任何動作，她沒有看著愛麗森。她迷失在某個過去的絕望裡。

愛麗森往前傾，在她的耳邊低語：「我希望你是，寶貝。我想要幫你真的喜歡你自己。」凱蒂爬到賈姬的大腿上，開始在顫抖，這時候她的眼淚繼續流到她的臉頰再到賈姬身上。賈姬更是緊緊的抱著她，而凱蒂也握緊她來回應。賈姬開始慢慢的搖著她，緊緊的抱著她。

愛麗森和史提芬一動也不動的坐著，看著凱蒂和賈姬，他們不想要去打擾那情緒。他們之前從未看過凱蒂哭。賈姬現在知道，那塊織布事件對凱蒂來說是很重要的，她對凱蒂的同理再次增強。

「凱蒂，凱蒂，凱蒂。」當她把她抱在手臂裡慢慢地搖她時，賈姬輕聲地說。

愛麗森等了好幾分鐘，凱蒂不再哭了，然後她告訴凱蒂看著她的媽媽。當凱蒂照樣做時，她馬上注意到賈姬也在哭。她注視著她一陣子，然後愛麗森說：「凱蒂，我猜你想對媽媽說：『媽，很對不起，我尿在織布上。』」

凱蒂很快的跟賈姬說：「媽，很對不起，我尿在織布上。」她又再哭起來，而賈姬再次抱著她。「我很高興你覺得抱歉，凱蒂。我原諒你。我為你高興。而現在我為我們高興，我們的心現在在一起。」賈姬安靜地說。

好一陣子的沉默，支持著他們繼續的擁抱，和確認剛剛所發生的事。

愛麗森安靜地說：「這孩子是很努力的孩子，賈姬。我可以了解你為什麼那麼愛她。」

「是的，她是。」賈姬回答。然後她拿了一些面紙，開始把凱蒂臉上的眼淚擦掉，也把自己的擦掉，凱蒂看著她沒有動。

「我也需要一張面紙，我猜我們三個人都有很多眼淚需要發洩。」愛麗森說。

凱蒂看向史提芬那裡。「他也是，史提芬也哭了。」

「是的他哭了，凱蒂。我們知道對你是不容易的。當我們看到你這麼難去得到比較快樂的生活的時候，我們全都很難過。」愛麗森說。

所有人，包括凱蒂，都很享受這片刻的安靜。

凱蒂微笑，賈姬微笑，開始咯咯地笑一下，最後他們全都笑起來。之後，他們花一些時間檢查誰的眼淚最有黏性，他們都同意是史提芬，那表示他要幫另外三人拿水。

在治療時段結束時，史提芬等了幾分鐘要跟愛麗森談話，這做法可以幫助他對凱蒂有更多的了解。「我想你今天真的和她一起有了進展，愛麗森。」

「是的……今天的確有重要的經驗發生在凱蒂身上。但是如果這些改變要持續下去，我們需要在未來的幾個月裡，能夠在家裡和在治療時，給她製造無數次同樣的經驗。在她可以開始去相信她是一個好孩子，而她媽媽的愛是極其的重要和愉悅；在她有真實的治癒以前，她需要跟賈姬分享很多次這樣強烈的情感經驗。」

「在我們和凱蒂開始以前，你跟賈姬說了很多有關在那塊織布事件之後她對凱蒂的感覺，你認為她會要求凱蒂離開嗎？」史提芬問。

「不會，可是我想要確定，她是可以在會談期間安慰和支持凱蒂。那是要兩個人來發展安全的依附關係。」

「我明白你的意思。我知道你所說的是什麼，」史提芬說。「你今天在治療時已經呈現了你的『態度』。」

「我試著努力，史提芬，否則我不認為我可以幫助她。凱蒂需要有一個成人與她那樣子的連結，跟你的女兒瑞貝卡一樣，或甚至比你女兒還要多。沒有那些互為主體的經驗，她永遠不會信任賈姬，而她也永遠不會有一個健康的『自我』，那是她喜歡的。這樣的經驗——她經驗到我們經驗到她的經驗——使她可以發現自我部分，那個自我從來都沒有看到過陽光。在治療時保持那態度比在家裡容易得多，一個又一個小時。」愛麗森說。

「好吧，我最好先離開。我很高興你花時間對賈姬做出支持。她似乎很需要。」

「她確實需要，而因為她需要，凱蒂需要我先幫賈姬再來幫她。」愛麗森回答。

「我明白。」史提芬回應。史提芬微笑，他在回家途中，給珍妮買了一些花。

治療結束回家途中，凱蒂問賈姬她們是否可以到麥當勞吃點心。因為她們從來沒有在治療結束後去那裡，而且凱蒂已經很久沒有跟她要什麼，賈姬假設凱蒂對她在治療的表現想要一些獎勵。凱蒂知道成人喜歡在治療時出現什麼，所以她會用它來獲取好處。

「不可以，寶貝。」賈姬說。「我會希望就像我們常做的，回家去。」

「我想要吃薯條。」凱蒂大叫。

「我知道你很想要，凱蒂，你在治療時很努力，而我想你也許肚子餓了。」

「那就買給我吃。」

「當我們回到家，我會給你一個蘋果或是柳丁。」

「不要，我要薯條。」

「我不給你想要的，這對你來說是很難的時候，對嗎？」

「給我薯條！」為了強調，凱蒂用腳大力踢儀表板。賈姬馬上把車子停在路旁。

「凱蒂，我很了解，你為什麼那麼氣我不讓你到麥當勞。你可以告訴我你很生氣，可是你不可以踢車子。」

「我不管，我恨你。」

「那是一個想法。」

「我很高興，我在那塊織布上撒尿。」

「我很清楚那部分你很高興，寶貝。」

「你不是我媽媽！我恨你！」

賈姬靜下來。小孩當然用了很多話語，來表達她被剝奪薯條的憤怒。她大概也會告訴賈姬，她在愛麗森辦公室裡，任何她的感覺和話語都是謊言。凱蒂不想要被擁抱，她不覺得抱歉，而且她不想任何人幫忙她，特別是賈姬。凱蒂很惶恐，她在治療時，對賈姬、對她自己都坦露了很多。她現在想要把她較早之前所表達的話，減輕或是否認。賈姬想要傳達她對她目前混亂及害怕的同理，可是她決定這地方不適合如此做。她不想要在叢林裡找尋凱蒂，也不想要多花幾個小時跟一個傲慢的小孩坐在車上，她決定安靜會是她最好的選擇。

大概五分鐘的沉默之後，賈姬決定要繼續回家的旅程。她是對的。凱蒂沒有力氣鬧下去，在整個回家路上，她都緊繃著臉。

❖ ❖ ❖

第二天，史提芬打電話給賈姬想要知道凱蒂情況如何，他期望治療時段會帶來一些較好的改變。他很驚訝的聽到有關回家途中的事情，他更失望聽到當他打電話時，凱蒂和賈姬正跪在樓梯間，擦洗她的尿尿。那天早上，凱蒂站在樓梯頂階，從上面尿下來。

「那可真是一道瀑布。」賈姬帶著她那冷淡的幽默在說。

史提芬感到挫敗。凱蒂會改變嗎？為什麼她要這樣做？

「史提芬，她有一段漫長的路要走。」賈姬很冷靜地說。「我知道我在這裡做什麼，她不可能有巨大的步伐。昨天的會談很重要，可是我想只有少部分的成果會保留下來。她還需要跟我和愛麗森有很多那樣的經驗。我希望她對在尿完之後要洗擦樓梯的事件，將會是另一個對她有幫助的經驗。」

「如何有幫助？」史提芬問，很奇怪為什麼賈姬會認為，這事件跟昨天的治療是相似的。

「凱蒂說過，她認為昨天她在治療時所說的都是謊言，所以她沒有什麼改變。我會接受她的作為，也包括接受這部分的她。如果現在我感到生氣和挫敗，她就會輕忽昨天的治療。她會說服她自己，連我也不相信昨天她的表現是真的！就如同她不斷尋找羞愧的經驗來說服自己她就是不好。藉由給予她肥皂及水，伴隨著『態度』，我在告訴她我認為那治療是真實的，就像會尿在階梯上那部分的她一樣是真的，我還在跟她連結。對兩部分的她，我將會是一樣的反應。希望有一天，我們在治療時間所看到那部分的她會更強大，而且可以把另一部分的她整合在一起。」

「為什麼你不讓她自己清理樓梯？」史提芬問。

「那麼我們就會有權力鬥爭。她在情感上還是一個小小孩，史提芬，所以當她不得不做一些她不喜歡的事情時，我會幫助她。」

「我很高興她沒有尿在我的樓梯，賈姬。我不認為我會那麼了解她。」史提芬帶著欣賞她的口吻說。

「一旦你習慣了撫養像凱蒂這樣的孩子，你就會了解。或許只是你不能一直這樣做。我也不是烈士。當我看到她那內在害怕及憂愁的女孩，願意多走幾步踏向陽光，我是真的有很多滿足感。」

史提芬在辦公室時，告訴芭芭拉和艾爾有關凱蒂在治療時和之後的行為表現，他需要找出他對她的想法，他的結論是他不了解凱蒂。那「部分」的她是如此的生氣和具有破壞力，和……惡劣，似乎是另一個世界。他們可以突破她的這個部分嗎？有一個較大的問題是，哪一個她是他們想要找尋的？當他們找到她之後，他們會是喜悅還是害怕？這部分的她是否真的存在呢？

史提芬知道，如果他現在再想有關凱蒂的事，他只是會更擔心而已。所以他決定回到他的文件裡，那會讓他安定下來，他可以很專注在字裡行間，他可以避免去經驗到那內心深處的恐懼、憤怒和絕望，那是很多他的寄養孩子在生活裡時時要面對的。對他，文件工作是一個安定自己的祕訣。對凱蒂來說，方法就是踢那儀表板、尿在樓梯和織布上，還有吃薯條。

那個週末，史提芬和珍妮決定在戶外工作。他們在前幾個星期，已經很忙碌的把番茄和甜菜保存在罐頭中，現在該把耕地弄成苗床了。這個秋高氣爽的日子，是他們一年當中最喜歡的季節。

瑞貝卡目前已經二十個月大！多麼自由自在！她走得快，但跑得更快，那表示她常常會跌倒，因為當她看到新事物時，就會想去探索。當然，那花園給她帶來永無止境的機會做探險。泥巴和石頭，植物和雜草，還有可以抓和打開、品嚐和丟東西。她找到櫻桃番茄，她會在沙拉裡發現它們，這是她的最愛，而現在有那麼多在花園裡。它們就掛在樹枝上，等著她的手指頭和嘴唇。她的臉不久就變得通紅，她的父母正在考慮她可以吃多少是在安全範圍內，才不會引發她那敏感的腸胃受到傷害。珍妮決定要去拿錄影機，把瑞貝卡生活中的片段記錄下來，珍妮的母親愛莉絲堅持不可以錯失了下一代的成長。

史提芬搬了很多的植物到手推車上，他轉向瑞貝卡那裡，看她有沒有超出範圍。那臉蛋通紅的小孩，臉上帶著燦爛的微笑，手上拿著小鏟子，東倒西歪的穿過花園要向他那裡走過來。他一片空白，心臟停止，大聲的喊著：「瑞貝卡，停！」這時候他正想像她會跌下來，她的臉會擊到那小鏟子。一陣心臟跳動，他馬上跳到她那裡，她的微笑不見了，雙腳停下來，臉上充滿了驚駭的神情。現在，史提芬在她旁邊，彎下腰，很快的把那小鏟子從她手上拿走，她的眼睛看到他臉上的緊張及害怕，她的嘴巴在顫抖，她重重的跌坐在地上，她的臉轉開，然後往下看著地面。哭聲從她嘴中爆發出來。

當史提芬把她抱起來，想要安撫她的時候，她弓起背往後掙脫著，然後把她的肩膀及臉轉離他。這時候，珍妮拿著她的錄影機跑過來，瑞貝卡聽到媽媽的聲音，轉向她來的方向。她伸出雙手，差不多要把自己在史提芬的手臂裡掙脫掉，她從來不曾如此強烈的要珍妮。同樣程度的張力，出現在她不想要史提芬抱！

珍妮緊緊的抱著她，當小女兒在發抖及啜泣的時候，她用很鎮靜及一再肯定的聲音跟她說話。她在花園裡慢慢的走著，抱住他們那糾纏不休的孩子。

史提芬看著她們。他知道瑞貝卡沒有受傷，才感到鬆懈下來。他可以了解，是他把她嚇壞，而現在她只需要媽媽。他需要讓她知道，他不是對她發怒。他大叫和嚇到她，是因為他害怕她受傷而已。也許他可以用不同的方式來處理，可是他的動機只是要保護她的安全。

珍妮靜靜地告訴瑞貝卡，史提芬嚇壞了，因為他看到她手裡拿著小鏟子在跑。她解釋讓她知道，他不是對她生氣，只是害怕她受傷。瑞貝卡現在似乎可以從珍妮的肩膀，偷看她的父親。珍妮慢慢的走向史提芬那裡，他向他的女兒伸出手，而在片刻的遲疑之後，瑞貝卡迎向他的雙臂。他抱她，再肯定她，與她眼神接觸。她微笑，指向那些櫻桃番茄，他把她帶到最靠近的那棵植物，然後他們坐在地上。她把一個熟了的番茄摘下來餵史提芬吃，現在珍妮有了可拍另一張照片的機會。

瑞貝卡對番茄和史提芬失去了興趣，她向著黃瓜藤那裡慢慢走過去，史提芬坐在那裡看著她。只是跟他生命中最重要的兩個人，在日常日子裡的日常事件。瑞貝卡常常會生氣他或珍妮，無論在哪裡，她什麼都會想要去觸碰。她絕不輕易接受「不」。每當她的父母阻撓她的慾望時，她都會顯得很驚訝，特別是當他們生氣她做的一些事情時她更是不易接受。

他多坐了幾分鐘。瑞貝卡覺得羞愧？是的，那就是愛麗森和賈姬曾經討論過的議題。瑞貝卡當然在很多時候都有機會經驗到羞愧，可是這是第一次，史提芬真正把她的痛苦，跟愛麗森常說的連結在一起。而瑞貝卡的羞愧是短暫的，父母一安撫之後，就會頓時消失。但是凱蒂在她的生命裡，每一刻都在經驗羞愧，羞愧定義著凱蒂的存在。瑞貝卡只是單純的把羞愧及隨後而來的自責，統整到她的自我發展和跟她父母的關係裡面去。當她與父母的關係中發生羞愧感時，爸媽總是準備好並能夠修復他們的關係，幫助她再次感到安全。她是被愛的，而且她不是壞。她的羞愧感在修復後變小，並且沒有成為她自己的核心部分。有限度的羞愧和良心不安是學習節制自我表達的工具，能有助於統整個人期望及其他人期望，也是考慮個人在行動後的後果所必需的。對凱蒂來說，她潛藏的羞愧不是這樣的工具，羞愧讓她覺得她沒有價值。她無法從這當中學習，她想要經由憤怒來消滅羞愧感覺。她需要隱藏羞愧所說的，因為它說她在這世界上是多餘的。

評論

凱蒂在織布上撒尿，製造了她在安置之後的第一次危機。這樣的事件，經常會發生在一個呈現受到發展性創傷影響的孩子身上，因為這些兒童是激怒他們父母的專家。隨著那樣敏感的覺察，他們不單不會逃避那些行為，甚至會擁抱它們。他們有一種強迫性，要去製造他們早期被父母直接帶來的拒絕、虐待和憎惡的經驗。他們積極地去找尋那種沒有價值的感覺，那樣的羞愧經驗。對凱蒂來說，感覺到沒有價值可以證實「自我憎恨」的真實，而且可以破壞任何想要跟賈姬建立關係的理由。賈姬不可能會喜歡她，或是，如果賈姬愛她，一旦她真的看到她有多壞，她不可能還會繼續愛她。凱蒂會在安置的地方，自己放置一個終止標誌，用她的說法，不要等賈姬來終止。它會結束的，要不就是她拒絕賈姬，不然就是被賈姬所拒絕，那是無法避免的事。

治療時間一開始，跟往常一樣，愛麗森和賈姬談論凱蒂在家裡的情形。這可以讓她知道賈姬和凱蒂兩人過得如何。在織布事件發生之後，愛麗森把重點放在賈姬在事件發生時的立即情緒反應，還有她的想法及情緒。如果賈姬無法對凱蒂持續維持一種恰當的治療態度，進展就會停頓，安置也會出現危機。織布事件很容易使賈姬進入封鎖照顧的狀態，如果這狀態變強大的話，賈姬會把照顧凱蒂變成一份工作，一份註定會失敗的工作。愛麗森需要先照顧到賈姬的需求，她們兩人才能討論凱蒂的需求。愛麗森也強調，賈姬不單純只是凱蒂的寄養父母。她要讓賈姬知道，在處理凱蒂之前，賈姬的福祉是重要的，而賈姬的痛苦，會得到她全然的關注。在促進賈姬和凱蒂之間的依附關係上，愛麗森需要表示，她們兩人對她都是重要的，愛麗森是不會忘記賈姬的。

治療時間，至少可以使凱蒂暫時停止她破壞安置的企圖。愛麗森透過與她的情感經驗同步，帶領著她，協助她從她那憤怒的抗拒、她的自我拒絕及絕望中走出來。她哭出來了，帶著深層的悲傷，那是多年沒有做過的事情，而她開始變得可以從賈姬和愛麗森那裡，接受具有療效和安慰的話語及碰觸。雖然，她的自我憎惡和無法信任的感覺，使她對其他人封閉，但是，她可以感覺到她們的安慰及溫暖，而且她無法否認或是拒絕這樣的經驗。然而，好景不常，她對自己及他人的經驗模式，又會很快速及強烈的回來。她現在有種強迫性，要使治療時所發生的事無效，在治療之後，她就在回家途中的車子上這樣做了，還有第二天在家裡，尿在樓梯上。賈姬對凱蒂企圖要破壞治療的作為，採取接納的態度，那是非常重要的，這可以阻止凱蒂看輕治療的效果。賈姬不但在治療時，在車子上，以及她尿在樓梯間，她與凱蒂一起清潔樓梯的同時，她都繼續維持她對凱蒂的情感連結。肥皂與水，再加上賈姬治療性的態度，支持著凱蒂流下的眼淚是有功效的。

賈姬對尿在織布的反應，提出了一個重要問題：一個有治療性的父母如何處理自己對孩子生氣？我們有充分的理由，不把生氣納入孩子跟新的父母建立信任感所需的態度中。凱蒂早期跟親生父母的生活裡，充滿了憤怒的對待，包括了拒絕、輕蔑和憎惡，這些憤怒就像是接合的水泥，成為她自我鄙視的基礎。父母的憤怒對凱蒂的行為或對她健全的社會化是一點幫助都沒有的。治療性的父母所表達的憤怒，怎麼可能不引發埋藏在她內在的認知和情感的反應？這是她用來定義自己和他人的舊模式。

因此，賈姬在表達她的生氣時，並沒有把凱蒂標籤化、威脅她，或是表示對她的輕蔑。賈姬使用「我訊息」，把她的憤怒朝向特殊的行為，而且說明為什麼那些行為她不能接受。她在生氣之後馬上伴隨著溫和的表達她對凱蒂的愛，並且承諾，要教導凱蒂如何好好住在她的家庭裡，這樣的表達是用來修復被她的生氣所嚇壞的關係。賈姬的眼淚傳遞了對她行為的生氣，也是她對凱蒂未來的擔憂，這份害怕交織著對她的愛。賈姬不斷表達，她會繼續保持她對凱蒂的承諾，經由賈姬完整的反應，凱蒂就無法再用這經驗詮釋為證明她是壞的，賈姬會厭惡她。凱蒂可以投入在她們的關係裡，而她所做的行為，和賈姬所做的反應，兩者共同說明了她的價值，以及賈姬對她的愛的真諦。當愛麗森在治療時探索織布這事件，讓她感到不安，使她更能接受她隱藏的恐懼和自我的輕視。

賈姬快速地表達她的生氣之後，隨即馬上致力於修復她的生氣所引發的關係破壞。倘若沒有及時修復，凱蒂會很容易進入她潛藏的羞愧狀態，這會造成她在未來更容易投入類似的行為中。有了修復，就有可能引發她對自己的行為產生內疚，使得再次做同樣的行為有減少的可能性。

每一個父母，包括有治療性的父母都會有特別困難的日子。他們會暴躁和失去耐性，而且也難以整天維持那些「態度」。甚至即使運用自我激勵的方法，也很難有效做到；自我激勵是用來使他們可以度過這種日子，讓他們仍然可以好好地回應需要依附的孩子們。在那些日子裡，父母需要面對事實，接受現實，就是他們已經無法對其他人有同理心了，特別是他（她）那持續犯錯的孩子，而需要好好照顧自己。如果可以，他們或許要求另一個成人作為主要照顧者，讓自己放個假。如果不行，也許要規劃一天時間，減少互動，僅用起碼的生活常規，以減少可能的衝突。

父母也需要「承擔」他們自己的情感，而不是把它投射在他們孩子身上。不要說，或甚至不要認為：「都是你讓我生氣的！」他們需要跟自己以及他們的孩子說：「今天我沒有太多耐性，我現在是很不滿。這跟你沒有關係，可是我認為你應該知道；所以如果我生氣，你會知道那是怎麼一回事。」父母也可以說：「我今天有點生氣和煩躁，所以，我需要花一些時間自己一個人。這跟你沒有關係，不用擔心，我會好的。可是，也許你會想到，今天最好是聰明一點，不要惹很多麻煩。」

史提芬在花園裡跟瑞貝卡的經驗，是在健康的親子關係中不時會出現的，讓正常的羞愧經驗短暫，這跟凱蒂持續經驗到的潛藏羞愧感大不相同。當瑞貝卡拿著小鏟子，跑向史提芬那裡的時候，她很興奮，而且她預估會從爸爸那裡得到一個接近她自己情感狀態的一致回應。他明顯的情感不一致反應，讓她產生羞愧感。她的自我找不到確認，頓時感到自己的渺小卑微，更無法感到自己的獨特，而退縮回到自己裡面。珍妮和史提芬馬上給她再保證，再度肯定她對他們是特別的。他們跟她的痛苦調和一致，而使她經驗到安全的依附關係，她也再度獲知自己是有價值的。經過相互修復，她的父母又說明了所經歷的事情的意義。他們告訴她拿著尖銳的東西跑步是很危險的。她父母的動機是協助她社會化而非討厭她，也不是她有什麼不好。反之，他們的動機，是透過他們承諾要保護她的安全，來顯示她是多麼的獨特。

第11章 與賈姬對抗

在下一次治療之前，賈姬告訴愛麗森，凱蒂這一陣子抗拒得多麼強烈。「她會盡力找每一個機會跟我爭辯。她會很強烈的跟我辯駁。她有好多次得要留在我身邊，因為她不肯按照最基本的要求去做。昨天，我要求她把旁邊的紙遞給我，她拒絕。她甚至向黛安大吼大叫，那是很少發生的事情。」

「我猜那織布的事件，還有我們上次的治療真的讓她感到不安，」愛麗森說。「她哭，然後她讓你支持她。她也感覺到她恨她自己。現在，也許她在找尋方法，好能證明她是壞孩子，而且她不要你的支持。除此之外，她相信終究你不會真的想要給她支持，她想要弄得你精疲力盡。」

「她說，她很高興尿在那塊織布上，這可以讓我不會喜歡她。」賈姬說。

「我想不是這樣的，」愛麗森微笑起來。「好吧，如果她要對我們做出這樣表示，我猜我們也要堅定的給她我們的想法。」

「是什麼？」史提芬問。

「她要聽到，我們將要幫助她，因為她是我們所關心的孩子。她會聽到，我們了解也接受她要對抗我們的協助。她也會聽到，我們不同意她的沒有價值感。她更會聽到，我們看見及回應的那部分的她是真實的。她也許不是聽到我們所說的一切，但是她會以我們對她的態度所聽到的。」愛麗森回答。

「你怎麼可以接納她抗拒的同時，仍然同意她有價值呢？」史提芬問。

「我們同理她因害怕和抗拒而做出對抗。我們會主動表達我們的同理，我們分享她的痛苦，透過讓她知道，我們了解擁有那麼一段過去，這對她有多難。事實上，我們也會試著讓她知道，她現在那麼積極地跟我們對抗，是在測試，她在努力使她的生活具有某些意義上她有多困難。她不斷的對抗，是為了保持她從原生父母莎莉和麥克那裡所學到對這世界的看法。我們了解她需要這樣做，可是，我們會繼續透過呈現另一個不同世界，讓她原先的看法越來越難以維持。這個新的世界建基於給她父母的愛，給她快樂，當她被羞愧包圍時，承諾繼續對她伸出手而不離不棄，而且，相信她有能力可以了解我們對她的用意是為了她的最大利益。」愛麗森停下來，她知道這件事說是很簡單，而事實上做起來卻很困難。「好吧，我去把孩子帶過來。」

「凱蒂小孩，你今天看起來有點得意洋洋的，」當凱蒂坐在她和賈姬之間時，愛麗森說。「你的頭髮看來特別捲，你的鼻子看來有點彈性，而你的雀斑看來有點霸道，對嗎？」

凱蒂用微笑來回應愛麗森的微笑和友善的語氣。「我的鼻子沒有彈性！」她大笑著。

「噢，沒有嗎？讓我看看。」愛麗森用她的食指，輕輕的碰她的鼻子兩次。「是呀，它是！我知道你今天特別的神氣。」

「沒有！」凱蒂大叫，現在甚至笑得更開了。

「噢，凱蒂，我知道，你有多想不同意我所說的，你是特別的神氣。」愛麗森說著的同時，她的手在凱蒂的頭髮上遊走。

「不是，我沒有！」凱蒂說。

「你很會爭辯，凱蒂。你不用想就可以做到。」愛麗森回答。

「不是，我沒有！」凱蒂大笑。

「你是很會這樣做的，我要給你一個小小的擁抱。」當愛麗森這樣做時，凱蒂在叫喊。她們兩人現在都大笑起來。凱蒂微笑著，看著愛麗森的眼睛。愛麗森常常都很訝異，在開始時就吸引住大部分她所見的受創／依附困難的孩子是多麼容易。她會用一種好玩、接納和好奇的語調開始，而大部分孩子都會主動地跟隨她，不論她如何帶領。她知道對凱蒂而言，要和她的媽媽在家裡時時刻刻這樣做是很困難的，因為來自媽媽的照顧是她最害怕和不信任的。她也知道對待這些孩子，在治療開始時，需要有一些好玩的調和經驗，然而不只如此，也需要強調孩子的負面及痛苦的部分，以協助她把負面的自己，與在治療中容易出現的好玩部分加以整合。沒有這樣的整合，她在治療時的任何經驗，不管有多愉快，當賈姬限制她或叫她做某些事情時，療效就不會持續了。

就像她經常在做的，愛麗森對凱蒂用一種較安靜、不太開玩笑的態度，可是帶著愉悅跟她互動。她告訴凱蒂，最近她的貓跟一隻浣熊有一段冒險的故事。通常故事都很容易引起她的興趣。賈姬加入，也說了一個故事，是黛安和凱蒂如何把房子周圍的葉子掃成高高的一堆，躲在裡面，連賈姬和馬克也很難找到她們。

「聽起來，你這個星期蠻好玩的，凱蒂。賈姬告訴我，你也有很多不開心的時候。她說，你有一些時候很不快樂。」當愛麗森注意到，凱蒂突然出現緊張及退縮時，她持續接納和好奇的語調。「當我聽到你過了這麼難的一個星期，我覺得好難過。看起來，好像家裡每一樣事情，都讓你感到煩躁。我可以幫你什麼嗎？」

「沒有事情讓我煩。」凱蒂堅決地說。

「我希望是這樣，寶貝。可是，當你需要把很多時間花在媽媽身旁的時候，我想你一定感到有些暴躁。」

「我不需要在她身旁！我不需要媽媽！」凱蒂回答。那好玩和友善態度突然結束，現在她是完全地感到困擾，沒有任何跡象呈現她在一分鐘前有過大笑。

「可是你還是一個小女孩，凱蒂，有一個媽媽照顧你是件好事。」

「我不需要媽媽！我可以照顧自己！」

「哦，凱蒂，你已經學會如何照顧自己。你必須要強硬，不需要任何人。如果你是一個小女孩，你需要一個媽媽照顧你，而她沒有做好，你就必須自己照顧自己！要強大！你要如此強大，倘若沒有人在你小時候好好照顧你。」

「沒有人——而且賈姬也不會！她只是在你面前假裝照顧我而已。她不在乎我。她是為了錢才讓我和她住在一起！」

「噢，凱蒂，」愛麗森帶著為她難過的語氣說。「你認為你對賈姬來說意味著她撫養你是為了錢。難怪你不讓自己需要她。難怪你說你不在乎她，因為她似乎不在乎你。當你告訴她這些時，她會說什麼？」

凱蒂把目光移開。「凱蒂，如果我幫你告訴她可以嗎？」凱蒂點頭。

愛麗森為凱蒂說：「我不想要你照顧我。反正你也不是想要照顧我。」她用一種更加孩子氣的聲音說話。她繼續為凱蒂說話，同時看著她的臉部表情。

「你假裝照顧我，我不相信你！」

然後愛麗森更安靜地說：「要我相信你想照顧我，好難啊。如果我真的相信你會照顧我，那麼當你不再假裝的時候，這只會傷害更多。然後你會要我離開，就像其他人一樣。」

賈姬帶著悲傷的語調回應：「很難，凱蒂，已經很難相信有個媽媽會關心你，然後發現她真的沒有要關心你。她不想把你留下來。怪不得，你學會了如何變得堅強，不想讓我照顧你。」

「賈姬，這是很難的。你生我的氣時，還比較讓我好過。」愛麗森為凱蒂說。

「哦，凱蒂，現在我比較明白你為什麼有時候生我的氣了！如果我也對你生氣，那麼可以提醒你要保持堅強，根本不需要我。也許你會想說：『我不想要接近你！當你把我送走的時候，那只會讓我更受傷。』」

「凱蒂，當然會如此。當然會。我明白你的意思，我堅強的小女孩。」賈姬補充說。

「我不小了。而且我可以照顧自己。」愛麗森持續為凱蒂說話。

「凱蒂，我很高興你很堅強。但我會希望，有時候你能想到你可以信任有人會照顧你一點，讓自己不用那麼辛苦。」

「我不相信有這樣的人。」

「我知道，凱蒂。 我希望有一天你能相信我。」

愛麗森幾乎是在低語：「我也這樣希望。」

愛麗森把她的手放在凱蒂肩膀上靜靜地說：「做得好，凱蒂，你在聽。我知道那些都是你的感覺，而且是很難說出口的，或甚至是想到它們。」

凱蒂靜靜的。愛麗森繼續。「那一定是很難的事，想到每一個媽媽都不在乎你……怪不得……讓你自己親近這個媽媽有這麼困難。」愛麗森很慢也很安靜地說。她的手在凱蒂背部移動跟她的話語節奏同步。

她沒有改變任何聲調和步調，繼續跟賈姬說話，而賈姬此時靜悄悄地抓住凱蒂的手聽著。「我知道……你了解的，賈姬，……當她是小嬰兒時，這對凱蒂是很難的。莎莉沒有把她抱夠……跟她玩夠……和用她需要的方式來撫慰她。難怪她會對你那麼生氣，賈姬。她還在生氣莎莉不能給她足夠的需要。」

「我同意。我知道，要凱蒂喜歡我和信任我，這對她是很難。我知道，她常常都不想要我當她的媽媽。」

「你是因為她對你生氣，所以你生氣她嗎？」

「不會，我知道為什麼她對我這麼生氣。我可以處理得好。」

「你會不再關心她嗎？」

「不會，我真的關心她，而我打算繼續愛她。」

凱蒂繼續維持不動。她在靜聽愛麗森和賈姬說話。

愛麗森再次看著凱蒂。她靜靜地說：「凱蒂，當你坐在這裡的時候，我要畫一幅圖。」

愛麗森開始畫出一系列有關凱蒂的畫，從剛開始凱蒂是一個嬰兒，跟莎莉和麥克在一起，到結束，凱蒂是七歲，住在賈姬的家。

「第一幅圖中，你是一個快樂而且可愛的嬰兒。看，那是你的心臟。它跳得很好，而且心是代表愛的意思。然後在這幅圖中，你可以看到你的心開始出現裂痕。它仍是可愛的，可是它得不到足夠愛的回饋，所以它每天都在受傷。在這第三幅圖裡，你可以看到，你越長越大，而且長高。在這裡你可以看到，你是如何在心臟周圍，建一道牆來保護它不再受到傷害。看，沒有任何傷害可以穿過那牆壁。這真的是很棒的方式，用來保護你的心臟，而且讓你可以獲得安全。」愛麗森暫停，看著凱蒂在研究那些畫。

然後她繼續：「問題是，你計畫用那道牆壁來保護你的心，同時那道牆壁也讓你遠離了愛。看，當你住進你的寄養家庭時，你不會再受到傷害，所以你真的不需要你的牆壁了。可是，現在很難把它拆掉。所以當你的寄養父母試著去愛你的時候，你感覺不到！那牆壁使愛從你的心彈走。怪不得你常常無法感覺到賈姬真的愛你，也難怪你不信任她！」

「現在，凱蒂，」愛麗森看得出凱蒂很投入。「我們要找出方法，幫你把牆壁拆掉。你不再需要它了，可是，這是非常難拿掉的。」

在重要的停頓之後，凱蒂依然維持在專注和安靜的狀態，愛麗森說：「凱蒂，你想要我們幫你拿掉牆壁嗎，或者剛開始只拆下其中一部分？」

「要。」凱蒂安靜的回答。

「太好了，寶貝，你願意要我們幫忙，就會容易多了，就真的可以辦到。」愛麗森再次把手放在她的肩膀上。「我想再為你跟賈姬說話，可以嗎？」凱蒂點點頭示意可以。

愛麗森看著賈姬，帶著孩子般脆弱的聲調說：「莎莉沒有好好地照顧我。我不知道她為什麼沒有。我一直以為這是我的錯，可是，現在我不確定。我認為我是個壞孩子，現在我不確定。我想要認為我是個好孩子，但我不確定。」

賈姬身體往前傾，撫摸著凱蒂的頭髮。「哦，凱蒂。」她低聲的說。

愛麗森繼續說：「我想相信我對莎莉來說很特別。但我不確定……我想相信我對你來說是特別的。你會認為我是個好孩子……也許我對你來說是特別的。我想相信……但我不確定。」

幾滴淚水從凱蒂的臉頰滑落。

於是賈姬把凱蒂拉靠近她，凱蒂沒有反對。賈姬開始輕輕的搖她和哼唱著。凱蒂並沒有抗拒，她繼續哭，賈姬也哭起來。

稍後，愛麗森開始靜靜地跟賈姬談論有關要凱蒂想到這一切，還要去感受到這痛苦有多難受。愛麗森說她認為凱蒂正在試著看看她是否想要賈姬的幫助，以及她是否是個好孩子。然後，她們聊到最近愛麗森參加了一個搜尋長鬚鯨的出海活動，他們是為了大西洋學院（College of the Atlantic）做研究才去的。他們找到好幾隻鯨魚，很多是在那個季節常可看到的。凱蒂很有興趣，問賈姬她們是否也可以去看鯨魚。愛麗森表示這季節已經結束，賈姬說下一個夏季，她也許可以帶她去。

「賈姬，我剛好有一本書，你可以讀給凱蒂聽。」愛麗森邊走到書架時說。賈姬再一次給凱蒂一個擁抱。愛麗森給他們一本圖書，裡面有不同的動物和動物寶寶的圖，凱蒂坐在賈姬的大腿上閱讀。在倒數第二頁，是鯨魚和鯨魚寶寶的圖。最後一頁，是一個媽媽，像賈姬一樣，跟她的小嬰兒在床上。當賈姬在讀那本書時，她們兩人都會發出微笑和互相聊起來，而在她們看完最後一頁的圖時，她們又再一次互相擁抱著。

「我們快要結束了，凱蒂。我知道對你來說，這又是另一個很困難的會面時間。而且有可能你會比之前有更多混亂的感覺。我期望對你會漸漸覺得容易一點。有一天，日子會不再像現在這樣難。」愛麗森用一種很實在及接納的語調告知。「今天見面之後，也許你會決定，再跟你媽媽對抗，就像上星期一樣。如果你要，那是可以的，你媽媽能夠處理，而且她也會繼續愛你。」

當然，在那個星期以及之後的幾個星期，凱蒂繼續跟賈姬對抗。凱蒂知道目前她還沒有其他生存之道，她的強硬和要控制凱勒家的堅持真是不可思議。她似乎在一個事件到另一個事件中，每次都在找尋她想要的。她在試探如何用最好的方式得到她想要的——不是用迷人來隱藏她的動機，就是說謊和偷竊。通常，賈姬會注意到她的策略，而且會阻止她的計畫。無法避免的，凱蒂會對賈姬發怒，控訴她太「兇」和「殘酷」。同樣無可避免的，不管是為了她原本的行為：例如偷竊，或是她對賈姬的干預所做的反應：例如丟杯子，凱蒂會收到某種形式的回應。

日以繼夜，賈姬在凱蒂的行為之後，以 PACE 態度對待她，而不是凱蒂所預料的苛刻的批評或拒絕。賈姬每次在凱蒂拿走屬於某人的東西之後，都會加強監督，把她拉近一些，增加她一天的規劃，或者發起共同活動，凱蒂似乎覺得那是很不公平的事。凱蒂好像在想：「我想要，我把它拿走，那有什麼不對嗎？你都對我好兇，不給我想要的東西。你甚至更壞，現在不給我做任何我想做的事，只因為我試著要去得到我想要的東西！」要去敏感到家中他人的權利和期望，這並不是凱蒂能力可及。其他人是在那裡服務她的！同理他人！好奇怪的想法！先考慮其他人想要什麼，才決定要不要做某些事情，這對凱蒂來說是不合理的。每個人都是為了自己。為什麼她要擔心其他人想什麼或是感覺什麼？她無法想像有任何人，會真的在意什麼對她最好。她得做出一個推論：賈姬只是想要控制她，就像是她想要控制賈姬一樣。

好不公平，賈姬比較大，而又有權力制定規則。有一天凱蒂會長大，她就會很快樂！當小孩是很可怕的一件事！最初麥克和莎莉打她，而且對她說難聽的話。現在賈姬在耍她，雖說愛她，可是永遠不讓凱蒂做她想要的！什麼愛嘛！賈姬只是要指使她聽從她的，而且讓她不快樂！凱蒂恨不得快點長大，可以自己住！

當對主要照顧者缺乏基本信任的孩子進入了他們那不可思議的負向想法、情感和行為的咒語時，它是在測試像賈姬這種治療性的媽媽，能持續維持那「態度」多久及是否信守承諾。這是很難不出現的一種負面家庭氣氛，和一種行為及懲罰的「惡性循環」。在負面行為出現時，不斷重複給予特殊的後果承擔，製造了一種懲罰的感覺。結果，很多父母發現，他們為了孩子，需要改變家庭環境的整個結構和增加大量的監督。增加生活的結構，並不表示孩子就會有友善的行動及合作的態度。孩子仍有機會去破壞每天的和諧。因此，父母要假設，現在孩子是無法容忍有樂趣、自由時間，和情感的表達。父母現在為了要符合孩子的需求，要收回大部分的選擇權及自由時間，為孩子提供可以保持情緒調節的樂趣機會，和限制太明顯愛的表示。賈姬告訴凱蒂，她最近的行為顯示她需要花很多時間跟賈姬在一起，而且由賈姬來決定做什麼是最好的。她也告訴凱蒂，她們兩人都會很忙，但這不會太難，因為賈姬會在她身邊。

隨著監督增加，賈姬要確定她跟凱蒂互動時，仍然保持她的幽默感。有一次，凱蒂特別生氣，她不像往常一樣，砰然關上門一次，她摔了三次門。賈姬走到她的房間，堅持如果她用力關門多於一次，她要做五次摔門動作。於是，她說凱蒂還欠她兩次「砰然關門」。賈姬隨即離開，不久之後聽到三次用力摔門的聲音。她一定要感謝她的額外摔門。另一次，凱蒂把水倒在賈姬的膠靴裡。那天晚些時候，凱蒂正在著色，抬起頭來看見賈姬拿著她的靴子，用裡面的水給她的植物澆水。然後，她把靴子拿到水槽裡，再往靴子裡注入更多的水，這樣她就可以給剩下的植物澆水了。她絕不跟凱蒂提什麼。當賈姬用這些方式回應凱蒂的行為時，她是很小心的進行，她會眨眼，而不是揶揄或譏諷。

剩下的 9 月、10 月，然後進入了 11 月，凱蒂都接受高度的監督，練習她個人和社會技巧，還有如何選擇，以及一些旨在喚起歡樂和笑聲的活動，和一些涉及照料家務的實際活動。當賈姬和她一起做這些活動時，凱蒂更能真的投入其中，而她的負面態度往往會消散一段時間。賈姬把實際做家務與遊玩、動態及安靜、互動及單獨的活動，在一天中交替的出現。

當凱蒂早上醒來的時候，她發現賈姬已經為她選好當天她要穿的衣服。吃早餐時，她發現賈姬已經為她選擇了她要吃的食物。早餐之後，賈姬跟著她走，當凱蒂在洗臉刷牙的時候，賈姬跟她聊天。當她們在等校車來的時候，賈姬繼續跟她說話。當凱蒂放學回家，賈姬會在門口歡迎她，給她牛奶和餅乾。然後，凱蒂會換掉制服，穿上家居服，然後她跟賈姬會進入同一節奏中。遊玩時間有時候是盪鞦韆或是騎腳踏車，賈姬會讚賞她的能力。當賈姬開始要準備晚餐的時候，凱蒂坐在廚房的桌子旁，她會邊畫圖及塗色邊聽著音樂。有時候，賈姬會告訴她幫忙做一些準備晚餐的事情，凱蒂很多時候是負責擺放餐具。

晚餐之後，馬克會監督凱蒂一個小時或一會兒，通常只有他們兩人做活動，讓賈姬休息，那些大孩子會幫忙洗碗。之後是「媽媽時間」，賈姬和凱蒂在睡前，特別花一些時間在一起。賈姬也許會給凱蒂按摩背部，玩洗頭髮遊戲，陪她一起玩洋娃娃、說故事、讀書給她聽、唱歌，和告訴她如何弄錄音機。當凱蒂繃著臉，一直在埋怨的時候，賈姬還是會跟她在一起，而且接納凱蒂的拒絕，更不會拒絕她。賈姬會大聲閱讀、聽音樂，或是當凱蒂在看著她的時候，她靜靜的坐著和搖動著身體。在那個時候，她為凱蒂按摩，表達著她在那裡陪伴她。如果凱蒂不想愉快地參與，賈姬會接受她的期望，但是不會在身體上遠離她。她會繼續在她們的特別時間裡，跟她在一起。最後，賈姬會監督她上床睡覺，然後，她們有一段很短的睡前儀式，包括安靜的對話和身體的接觸。

有時候，凱蒂可以接受賈姬在她們一起的時間中輕搖她。有幾次，當賈姬在搖她的時候，凱蒂甚至要求賈姬給她奶瓶。賈姬在凱蒂要求奶瓶時才會給她，而且，都是她可以靜靜的躺在賈姬懷裡，接受牛奶或果汁及其所代表的關懷時。

剛開始，凱蒂並不喜歡這些改變，每天都活在如此為她而敞開的懷抱裡，她變得更加抗拒和常有埋怨。賈姬卻可以等待。當凱蒂決定投入活動時，她會坐近賈姬身旁。好幾次，當凱蒂想要踢打她時，賈姬把她抱在椅子上。隨著時間過去，這樣的時間越來越少，也越來越短。偶爾當凱蒂拒絕做任何事的時候，賈姬會給她一個擁抱、點心、一本書，或是一本塗色本。賈姬也許會放些她知道凱蒂喜歡的音樂。有時候她聽到凱蒂小小聲的跟著音樂哼唱，直到她發現自己在做什麼的時候，她才會停止。

一天裡面的所有時間都規劃妥當，連有趣的玩耍時間也不例外。賈姬永遠會給她這些玩的機會，而不是凱蒂有「好的」表現才給予。賈姬認為凱蒂可以把它當日程的一部分來看待。這反映了賈姬的信念：孩子需要好玩的時光，這對孩子有益，凱蒂必會明白。那反映了賈姬對她的愛。在凱蒂的心中，以為好玩的時光是一種「獎賞」，因為她仍掙扎著要操控一切，她很難理解這是無條件的給予。賈姬給她這些「玩」的機會是因為它們對她是好的，而不是因為她表現「好」才得到。這孩子也曾想要阻隔好玩的機會，可是當她發現，賈姬在她阻隔時只是表現難過她沒有準備好，而且好玩的機會是那麼有限時，她放棄了破壞的念頭。既然賈姬不會生氣，又何必要做？

當好幾個星期過去之後，凱蒂對緊迫釘人的監督和有限的選擇變得較穩定和減少煩躁時，她似乎對不用在日常生活中做出選擇感到滿足，因為那只是導致她出現更多問題。只要她不在學校的時間，對於能夠待在賈姬身邊她似乎也感到滿足。她不必選擇要靠近賈姬，那可能暗示賈姬對她來說是特別的；因為她「不得不」在賈姬附近，她可以名正言順讓自己接受賈姬在那裡，而不必抗拒。賈姬會跟她聊天，因為她們兩人都會同時在廚房或客廳裡各自做事。有時候她會經過凱蒂身邊，用她的手在凱蒂的頭髮上遊走，按摩她的肩膀，或是給她一個「媽媽的擁抱」。她不是在對凱蒂評分，她單純的接受凱蒂及享受跟她在一起。

10 月 24 日，凱蒂和賈姬跟愛麗森有一週一次的會面。就像每次的會談一樣，愛麗森會表現對凱蒂的日常生活有相當大的興趣。她會有這樣的話語：

「你的意思是說你跟媽媽整天在一起！沒有中斷？」

「你媽媽說，昨天她親了你的額頭七次，有四次你沒有料到！是嗎？」

「我聽說在星期天，你很氣媽媽，當媽媽叫你跟她一起掃葉子，而你正好想要跟黛安出去散步。」

「她把早餐放在你床上，你邊吃邊聽她唸故事？好幸福喲！你家還有空的睡房給我嗎？」

「我聽說昨天你可以和黛安去散步，但是沒有走多久，因為你掉落在房子後面的小溪裡，你被割傷了，而且在流血！賈姬看見你們從田野裡走回來，而黛安摟著你。」

凱蒂迅速地看著賈姬確認她所看到的，賈姬點頭表示她看到了。

「賈姬說，當你們走近的時候，看到你們兩人都哭了。」

凱蒂迅速補充說：「我在流血，但她沒有受傷，她也哭了！」

「我不知道那是怎麼回事？為什麼黛安也哭了？」愛麗森問。

「我不知道。」凱蒂笑了一下。

「你覺得呢，賈姬？你覺得為什麼黛安也在哭呢？」

「愛麗森，我清理好凱蒂的傷口，並貼上了 OK 繃之後，我問了黛安。她說，當凱蒂摔倒受傷時，她告訴凱蒂她們必須回家去照顧好傷口；凱蒂開始哭了，因為她想和黛安一起散步。她說，當她看到凱蒂在難過，而不是生氣，不得不回家的時候，她立刻也感到難過。然後，當她看著凱蒂，見到她在哭，她也很想哭。」

「哦，賈姬，哦，賈姬，聽到你這麼說我很高興！很高興。凱蒂感到難過，不是生氣，然後黛安也覺得難過。她們都流下了眼淚！是這樣嗎？」

「黛安是這麼說的，愛麗森。」

愛麗森變得活躍起來，就像她有時會這樣做，當有新的事情在凱蒂身上發生時。她的臉、她的聲調、她的呼吸都表明她對某件事感到興奮。她的精力充滿了感染力，賈姬和凱蒂都狐疑地看著她，顯現她們迫不及待想要聽到她會說什麼。

「凱蒂，凱蒂，凱蒂。 我認為這意味著……我認為這意味著……你已經變得夠安全……安全到可以難過。」

凱蒂顯得困惑不解。 她不知道愛麗森在說什麼。

賈姬為凱蒂說話：「愛麗森，你說的是什麼意思，『安全到可以難過』為什麼這麼重要？」

愛麗森現在對著賈姬說話，她很清楚凱蒂會聽她說的每一句話，比她對著凱蒂說的聽得更多。「賈姬，當凱蒂在家裡有不對勁的事發生時，凱蒂通常都會生氣。她生氣，是因為她需要確保她夠強硬，足以應付任何困擾她的事情。生氣往往讓人感覺更堅強。可是這一次，她讓自己可以難過。難過她摔倒，難過她們不得不回家，結束她們的散步。她並沒有因為黛安帶她回家而生氣，她是難過她們不得不回家。」

「我還是不確定你說要夠安全去感覺難過的意思。」賈姬說，更多是為凱蒂而說，而不是為她自己。

「賈姬，當凱蒂是一個真正小女孩的時候，一個真正的、真正的小女孩，在她出生後不久，當她和莎莉及麥克一起生活時，她很可能常常感到難過。她可能會餓了、冷了、孤單了，這是嬰兒經常發生的事情，她就會哭泣。她當然會哭。這就是嬰兒在難過時所做的事情——而大多數嬰兒的爸爸或媽媽會來看看是什麼讓他們不開心，並且照顧他們。可是，就只是談論這事，就讓人感到難過，賈姬，當凱蒂還是個嬰兒，甚至可能在她出生後幾個月，當凱蒂經常哭的時候，莎莉或麥克沒有來她身邊照顧她。她哭了之後並沒有變得更快樂，因為他們沒有充分地照顧她。沒有照顧，凱蒂可能就讓這難過的情緒消失。她發現如果她能讓它們消失，她也會讓她的不快樂變得更小。她什麼都感覺不到！過了一陣子，她可能注意到有一種感覺讓她覺得好一點。所以有時候，當她不快樂的時候，因為她需要的事物：食物、要做的事情、陪她玩等沒有獲得，這會讓她生氣。不是難過，是生氣！當她對某事感到不滿，當她感到不安全時，生氣的感覺幫助她感到堅強。」

「真是讓人難過，愛麗森，非常難過，當凱蒂在哭的時候，莎莉和麥克沒有照顧好她。」

「你能告訴賈姬這有多難嗎，凱蒂？」愛麗森問道。

「你告訴她。」凱蒂現在習慣叫愛麗森為她說話，雖然她有時會糾正愛麗森，說這不是她的想法或感覺。

「好的，凱蒂。」轉向賈姬，再次以凱蒂的聲音，語氣中傳達著脆弱，愛麗森說：「賈姬，這很難。真的很難。當我很小的時候，不是很記得，但我想確實我有在哭。因為我餓了或是害怕或是冷或需要尿布。他們沒有來。當我哭的時候，他們沒有來……所以我不再哭了，因為他們沒有出現的時候，哭只會變得更糟。」

「為什麼，凱蒂，哭會讓事情變得更糟？」賈姬問。

「因為……因為當我哭了，他們沒有來……我覺得非常孤單。 如果我沒有哭，我就不會感到孤單。」

愛麗森說話的時候，凱蒂和賈姬相互凝視，眼中湧出幾滴眼淚。賈姬擁抱著凱蒂，愛麗森身子往後靠，等了一會兒。凱蒂的情緒跟著這些話起伏。有一段時間，凱蒂非語言地回應，意識到她渴望被媽媽照顧。這正是愛麗森想要的。每次一段時間，漸進地為一個七歲的女孩建立一個新的生活方式。生命的塑造是以信任和相關性的悲傷與慰藉、快樂與喜悅分享為基礎。每次一段時間。

過了一會兒，愛麗森說：「好吧，凱蒂小孩，別再這樣依偎。我現在想要談談別的事。」

「為什麼黛安也哭了，她沒有受傷呀？」凱蒂問，讓愛麗森驚奇的是，凱蒂對她哭的這件事想要持續了解。

「很好的問題，小孩，很好的問題。黛安感覺到你的傷心，而那些感覺——你的感受——也讓她感到難過。你的難過彷彿不用話語就在對她說：『這對我來說是很難的。你會照顧我嗎？』她感覺到了，她覺得她想照顧你。你的眼淚在說：『我要你照顧我。』她的眼淚在說：『我想照顧你。』當你在乎的人流眼淚時，你也會流眼淚——充滿愛的淚水。黛安的眼淚讓你的眼淚變少了。」

「媽媽，賈姬，剛剛也哭了。」

「是的，我哭了，凱蒂小孩。」她們都笑了，然後看著愛麗森。

「愛麗森也有哭！」凱蒂似乎很高興。

愛麗森笑了，「是的，我有。 你應該知道為什麼，因為我剛才告訴你的原因。」

「因為你在乎我。」凱蒂笑著說。

愛麗森的眼睛張大：「因為我在乎……」凱蒂似乎很困惑，不知道該說些什麼。

「你們兩人！你們兩個：媽媽和女兒，媽媽和女兒，你們兩人。」

凱蒂又看了一下賈姬，微笑著。

10 月 15 日，史提芬沒有通知賈姬，他在凱蒂下課之後來探訪她。

「我剛好在這附近探望另一個小孩，想到也許可以來和她聊聊、看看她的近況。」

「好的，史提芬，」賈姬在廚房門口說。「就像你看到的，凱蒂剛放學回家，正吃完她的點心。我們正在聊一些她上學的日子，很快我們就要著手把秋天最後的落葉耙成一堆，然後我們會踢一下足球。」

史提芬問：「如果可以，我想也許可以載她出去吃點東西。」

「目前，我不認為這是一個好主意，史提芬，也許有一陣子不要這樣做。當她在學校已經累了一天，回到家後，她要透過我們的生活常規來獲得安全。如果她在學校待了一整天之後，你跟她一起做一些令人意想不到的、興奮的事情，我擔心，我跟她之後就要付出代價。不過我還有一些牛奶和餅乾，你可以加入我們。」

史提芬感到很疑惑，不知該說什麼。他想要詢問賈姬，可是覺得最好不要在凱蒂面前問。他談了一陣子，然後跟賈姬約好在凱蒂上學之後，他會再過來拜訪。

兩天之後史提芬到來時，賈姬招待他咖啡和鬆餅，他們坐到桌前。

「我真的不知道那天發生了什麼事情，」史提芬在討論了一些寄養照顧制度裡常見的狀況之後，他對賈姬說。「我以為凱蒂放學回家後會有些空閒時間，她和我可以一起做點什麼。」

「凱蒂需要更親近我，」賈姬說。「就像那天我說的，她正處於麻煩的狀態，如果她要有改變，需要有我在場。她現在空閒時間也做不好。我需要為她做出主要的決定。我知道通常放一些音樂會幫助她放鬆。我可能會和她聊天，看她是否想和我聊。有時我看到她煩躁不安，需要動一下，我會帶著她一起做活動，比如跳彈簧床、接球，或者我在後院設置障礙跑道。但我們通常只有牛奶和餅乾及聊天。在學校過了一天之後，這種平靜的日常生活的開始似乎可以讓她安定下來。她越來越可以接受，而且事實上，和我坐在一起比給她自由去做任何她想做的事，讓她自己惹麻煩，要輕鬆多了。她可能會開始和停止十件不同的事情，每一件都使她比上一次更不快樂。」

「她跟著你多久？」史提芬問。

「大概有兩個星期。」賈姬說。

「兩個星期！」史提芬說，就像是難以置信一般。「那聽起來真的是很嚴厲。她可以期待什麼嗎？如果什麼東西都得不到，為什麼她要去做？」

「史提芬，」賈姬回答，「跟著我不是一種懲罰。必須親近我並不嚴苛。安全依附的學齡前兒童是在父母身邊的時候茁壯成長，然後逐漸享受一定的距離。凱蒂從來沒有這樣過。還有，我不想要她為了想要『得到』東西才去做。獲得外在的獎賞，並不是讓她改變的好法子。我想要她學習如何在我家好好住下來。要做到那樣子，她必須要知道最好跟在我身邊，而且接受我給她的指導。她也需要看到我跟她在一起有多愉悅，而她會變得跟我在一起時感到愉悅、自在，而不是焦慮，或是嘗試要阻止我跟她在一起的愉悅感覺。」

「讓你告訴她該做什麼，她怎麼會喜歡你？」史提芬問。

「她接受我的決定，我們靜靜的坐在一起，她就不需要無時無刻為了操控而焦躁，她就漸漸安定下來，也更接納我的安排。慢慢地，她意識到，這生活常規實際上使她更加專注和調節，更能享受更多的活動，而不會受到過度刺激，或者不斷為了她缺少的東西而反抗。我們之間就沒有任何操控的議題，只是她暫時沒有令她混亂的選擇。可是她不是被處罰，史提芬。我們在一起有很多有趣及好玩的活動。」

「可是她已經超過七歲了，賈姬。你的方式不就是把她當成一個嬰兒嗎？」

「很棒，你看到了。我對待她的方式，跟父母對待一個一、兩歲幼兒很相似，」賈姬說。「我需要對她有警覺性，而且要指導她。她幫助我，我幫助她做各種各樣的活動，其中一些可以叫做家務，另一些你可能稱為一起玩樂。我花很多時間跟她快樂地在一起，和她玩，讓她成為我生活的重心，就像一個媽媽跟一個學步兒在一起一樣。有時候當她『坐著』的時候，她也許會安靜的做點事或是遊玩。通常我會跟她一起唱歌、做蛋糕、撫摸她、和她大笑。我們也有可能只是靜靜的坐在一起，或在屋裡跳舞。可是我們是在一起。」

「聽起來沒有那麼糟糕，我只是擔心那會有點像是一種處罰。」史提芬說。

「這完全不是一種處罰，史提芬，」賈姬說。「這是滋養和保護，而且符合她大部分的基本需求。在很多方面，她沒有七歲孩子的成熟，無法給她七歲孩子的對待方式。情緒上，她是一個學步兒，在某程度上，她需要讓我負責她的生活狀況。」

「至於什麼是處罰，史提芬，」賈姬繼續說：「處罰是父母為了避免孩子朝向負面發展及減少問題所做的措施，像是孩子一再出現偏差行為時，給她五分鐘的隔離，或是不准看電視，或是沒有甜點吃，然而孩子可能仍會一次又一次從事同樣的行為。好一個讓孩子重複經驗失敗的陷阱！

而那就是所謂正確的方法嗎？在我看來，當我們給孩子很多很多的選擇，而大多數時候，孩子對自己所做的事情不成功或不滿意時，這也是一種懲罰。所以他一直被強制找新事情來做。因此，當一個孩子無法從錯誤中學習，我們就要拿走孩子可以犯更多錯誤的機會，直到孩子可以從中學習。對我來說，當孩子無法調節自己的情緒、想法或行為，從而變得不受控制而陷入麻煩的時候，這是一種懲罰。我會不斷意識到凱蒂是否在一個特定的情況下或一天中的某個時間出現失調，我必須要有一些活動來幫助她維持調節，或如果她失去控制時，可以再次調節。」

「可是，如果後果是孩子可以承擔的，那不是可以給孩子有機會學習？」史提芬問。

「當她在被要求的事情上都一再失敗，我們提供的是什麼樣的機會？父母需要做出判斷：孩子有能力，還是沒能力選擇做一些讓自己成功和樂趣的事情？如果我很確定她會做錯誤的事情，我不會給她選擇。我會提供她很多監督、跟我一起參與練習或好玩的活動，或是任何的事，直到我對她有信心，她能真的比較可以為了自己的最佳利益做出選擇。或是我判斷她能從錯誤中學習。」

「好吧，」史提芬說。「我希望兩、三個星期之後，可以聽到你說，凱蒂更能知道什麼是最適合她的，然後有更多的自由做選擇。」

「希望我可以，史提芬，」賈姬說。「相信我，這對我並不容易，我是要花很多心思在凱蒂身上的。我只知道，如果她可以得到我傳給她的最基本訊息，當我漸進放鬆時，她就會有進步。」

「什麼是基本訊息？」史提芬問。

「那就是媽媽帶給孩子的安全感、愛，和各種樂趣，以及那些感覺很好的事情。她可以信任我，真的信任我，我的動機是做我認為對她最好的事情。她也不會為了不同意我做出對她最好的事情而惹上麻煩。跟媽媽在一起，是可以學習到美好生活所需的。一旦這些真理對她變成事實時，她就會讓我成為她的一部分，而她會感到安全，也想得到歡笑和愛，無論是和我一起或沒有我時。」

「你剛說的，讓我比較了解，賈姬，」史提芬說。「可是，如果你能提供我一些實際例子，這可以幫助我跟我的督導做解釋。」

「可以的，史提芬，」賈姬說。「我每天都有記錄下來，是要把它帶到治療時間用的。我會再詳細一點，給你一份拷貝。」

「太好了，賈姬。那對我會很有幫助。」

賈姬的日記

1994年10月16日

一如往常，我走出廚房，跟馬克講了一分鐘話。溫西狂吠。當我回去廚房時，凱蒂很鎮靜的坐在桌子前，溫西在角落那邊，注視著凱蒂然後看著我。牠跛行的走向我這裡，她把牠的腳弄傷了！她又再次使我生氣。每一個生物在我家都要得到安全保護！當我還要告訴她我對她的愛，和我會承諾教導她如何正確的對待溫西時，我在掙扎，但我還是說了。而且有一個新的決定是溫西是完全禁止跟她單獨在一起，如果我們在起居室，而溫西走進來的時候，我們必須要離開。除非有人願意全部時間監督她，她不能跟溫西在同一個房間。她還是要幫忙清理溫西的食盤和水碗，我不會信任她餵牠食物。我覺得她可能嫉妒溫西多麼容易就能表現出牠對我們的愛，以及我們對牠的愛。

1994年10月18日

離開了廚房一陣子，滿地都是麥片。凱蒂「不知道」為什麼它們會在那裡。我告訴她，因為她單獨跟它們在一起，她有責任阻止它們從盒子內跳出來。所以，她需要把它們全部送回盒子內。已經給了她足夠多的時間把它們撿起來，我注意到地上還是有許多麥片。我從地上鏟起了一些，把它們放在她的衣服內。接下來是憤怒。為了扯平，我叫她放一些在我的衣服內。她當然最想這麼做了。我把一些放在她的頭髮上，她也對我照做。我們共同分享一杯蘋果汁。我們比賽看誰能撿起最多剩下的麥片，她贏得了一把藍莓，這讓她感到驚喜。晚了一個小時才把她送到學校。放學之後，她找到剩下的麥片，發現麥片是一條通往鞦韆的路。她埋怨而且把一些肉丟到餐桌上，當馬克吃完甜點的時候，她也吃完了晚餐。在睡覺前，我在她臉上塗上可以洗掉的色彩，而她也在我臉上塗。馬克照了拍立得。她可以接受我在睡覺時抱著她。

1994 年 10 月 19 日

放學回家後心情很愉快也很願意幫忙。我們安靜地聊天，然後用紙蓋在桌子上，畫了幾幅畫。稍後，要求學校的女同學這個星期六是否可以來家裡玩。回應她說不可以。她愉快的心情下降，拒絕幫忙我在晚餐前清理廚房。丟掃帚，坐在椅子上拿著掃帚及簸箕一陣子。我們都想要掃帚，所以我們同意她用掃帚，我用簸箕組打掃一半房間，然後交換。我們確實把廚房打掃乾淨。今天吃她最喜歡的食物——披薩。她埋怨她那一份的臘腸太少。她從麥修那裡搶了一片臘腸，她要從她那份裡給他三片臘腸，她把披薩丟掉。被要求離開餐桌，我替她感到難過，她最喜歡的一餐遇到這麼大的麻煩。晚上睡覺時，我們玩了「媽媽，我可以嗎？」每當我叫她「媽媽」

的時候，她大笑。她接受我按摩她的背和很安靜的唱搖籃曲。

1994年10月20日

放學回到家，她把書包、學習單丟在走廊。所以延後吃點心，除非她的書包也平安到家。她很努力的想要讓大孩子幫她拿進來，最後，她自己把它用力的丟到廚房的角落裡。她必須要把書包放在衣櫥附近的桌子上，最後它總算在那裡了，可是不久就是晚餐時間，所以沒有點心。她很生氣，所以她拒絕吃晚飯。最後，等我們吃完之後再吃。她只吃了一小部分，似乎想要用這方式來懲罰我。我告訴她我喜歡吃得飽飽的，而我很驚訝她不是這樣子。睡覺時，她並不多說，可是會參與跟我用舊被單玩友善的拔河遊戲。輕搖她讓她靜下來。還是很驚訝，她的情緒狀態怎麼可以跟她之前的狀態毫無關聯，那只不過在一分鐘前發生的。

1994年10月22日

週六共同做家務事，相當平靜。她用洗手間後五分鐘就不見人，她偷了黛安的青少年雜誌。我在她的床底找到一部分，她不知道是誰放在那裡的。她要做一本圖書，是有關她要為黛安做的五件事。不管任何時候，只要黛安給她任何一張特殊任務的圖片，她就要放下她目前所做的事，為黛安做事。我畫了我為凱蒂做的「任務」圖片。當她給我一張圖片，我會放下我正在做的事為她做：一碗冰淇淋、一小時的電視、給她鋪床，和給她一本著色本。這讓她很驚訝，可是她很快就恢復了心情，她在看電視和著色的時候，她吃著她的冰淇淋。她踩到地毯上的蠟筆，把一些冰淇淋弄到沙發上。我給她一桶肥皂水和吸塵器。我抱抱她，她衣服上的肥皂水弄到我，我對此大驚小怪的，把更多的肥皂水弄到我的衣服上，然後抱著她。我們放聲大笑，而那聲音似乎很陌生。她坐在廚房，聽我跟黛安聊天，直到吃飯時間。事實上，這是十天以來，第一次，她可以跟全家人一起完成吃飯時間。

1994年10月23日

我們中途離開教會，她在講道時不斷打呵欠和打嗝。星期日下午，花了些時間睡午覺和給牧師寫信道歉。三次大聲的打嗝後（「我不是故意的」），星期天的晚餐，其餘的人都吃完了，她才吃。在睡前安靜時間，凱蒂和我玩黛安的兩個舊娃娃。其實，她讓其中一個娃娃坐在她身邊，打另外一個娃娃。我搖著一個娃娃，當我要抱著她搖時，她沒有拒絕。

1994年10月24日

今天下午在結束治療之後，她變得較退縮。把重點放在麥克對她的傷害，對她似乎很困難。在家，我跟她一起做鬆餅的時候，她問為什麼莎莉不保護她的安全。沒有眼神接觸。然後她把豆子打翻了，我要她趕快撿。當她在撿豆子的時候，發現了櫃子底下有兩塊之前掉的麥片，她笑了起來。晚餐之後，我發現她想要拿走馬克要給學生打分數的報告。很不尋常的，她盯上了馬克的東西。跟她對麥克生氣有關係嗎？給馬克寫信道歉，然後是安靜時間。更多的抱著她輕搖安撫。

1994年10月25日

在學校發現下星期是萬聖節。她很震驚她不可以裝扮，也不可以出去要糖果。找到藉口來攻擊我，在她平靜下來之前，我必須先抱住她抑制一會兒（這幾週內的第一次）。事實上她在聽到我說她不可以像其他孩子在萬聖節一樣，對她的難過同理時，她滴下了幾滴眼淚（這是少數幾次她在愛麗森辦公室以外流淚）。在晚餐之後，當我們唱「王老先生有塊地」和「巴士上的輪子」時，出現了很多歡樂。

1994年10月26日

吃早餐時生氣大叫，因為她要吃薄餅而得到的是燕麥片。她沒有換好上學的衣服，搭不到校車。她堅持要我開車送她到學校。我說我太忙，在這段她應該在學校的時間裡，我們一起做家事和功課。下午時間，這之前是她坐校車回到家的時候，跟我玩遊戲，我假裝她是我做的薑餅麵包，我要吃她。

1994年10月27日

靜靜的去上學。我歡迎她回家，給她點心，然後要掙扎一下才能一起把事情完成，甚至是那些愉快的事情。生氣了三十分鐘，但還是在晚餐前完成了活動。吃掉大部分她的晚餐，可是她被要求坐在窗戶旁的椅子上，因為她在約翰告訴我們今天發生的事情時，大吼大叫。我猜她覺得應該先得到她的允許。睡覺時很好，我們在鏡子前面模仿彼此。當她看著鏡子的時候，我描著她的臉。她似乎看得很入迷，我的手指能使她的皮膚產生感覺。

1994年10月28日

我的薄外套不見了。我在她的衣櫥裡找到它，而且也同時找到一些有大便及濕濕的內褲。她不知道為什麼它們會在那裡。她要把它們洗兩次。我們一起把所有東西從衣櫥裡搬出來，讓空氣流通。要留下大空間以方便我可以檢查。一些衣服和玩具要放在閣樓。她大叫，說我「偷」她的東西。我說我是因為要保護它們，以免被尿弄壞。在睡覺時，我對她唱歌、抱著她、跟她講故事。

1994年10月29日

我們星期六早上的活動，對凱蒂來說並不順利。當我正在洗碗的同時，她在掃廚房的地。當我第三次指示她去掃時，因為那裡還有碎片，她大叫在一分鐘前是沒有的。我不管她，可是一分鐘之後，我開始大聲的說，有人把髒碗放到我的洗碗水裡。我跑進客廳，向黛安大叫，然後我又跑出去向馬克大叫。當我回來的時候，我大叫又有另一個碗放在水裡，我跺腳，然後跑到我的房間，用力關門。事實上，凱蒂在那時候是很安靜的，而且也把地掃完。黛安建議他們其中一個拿一杯水給我。凱蒂想要黛安去，但她跟著黛安進入我的臥室。凱蒂、黛安和我在房裡大笑。然後在午餐時，我埋怨因為大叫了很多次，喉嚨感到疼痛。

評論

這章提到的第一次治療，愛麗森設法持續前一次治療的努力，凱蒂可以對尿在織布的事，覺察到自己沒有價值感而哭出來。這次，她要帶領凱蒂回到她的過去，讓她可以感覺到相似的自我沒價值感的裡面藏著的淚水，是她對被莎莉拒絕所做出的回應。可看到的一道圍住心臟的牆壁，誘導出對「小嬰兒凱蒂」的同理，以便讓她可以容忍再度經驗早年的絕望，縱然只是短暫時刻。

透過把她的絕望、孤單、生氣及隨之而來被遺棄的感覺與莎莉連繫起來，凱蒂可以開始去經驗賈姬跟她的第一個媽媽是不同的。然後，當她經驗到過去的痛苦時，她才比較可以允許賈姬來安撫她。當正在經驗痛苦時，能夠被安撫，及接受安撫，是促進依附關係的主要互動方式。夠安全去悲傷難過，是這過程的主要特徵。悲傷需要經歷一種可能讓人恐懼的脆弱感。我們不能對那些不讓自己變得脆弱的孩子感到生氣；相反的，我們應該設法幫助他們體驗更大的安全感。

在另一次治療時間，愛麗森把焦點放在增加凱蒂覺察她對賈姬大部分時間陪伴她的矛盾感受。她想要幫助凱蒂感受到，當她跟莎莉和麥克住的時候，她的「自由」其實是一種遺棄，而且那個經驗很痛苦。她想要凱蒂透過賈姬的持續陪伴，與莎莉在一起時真實的孤立做對照，她會開始有些許覺察到目前的舒服及安全感。

愛麗森常常帶頭與凱蒂一起創作故事，這有助於她理解她的過去及其對現在的影響。這些故事也會喚起她多年來的一些痛苦。這一次她不會感到孤單；她將從賈姬和愛麗森身上經驗到同理。一旦關鍵主題出現，愛麗森就會替凱蒂告訴賈姬故事。她借用凱蒂的聲音和語言，這使得凱蒂更深入地體驗故事的面貌。在 DDP 治療中，治療師一定要清楚的表示，她的說法只是猜想孩子有可能會怎麼想或是會有什麼感覺。治療師也要很清楚的告知，如果孩子有其他的想法及感覺，他可以糾正治療師並且說出他的感覺。很多時候孩子會接受治療師代替他說出來，並且經驗到這溝通就像是他自己在表達一般。

日復一日的，賈姬為凱蒂做出規定，使她可以安全地在真實情感的成熟程度內運作，是她最終可以獲得進步的關鍵，對很多在生命早期缺乏促進情感發展的孩子而言，有其決定性影響。為凱蒂生活提供相當程度的結構和監督，賈姬才可以把她當成是一個學步兒一般來養育。她給凱蒂符合學步兒的監督以及身體上的接近，如果她要把賈姬看作是她可信任的人，這是凱蒂需要的。賈姬幾乎為凱蒂做每一個選擇，因為她在選擇什麼是對自己最好的能力上，發展很弱。凱蒂嚴重缺乏對自己內在狀態的覺察，使她無法知道如何為自己做選擇。漸進地，凱蒂可以接受她需要讓賈姬帶領她決定她們一起做的活動。賈姬要盡量安排好一天的活動，以確保凱蒂能有不同的動與靜活動，有一些是做家事，還有其他不同有趣的活動，那是她需要的經驗。

對凱蒂來說，每天都給予「媽媽時間」或是與賈姬在一起那滋養和好玩的經驗，每天的生活有高度結構是很重要的，對治療也有益處。也出於這原因，凱蒂是不需要去贏得「媽媽時間」。倘若把「媽媽時間」的給予，當成在好的行為表現之下的交換條件是不妥當的，那只會削弱這時間對凱蒂的無條件價值的重要性。不管凱蒂的行為表現如何，她從賈姬那裡得到好玩及愛的經驗，就像是一個學步兒，在一個健康的家庭中常常獲得那些經驗一樣。

持續具有發展創傷行為的孩子，他們的情感自我（affective self）部分，是沒有得到統整的。她可以在瞬間，從憤怒轉移到快樂，再到害怕，然後安靜下來。所以，凱蒂常常在一天大部分時間中，出現非常憤怒及抗拒賈姬，然後又很投入及接受在睡前她在「媽媽時間」中的滋養經驗。這事實並不是說，她在「媽媽時間」的表現及行為是操控或是不真實。她在那時間中所做的，跟她在反抗時間中所做的，都是一樣真實。在「媽媽時間」中，凱蒂可以表現那個「自我」，是跟一個滋養及好玩的媽媽協調一致。在許多其他時間，她表現出那個「自我」是不同的、孤單和怨恨的，而且是充滿羞愧感、缺乏統整。當凱蒂無法跟賈姬有那調和經驗出現時，她是不可能維持她那「好的自我」。當賈姬離開之後，她那小小及微弱的「好的自我」很快就不見，隱藏到那緊張的「壞的自我」裡。唯有透過跟賈姬發展出安全的依附關係——「好的」及「壞的」賈姬，有滋養及管束的賈姬——凱蒂才可以統整她那「好的」及「壞的」自我。當她最終能內化這整體的賈姬，她才可以保有她那整體及有價值感的自我感，而不再需要賈姬持續不斷身體和心理上的在場。如果賈姬和愛麗森在未來可以促進凱蒂對賈姬發展出安全感，很重要的是，她們能夠漸進地，透過 PACE，不管凱蒂的阻撓，誘出她對那些調和經驗的完全投入，在那裡，健康的自我便能開始綻放。

第12章

感恩節的晚餐

感恩節即將來臨，凱蒂在賈姬家已有五個半月的時間。對賈姬來說就像是過了五年一般。唯一對凱蒂可預測的事情，是她總是想要控制每一個狀況。她會做盡各種她所想到的事情，來控制賈姬和家中其他成員。有時候她似乎比較平靜，因為賈姬掌管她生活裡的每一個時間。可是她渴求再拿到控制權的心意是從來沒有停止的。她仍然抗拒許多日常的要求、易怒、可能具破壞性的，及經常暴躁和發脾氣。她也許有幾天可以跟賈姬合作，並且似乎對她的生活感到滿意。當賈姬給她一點自由的時候，凱蒂會趁機再次掌控並且破壞先前的努力。但她仍然有些許的進步，賈姬決定，她會找機會帶她和其他家人參加感恩節晚餐。此外，在假期間，找一個可以照顧凱蒂的人是不可能的，賈姬不想留在家中跟凱蒂過感恩節，因為她的家人都會在她媽媽家那裡度過。

感恩節那天，凱勒一家人旅行去賓士威鎮，到賈姬的媽媽莎拉家吃傳統晚餐。賈姬的姊姊珍和弟弟托尼，還有他們的家人也會來，他們多年以來都是一起度過這節日。賈姬很少看到珍，她跟她的家人住在康乃狄克州。托尼在法明頓的緬因大學工作，所以賈姬可以常常跟他見面。因此，托尼清楚蓋比和凱蒂的事，雖然他不了解他們，可是他知道照顧寄養童是需要很多工作，而且經常要用不同的方式來教養孩子。莎拉曾經想要去了解，當然她有她自己的意見，有時候她會向女兒表達自己的觀點。珍有她自己的生活，她從來不了解她的妹妹為她的寄養孩子所做的事。賈姬並不期望跟她的家人有一頓輕鬆的感恩節晚餐，她仍然感覺到，她準備好要面對凱蒂有可能增加的反叛行為。凱蒂看到那麼多的觀眾在那裡，她企圖實驗新的方式來激怒賈姬，很明顯的，她要看看她是否更可以逃避懲罰；或她可以因賈姬的困窘，而感到滿足；或可能在公共場合中因產生過多的焦慮而無法處理，或提供通常不會給的選擇。有時候，賈姬就是不知道是什麼導致了她越來越具有挑戰性的行為。

當賈姬忙著協助母親準備食物的時候，馬克會看著凱蒂。凱蒂已經跟托尼的孩子（納森及雅特）很熟悉。他們跟她在一起的時候，都很小心他們的玩具及遊戲。珍的孩子，美蓮達和小波就沒有這種心理準備。凱蒂要求要玩美蓮達的遊戲機，馬克建議他們玩別的，可是美蓮達的爸爸羅伯表示凱蒂可以玩美蓮達的遊戲機。當凱蒂贏不了的時候，她把它摔到地上。遊戲機被弄壞了，美蓮達在抗議，羅伯仍舊表示他對凱蒂的諒解和寬容。馬克說如果它不能修好，凱蒂會賠償。凱蒂對這個決定大叫起來，當馬克堅持別的孩子可以持續在地上玩，她必須坐在他的旁邊時，她甚至叫得更大聲。珍從廚房走進來想要幫忙，當她知道問題所在時，她為了使馬克安心，表示凱蒂不需要賠償那遊戲機，因為凱蒂不是故意摔壞的。馬克堅持如果有需要時，凱蒂要負責賠償。珍很想要協助凱蒂不再難過，她告訴凱蒂不用擔心，因為珍知道它可以修好。她抱著凱蒂的肩膀，而且建議凱蒂到廚房，幫忙把水果放到盤子上，然後把它們拿到桌上。凱蒂微笑，很高興的跟她走。她找到了靠山。

凱蒂對珍百般討好，賈姬帶著些許輕鬆和一絲不安看著她們。如果現在她告訴她的姊姊一些凱蒂的行為，她是不會相信的。賈姬可以預估這只會帶來更多的評論，像是「不可能會那麼壞」、「她只不過是一個小女孩！」或是「你會不會對她有點太過要求？」

當大家圍坐在桌上時，賈姬發現凱蒂想要坐在珍的旁邊。她表示凱蒂最好坐在她身邊。珍堅持凱蒂可以坐到她旁邊，那是沒有問題的。賈姬努力讓自己不要變得「過分」，她同意了。珍很樂意幫助凱蒂拿到她要吃的東西，雖然賈姬很明顯的知道凱蒂已經可以自己做到。

珍為凱蒂準備了一個盤子，那像天使般的孩子微笑起來，向她道謝。當珍把放肉汁的碗擺在自己旁邊時，凱蒂靜靜的問她說，她可不可以自己把肉汁淋在馬鈴薯泥上。珍微笑，給她杓子，然後轉去跟莎拉說話。凱蒂把一隻手抓住碗，然後把杓子放進肉汁裡。輕輕一笑，清楚地注意到自己在做什麼，她把碗翻倒了，肉汁流出桌子，再流到珍的大腿上。賈姬看到整個過程，大叫：「凱蒂！」而珍剛好叫出來，她從椅子上跳起來，跑向廚房的水槽去。其他親戚嚇呆的坐著，看到成河的肉汁，漸漸從桌布流向火雞那裡。莎拉跑到廚房幫忙珍時，賈姬趕緊到凱蒂那裡，陪同她離開桌子到客廳去。

「我看到你做了什麼，凱蒂，我對你所做的非常生氣！」賈姬向她大叫。「珍對你很好，而你做了那樣不好的事來回報她。」凱蒂只是大叫：「我要吃晚餐！」來回應賈姬。

羅伯跟著賈姬和凱蒂到客廳去，他說：「我很確定那只是一個意外，賈姬。不要對她那麼嚴厲。」

「這不是個意外，」賈姬說。「我正在看著她，她是故意的。」

羅伯不知道該說什麼，所以他走到廚房去看他太太的狀況。幾分鐘之後，珍和莎拉走進客廳。

「我沒事了，凱蒂，」珍說。「那肉汁是很熱，可是我沒有被燙傷。我要去換裙子，我確定，我可以把那髒汙的地方弄掉。」

「我很抱歉剛剛發生的事情，珍，」賈姬說。「凱蒂，告訴珍，你為對她所做的事感到抱歉。」

「對不起，珍。」凱蒂用最甜美的聲音說。

「可以了，凱蒂。我知道你不是故意的。」珍回答。

「她是故意的，珍，而那是不可以的。」賈姬說。

「我想我們應該要忘了它，賈姬，」珍說。「我確定那只是一個意外。我們何不全都回去享用我們的晚餐？」

「幾分鐘之後我會過來，珍，」賈姬說。「凱蒂會和我一起坐在這裡，我要搞清楚該怎麼做。她可能要坐在我旁邊，或者我們可能要和你們分開吃飯。」

「沒有必要的，賈姬，」珍堅持。「我說我已經沒事了，我只想忘掉它。」

「對凱蒂是需要的，珍，」賈姬說。「那不是一個意外，而我需要確保晚餐期間不會有其他事情發生。」

珍越來越懊惱的看著賈姬。莎拉試著想要解決她們的衝突，她對賈姬說：「寶貝，為什麼不等晚一點才給她小小的懲罰呢？這是感恩節晚餐，我想要我們一起享用。」

「我知道你想要，媽。你們還是可以一起享用晚餐。可是凱蒂和我將會一起吃，而且是在其他人吃完之後。或者她和我可以在廚房裡吃，如果這對你來說會更好。」賈姬溫和的跟她媽媽說。她真的不想要跟她媽媽爭論。她決定，由於在沒有珍的支持下，即使凱蒂在她身邊，她也不想回到餐桌上。

「你比凱蒂還有問題，賈姬，為什麼你不聽媽的說法去做？」珍還是很懊惱。

「我不可以。我要做對凱蒂最好的方式。」賈姬堅定的回答。

「好吧，也許你是錯的。也許對我們所有人最好的，是放下這件事，讓我們有一個美好的晚餐。」珍的聲音變得更大聲。

「我也許是錯的，可是我對凱蒂是有責任的，而我要做我認為對凱蒂最好的事情。」賈姬說。

「為什麼你不想想看家裡其他成員？而不只是你想要的。」珍叫吼著。

「我不需要對家裡其他成員負責任，可是我對凱蒂是有責任的，她和我不會和家裡的其他人一起在餐桌吃飯！」賈姬的聲音開始提高。

「如果她不吃，我也不要吃！」珍叫著，而且轉身離開。

莎拉很難過的看著賈姬：「求求你，賈姬，讓我們全部人坐在一起吃飯，這對我來說是很有意義的。我們很難得聚在一起。而我不想你跟珍爭吵。」

賈姬感到她的眼淚快要掉到她的臉頰。她深呼吸：「我很抱歉，媽。你不了解凱蒂。過去五個月，為了她，我很努力的去做，我不能現在就放棄她，否則那會讓她一下子倒退回去。」

賈姬注視著她的媽媽，等待她對她的話語有些許了解，以及對她的決定的接納。她媽媽只是站在那裡，並沒有說什麼。賈姬知道，她不會得到她想要的支持。

「我很抱歉，媽。我想現在最好我跟馬克帶著孩子先離開。」莎拉還是沒有回應。賈姬牽著凱蒂的手，走到飯廳，她看著馬克。

「我們最好現在回家。我想今天無法這樣度過。」賈姬安靜地說。

「走吧，孩子們，我們在回家途中買東西吃。」馬克邊說邊起身。

在門口時，賈姬再次轉向媽媽那裡。「媽媽，有這樣的結果，我真的很抱歉，明天我會跟你電話聯絡。」當莎拉站在她的椅子旁點頭時，珍沒有出現。

托尼離開桌子走到門口，他抱著賈姬。「會沒有問題的，姊。你就做你認為最好的事。媽和珍會沒事的。」

「謝謝你，托尼。」賈姬的淚水又再滴下。「我知道你是對的。」

在回家途中，賈姬坐在前座，凝視著前方的道路。她聽到黛安對凱蒂說了好幾句生氣的話，凱蒂向她大吼，黛安對凱蒂大叫，馬克告訴黛安，她的話並不能幫忙解決這狀況。賈姬沒有力氣說任何事情。她只想到她媽媽看著她，責備她所做的決定。最後賈姬想到凱蒂在看到她跟莎拉和珍爭吵的時候，凱蒂是什麼模樣。她知道凱蒂一定會感到很興奮和很有權力。現在賈姬無法讓自己看凱蒂的臉，她知道如果看了她，凱蒂會對著她微笑。而如果真是如此，她會非常痛恨凱蒂，而且她不會隱藏她對凱蒂的藐視。

那天晚上，馬克照顧凱蒂和帶她去睡覺。賈姬一直跟她保持距離，她無法對她同理，也無法跟她有互動，她不想嘗試。

不久馬克來到賈姬身旁坐在沙發上。他抓住她的手。她向著他微笑，感到非常的疲倦和難過。

她慢慢地開始說話：「我想我會被她打敗，馬克。我可以為蓋比做下去，可是我不知道我是否可以繼續為她做下去。我給她那麼多，而她把那該死的肉汁打翻來傷害我。她知道會發生什麼，我真的相信她是知道的。現在我甚至覺得她是個惡魔，儘管我討厭自己這樣想。她對我來說實在太難。」

她靠在馬克身上啜泣著。過了一陣子之後，她說：「我不想要再愛那孩子。為什麼我還要愛她？『喜歡孩子而不喜歡他們的行為』那是鬼扯。我不喜歡那孩子，我不想再愛她。為什麼我無法停止愛她？」

「親愛的，那就是你。那就是在那麼多原因之中，我之所以愛你的原因。不管你怎麼樣決定，我知道是最好的。我會全力的支持你。如果你想讓其他人來養育凱蒂，就讓其他人來養育凱蒂。如果你認為你要繼續跟她一起，她就留下來。如果我真的認為她離開是最好，而你認為她應該留下來，我肯定會說我們需要討論這個問題。但是現在我真的相信，我們有機會做到，如果你想繼續努力下去，你做大部分的工作，而我們其他人則支持你。如果你想要她留下，我會盡力給你更多的協助。」

「也許我不想要再管。也許我不想要負起把這孩子帶進人類世界的責任。也許我不想要對她的生活負起責任了！她的問題和需求似乎無止境。我很害怕她會把我也拉下去，而我將會跟任何人都處不好。」

「我了解你，我也了解自己。沒有一個孩子有這個能力，而她也無法做到。」馬克說。「可是如果你要她搬到別的地方去，我可以理解而且也會支持你。」

賈姬看著馬克，她微笑，給他一個親吻。「謝謝你投這信任的一票。」她笑著說。「我期望我能分辨什麼是最好的。我現在不能。也許我需要先睡一覺。」

第二天當她醒來的時候，賈姬感覺到從未有過的沮喪。她期望在新的一天，她能夠發現她對她的生活和她的家人，保有她往常的熱忱。可是今天沒有，此時此刻沒有。也許她該給愛麗森一通電話，告訴她有關她感恩節那天的不幸。當她躺著時，她聽到馬克發出聲音及在伸懶腰，那麼多年跟他的相處，她知道他快要醒來。婚姻當中得來的特別待遇！你可以在最快的時間，預測到你的丈夫在張開眼睛前，會弄出多少及哪一種呻吟。馬克朝向她給她一個擁抱。

「早安，親愛的，」賈姬說。「你可以照顧凱蒂吃早餐嗎？我需要躺在這裡一陣子，想一些事情。」

「可以的，賈姬。」馬克很快地說。賈姬不願起床是非常的不尋常。「你有什麼要跟我討論的嗎？」

「不是現在。」賈姬回應。馬克起床，穿上衣服，直接去查看凱蒂。凱勒家一天的開始，就是有人確定凱蒂在何處。

賈姬單純的躺在床上，她看著放在書桌上，她媽媽和奶奶的照片。那照片大概是她媽媽十歲的時候照的，而奶奶那時候很迷人。她可以想像當她還是小孩子的時候，她們站在那裡，在那棵老橡樹下，看著賈姬自己在盪鞦韆。在她的童年，去探訪奶奶是她最快樂的時光。

當她的思維在激盪時，她開始禱告。她並不是刻意去祈禱，但也並不驚訝自己會這樣做。當她在生活中不確定自己該怎麼辦時，她會這樣做。她的禱告帶領她穿越過無數次對凱蒂的衝突想法及感覺。從禱告中她覺察到她姊姊對她的拒絕，還有她對凱蒂在感恩節的行為產生的羞愧感。突然，她發現她有多需要凱蒂符合她的期望，讓她可以聽到親人讚賞她跟凱蒂工作的成效。那樣的覺察使一切變得不一樣。也許她可以跟愛麗森談論有關的想法，讓她可以獲得協助知道該如何做。

賈姬並不期望去跟凱蒂談論有關昨晚的事情，但事實上這比她想像的還容易。她知道凱蒂需要聽什麼，所以她就說凱蒂要聽的。

「凱蒂，」賈姬在早餐桌上，只剩下她跟凱蒂的時候，她說：「昨天你設法對我們所有人做出搗亂晚餐的事情，我相信你注意到我有多難過，還有珍跟我彼此有多生氣。我真的很氣你，而我也很確定你是知道的。」

凱蒂在聽，可是不知道這對話會如何下去。賈姬繼續：「當我靜下來之後，我了解到我應該讓你坐到我身邊，就算珍不了解這是為什麼。她只是沒有像我那麼認識你。而且，也許我不應該帶你到我媽媽家，我可以找人在家看著你。你還沒有準備好享受家庭假日，我很抱歉，我沒有想到這一點。下次你不需要去，如果我認為你還沒有準備好。」

「馬克跟我會為家人在今天準備一個特別的晚餐。我想你坐在我旁邊，你會好好吃。」

賈姬站起來，親了凱蒂額頭一下。凱蒂繼續繃著臉，可是她並沒有發脾氣。賈姬的說法一定讓她感到驚訝，她不知道該如何回應。因為凱蒂只想做一些事情，好讓她可以獲得操控，她需要在發脾氣之前，先等候及找出是什麼可以讓她把能量放在發脾氣上。

「你真的經歷了很多，賈姬，」11 月 30 日的治療時間，愛麗森說。

「你大概很想把那些肉汁倒在凱蒂身上。」

「我不想再看到肉汁，愛麗森。紅莓醬可以，可是不要肉汁。」

「你今天看起來似乎比較好一點。」

「的確，愛麗森，我是有比較好一點。第二天早上我想了很多，似乎可以協助我得到一些洞察。有馬克的理解和支持真的是很好。我想我已經準備好繼續跟凱蒂一起，但也許我們需要多談一下。」

「賈姬，你想是什麼讓你覺得那麼難？」愛麗森好奇。

「就是她故意讓我在我媽和珍的面前生氣。」

「是什麼讓你覺得有她們在會比較困難？」

「我不是很確定，愛麗森，可是，我覺得有時候，我很需要我媽媽肯定我所做的，而當我沒有得到的時候，真的會讓我感到不安。」

愛麗森點點頭，她們靜靜的坐了一陣子，直到賈姬繼續說：「我媽媽是一個好人，而我知道她愛我。我真的知道⋯⋯我從來沒有懷疑過⋯⋯我想⋯⋯可是有時候因為某種原因我有一個感覺⋯⋯她可能對我失望。某方面來說那沒理由⋯⋯可是我就是不能確定，我就是無法真的確定。」

「賈姬，你可以給我一個例子，是你懷疑媽媽對你的接納及愛嗎？」

「不是愛，愛麗森，我真的不覺得我懷疑她對我的愛。而是接納，對，就是接納⋯⋯有一次，我猜大概是我十歲的時候，珍是十三歲吧。在一個星期六，媽離開家，她要到她媽媽家協助一些事情，她要我在那天下午，一定要把我自己的房間整理好，而且還要在花園裡幫忙一些事情。最後我只讀我的書和看電視，全然忘記了她的交代。當她回到家的時候，看到我什麼都沒有做，她很生氣，可是主要都是用她那看著我的眼神來表達。她看著我的方式，讓我覺得我真的讓她失望，我傷害了她。而我覺得好像⋯⋯好像她認為我是故意那樣做。好像我想要傷害她。我對她會對我有那樣的想法，感到很害怕。然後我想也許她是對的。也許我是自私的，都不在乎是否傷害到她。我知道這聲音很微小，愛麗森，可是它似乎是很重要的。我想我常常有那樣的想法在，就是她對我感到失望，因為我對她不夠細心。她對我付出了好多，而我卻不能為她做件小小的事情。她是如此的辛勞，而我似乎不在乎或是根本沒有注意到。」

賈姬眼中充滿淚水，而她的思緒正徘徊在她的童年。她突然變得比較有活力，她說：「珍似乎從來都沒有得到那樣的眼神，珍似乎永遠做得到媽告訴她的。媽似乎跟她在一起就會很高興，她就像是我媽年輕時的翻版。我就是無法跟她比。在我媽心中，我從來沒有像她那樣有地位。我從來也沒有像她一樣好。」接下來是一片寂靜。

「那對你一定很難受，如果你媽似乎從來都沒有真正的接納你，或是為你感到驕傲，看起來她對珍是感到驕傲，你在過去那麼多年是如何應對？」

「我想，大部分時候，我就是很盡力去討好她。可是似乎從來都沒有成功過，我總會做一些不對的事情。而我也會對珍做一些不好的事情。有時候我真的很恨她。然後媽會因為我對珍做出惡意的事情，而生我的氣。她似乎覺得珍是一個很棒的大姊！為什麼我不喜歡她？在她為我做了所有的事之後！」

「所以看起來你媽和珍在很多方面都很相似，也有很親近的連結。你都處在外圍，你媽看起來對你失望，而珍似乎對你生氣。」

「是的，可是不要對她們誤會，愛麗森。她們不是壞人。媽真的愛我，我知道。而她很努力也真的盡力了。珍也的確在很多方面都在協助我。」

「是什麼讓你決定要告訴我這些，賈姬？你在這裡已經提過很多次，你知道你媽是愛你的。」

「她們是好⋯⋯她們是好⋯⋯人。而對你說出這些事情，似乎是⋯⋯在某方面來說那是不對的。」

「因為⋯⋯」愛麗森安靜地說。

「因為那感覺就像是我很自私去說出那些有關她們的事，特別是對媽的部分。就像是我都把自己放在優先，而對她為我所做的事，一點都不感激。」

「也許她還是對你失望，如果她知道你告訴我有關你對她的感覺及想法。」

「對，愛麗森，她會。」眼淚在賈姬的臉頰上流下來。「而她有權利這樣子，為什麼我不能對她有更多的感激？」

愛麗森坐了一陣子，凝視著賈姬的眼睛，還有她那羞愧的淚水。在同理賈姬的同時，她自己也流下眼淚，她也感覺到賈姬在搜尋她的眼睛，徵詢著想要知道她眼淚的意義所在。然後她靜靜的說：「賈姬，對我來說，問題不是你為什麼不能對你媽為你所做的事更為感激，我的感覺是你真的感謝她。我認為問題更多是在於何以你那麼難接受你自己對在那時候媽媽跟你的連結有一些失望感。」

「可是我沒有權利對她失望，愛麗森。她從來都沒有對我不好。她是好媽媽！」

「過去我們不曾有太多機會探索你和媽媽的關係。有時候，賈姬，你似乎經驗到你媽媽對你的失望……不是真的接納你……認為你故意做一些事讓她的生活更困難……對你來說，似乎你覺得，她認為你不會為她對你所做的一切感恩……你是自私的。」

「可是也許她是對的，愛麗森。也許我應該更努力去做她要我做的事，讓她的日子好過一點。」

「或是……」愛麗森說。

「也許……，」賈姬在困惑。還有什麼其他的解釋？接下來是更多的靜默。

最後愛麗森說，幾乎是在低語：「也許你只是十歲的孩子……而且也許你不是想要讓她的生活更困難……也許如果你的媽媽真的覺得你是自私的，她是錯的。」

賈姬開始哭起來。在幾分鐘之後，愛麗森伸出手，握住她的手。賈姬看著她，以近似哀求的語氣，提出她的下一個問題：「可是為什麼，愛麗森，為什麼她會認為我是故意讓她不快樂，如果我真的不是？」

「我不知道，賈姬。我只知道你當時是十歲。也許那答案藏在她的童年裡。也許是在她跟她媽媽的關係裡。」

想了一下子後，賈姬說：「愛麗森，媽有一次曾經說過，她媽媽教她如何工作，然後一轉身教我如何玩。我們花了一整天在外婆家，當在開車回家途中，她笑著這樣說。可是我覺得當她在告訴我的時候，她似乎是很難過。」

「聽起來，你的外婆在教導你媽媽如何工作上做得很好。而我懷疑你媽媽是否真的感到她的母親是接納她的。我懷疑你媽媽會困惑自己是否夠好，或有時候她會認為自己是自私、不夠努力的。」

「哎呀！」賈姬似乎被自己浮現的想法嚇一跳。「媽認為我正在做的是：自私及想要傷她；就像是外婆覺得她在做的事！我知道真的是如此！那樣合理多了！這使得其他事情更加可理解！」

「你對孩子時候的自己，了解了些什麼嗎？賈姬？」

賈姬又開始哭起來。她看著愛麗森回答：「這表示媽是錯的。我不是想要傷害她！我不想要她不快樂！我當時只有十歲。媽錯了！我不自私。我不是不懂感謝！」當賈姬說話時，她深深地凝視著愛麗森的眼睛。賈姬想要在她的眼睛裡尋找什麼，她在尋找她開始了解到的，愛麗森也了解到的確認。當她凝視著愛麗森的眼睛時，她童年的記憶似乎用更容易的方式，更深層的連結在一起。事情似乎更清楚明白！」

「愛麗森，你知道，我媽是真的愛我。我知道。可是我感覺到只有當我做到了她認可的事時，她才會愛我。在其他時候，當我讓她失望時，我知道她愛我，可是真的感覺不到。當我跟外婆在一起的時候，我常常會覺得她愛我，不管我做了什麼。甚至她開始對我沒耐性，我還是可以感受到她的愛。可是跟我媽就不是這樣。」

「愛麗森，我從來沒有真的、真的感到對我媽有安全感。是的，我跟她在一起是安全的，可是那愛與接納的感覺……那真的可以使人感到安全……我不認為只有我單獨一人時我真的可以感受到，像我跟奶奶在一起時那樣。跟媽媽，我可以在我討好她時感覺得到。」賈姬的想法現在在她的腦海中奔騰。

「愛麗森，在某方面，我不認為我可以像現在這般看到自己。以前，我沒有體認到自己是一個孩子，像現在這樣。我不是自私，那是一種不好的感覺，我當時是一個小孩。我不認為我媽了解我是誰、我的內在，或是至少某些部分的我。那也許就是為什麼我也不清楚它們。我過去是……我現在是……一個好人。我沒有什麼好感到羞愧，我沒有什麼是需要去改變的。的確，我會犯錯。我會犯錯，可是跟**我**需要去改變沒有關係！我只是要改正我的錯誤，我的立意是好的。我從來沒有嘗試要讓我媽不快樂！我從來都沒有！我現在知道了！」

賈姬微笑，凝視著愛麗森的眼睛。

「而你也知道！」

「是的，我也知道。」愛麗森回答，她們微笑著。

過了一陣子，愛麗森問：「凱蒂何以跟這有關？」

「我想在感恩節那天，凱蒂的行為，讓我再一次認為我故意在做一些事情去傷害我的媽媽。而我感覺到我姊和我媽都是對的，再次的，我是失敗的女兒和失敗的妹妹。而且我現在也想到，我認為凱蒂是故意做一些事來傷害我，就像是我做一些事來傷害我的媽媽。可是不同的是，媽和珍沒有看到。現在凱蒂跟她們聯合，她們接納凱蒂，對我感到失望！怪不得我會那麼生氣。怪不得我會那麼氣凱蒂，和媽，和珍……和我自己。」

在這過程中，賈姬偶爾與愛麗森眼神接觸，淚水和微笑還有放鬆接踵而至。

「你現在弄清楚了這些事之後，對你持續撫養凱蒂方面有什麼意義嗎？」

「我想那意義是我目前做得很好。我想那意義是，那模式從我奶奶傳給我母親，而從我媽傳給我，不能再從我這裡轉移到凱蒂那裡。如果我媽對我為了凱蒂所做的決定感到『受傷』，我媽是會感到『受傷』，我不是故意傷害她。如果凱蒂對我做出不當行為，或是甚至真的故意做一些什麼來傷害我，她的目的不是針對我個人，而是針對她自己的媽媽、她的被虐，及她的人生。我不需要想她是衝著我來的，她的行為大多是跟她的過去和她的痛苦有關，更甚於我的緣故。而我跟凱蒂的關係跟我和我媽媽的關係沒有關聯。事實上，我開始想到我和凱蒂的關係，是迫使我去看到我跟我媽的關係，而這是必須正視的。」

「我聽到你說，你會持續對凱蒂做出承諾。」

「我對她可以有承諾。比過去還要多。」

「賈姬，何不想想看邀請你媽跟你一起來和我見面。為何不讓莎拉、你和我，談談有關你剛才的發現，及你跟我說的話？」

這時候，在賈姬的臉上露出焦慮不安的神情。「那有必要嗎？」

「沒有，賈姬，那不一定要，這完全要看你，當然還有莎拉的意願，如果你決定邀請她。我只是想，與其你自己在心中忖度，她若知道你說出跟她有關的那些事會對你失望，還不如你跟她在這裡把話說開來，你就可以知道她是否真的對你失望。不管是否要安排諮商，對你努力想要了解你是誰，和你想要跟媽媽在未來的關係是如何，也許都有幫助。」

「哇！真的告訴我媽一些我剛才對你說的事情？哇！真的告訴她！」

「是的，考慮看看。」

「我會的，愛麗森。謝謝你給我這機會。我會考慮。」賈姬在笑。

「還有一件事，賈姬，我們過去曾經討論過的蓋比問題。不跟你的童年有關，也不是你與母親或姊姊的關係問題所引起。我說的是封鎖照顧。持續照顧一個似乎不想讓你照顧她的孩子，是非常具有挑戰性的。你可能可以做你的工作，但你會開始出現力不從心。這也是為什麼要持續照顧凱蒂是很難的另一個原因。」

「謝謝你提醒我，愛麗森；這太有道理了！如果沒有跡象表明我的照顧對蓋比來說意味著什麼，我無法想像，我可以一直照顧著他。所以當我在一個特別辛苦的一天或一週之後，覺得自己不在乎她時，我並不自私。這只是我的大腦在做它的事情！」

「賈姬，你不自私。至少不是你說的意思。這可能是因為你的大腦正在保護你免受凱蒂持續拒絕的痛苦。它在保護你，使你情緒上變得更加冷漠，讓你的行為做出繼續照顧，但你的內心卻並不感到在意。」

「愛麗森，我無法告訴你這有多幫助我。我不是自私的。」

「賈姬，你今天肯定弄清楚了一些事情。我現在可以把凱蒂帶來嗎？」

「可以！」

當愛麗森從椅子上起來的時候，最後緊握了一下賈姬的手，賈姬用紙巾把淚水擦去。

愛麗森跟往常一樣把凱蒂帶進房間，「這是凱蒂小孩。很高興再次看到你，凱蒂小孩！」愛麗森向她微笑的時候，凱蒂正坐到通常她在沙發上的位置，在賈姬及愛麗森之間。

「小孩，看來你沒有像往常的快樂，發生了什麼？」

「沒有。」

「哇，凱蒂，聽起來好像有什麼事發生，如果你要告訴我是什麼，你可以這樣說：『我今天不想來這愚蠢的治療，愛麗森，而我不會跟你說話！』是這樣嗎，凱蒂？」

「我不想在這裡，這治療是愚蠢的！」

「哇！我猜對了！凱蒂謝謝你告訴我，謝謝你讓我知道你今天真的不想要在這裡！好吧，如果你不想說，我就數你的手指頭。我看……1、2、3、4、5 在那邊……10、9、8、7、6。那裡有 5 和 6，11 根。什麼？你有 11 根手指頭！你跟我開玩笑！怎麼可能？讓我再數一次……1、2、3、4、5 在那隻手。現在 10、9、8、7、6！6 和 5，哇，你真的有 11 根手指頭。真是不可思議的事，小孩。」

「我沒有六根手指頭在那隻手。」凱蒂說。她沒有笑，而她的眼神接觸是很弱的。愛麗森馬上知道，今天凱蒂的狀況不會像往常那麼容易參與。

「當然你一隻手上只有五根手指頭。」

「5 和 5 是 10。」凱蒂說。

「你真的很懂數數，小孩。我很確定我不再跟你惡作劇。」

今天，凱蒂在治療中顯得很被動，這氣氛表示她對即將會發生什麼，有著不確定的期待。假如她是要表達她覺得無聊和對浪費她的時間很煩的話，她真的會表現得淋漓盡致。

「我的天，凱蒂，」愛麗森開始說：「你似乎真的不想待在這裡。對我來說，你好像想說：『我想要離開，我不喜歡這裡。我不想要說任何事！我不想要想任何事！我不想要感覺任何事！我不想要做任何事！讓我走，我要離開！』我猜如果你想告訴我什麼的話，這些就是你想要告訴我的事是嗎？」

凱蒂繼續保持安靜和一臉的不高興。

「就是那樣，凱蒂。當我跟你媽在說話的時候，看你不說話，好像很不高興。」愛麗森平淡的說，眼睛看向賈姬。

「賈姬，凱蒂似乎對現在要在這裡覺得很不快樂。你有任何想法，是什麼事情讓她如此煩惱？」

「我們開車到這裡來的時候，她好像沒有任何生氣的表示，愛麗森。

我不知道現在她腦子裡在想什麼？」賈姬說。

「一定有什麼事讓她如此，」愛麗森說。「自上次我跟她見面之後，有什麼事發生了嗎？」

「我們全家人都過了一個最困難的感恩節，愛麗森。或許是這件事讓她覺得煩。」賈姬說。

「沒有事情讓我煩！」凱蒂大叫。

「哇，你叫得好大聲，孩子。也許一些有關感恩節的事情在你腦海裡。」愛麗森說。

「不，才不是！」凱蒂大叫。

「發生了什麼，賈姬，會讓她現在這麼生氣？」

「愛麗森，我們去我媽媽家吃感恩節晚餐。當我們坐下來吃的時候，凱蒂把肉汁打翻在我姊姊的大腿上，所以她得離開餐桌。」

「那是意外！」凱蒂大叫。

「凱蒂讓我姊姊和媽媽都認為是意外，可是在她打翻之前，我看到她微笑，我知道她是故意的。」賈姬說。

「我沒有！你在說謊！你在說謊！」凱蒂向著賈姬大叫。

「你真的對你媽媽好生氣，凱蒂。」

「我好生氣！我恨她！」

「你覺得她為什麼那麼氣你，賈姬？」愛麗森問。

「愛麗森，我不確定。也許是因為我們都在她做了這些事之後離開，其他的孩子也對她很生氣。我想她喜歡讓珍、羅伯和我媽媽站在她那一邊，但起不了作用。」賈姬說。

「可是她氣你都是因為她總是不能做一些她不該做的事。一般來說，她不會對你那麼生氣。」

「你說得對，愛麗森。也許因為我對她所做的做出反應。」

「你的反應是什麼，賈姬？」愛麗森問。

「我對她做的事非常生氣。你看，我媽媽和姊姊都很生氣，而我們要提早離開。我哭得很傷心，黛安向凱蒂大叫。整個回家的路上和那天晚上，我都沒有跟凱蒂講話。那是唯一一次我在她做錯事之後，不跟她說話。」

「賈姬，我猜你是對的。大概凱蒂氣你的原因，是因為這次你對她非常生氣。」愛麗森說。

她轉向凱蒂那裡：「我猜你在對自己說：『為什麼她要對我那麼生氣？』媽媽不應該那麼生氣的！她是不可以對我那麼生氣的！是嗎，凱蒂？」

凱蒂一語不發，她往沙發那裡看。

「噢，凱蒂，現在我明白了。怪不得你那麼氣你的媽媽！你知道她以前不曾這麼生氣！你不知道那是什麼意思！也許她會生氣到不會停止。也許她會像莎莉一樣！」愛麗森一動也不動的坐著有好一陣子，然後她身體往前傾，安靜的說：「你想她也許在討厭你……你想她也許不會再愛你……你想她……也許……不想再當你的媽媽。」

凱蒂依舊沒有任何動靜。愛麗森更安靜的說：「你一定有一些感到……難過……和害怕。……怪不得你那麼氣……你的媽媽。」

愛麗森開始去撫摸凱蒂的頭髮。

「不要這樣！」凱蒂向著愛麗森大叫。

「你現在可以靠近凱蒂嗎？賈姬，她在氣我說出了當你對她生氣時，這對她是很難受的想法。」

賈姬靠近凱蒂，然後握住她的手。凱蒂沒有動，沒有向著她或是遠離她。

愛麗森低語著：「凱蒂，凱蒂，這會好難、好傷心、好害怕，……凱蒂，凱蒂，這好難、好傷心哪……凱蒂……」

「**不要這樣說！**」凱蒂大叫：「**不要這樣說！**」

賈姬輕輕地摟住凱蒂，開始溫柔地搖著她，而愛麗森重複著那些話語，第二次把它傳遞到凱蒂的心靈裡。凱蒂再次叫起來。賈姬坐著抱住她的女兒，感到很矛盾，希望停止這一切，也希望它永遠不要停止。

凱蒂持續尖叫著：「閉嘴！閉嘴！閉嘴！」雖然愛麗森已經沒有在說話。當時間一分一秒的過去，叫聲在改變。原本充滿了憤怒，現在它們越來越彌漫著絕望，她的叫聲成為了在某一個晚上被遺棄的哭喊。

愛麗森再一次的低語著：「凱蒂……凱蒂……好難過……凱蒂……凱蒂……好害怕。」

凱蒂也持續的哭著，彷彿要永遠的持續著。

賈姬把凱蒂抱到她的大腿上，就像是抱著一個在哭的小小孩一樣。凱蒂把她的臉深深的埋在賈姬的胸口裡。

「我的凱蒂……我的凱蒂……你是安全的……你跟媽媽在一起。我愛你，凱蒂……我愛我的凱蒂。」賈姬低語著。凱蒂抱著她，賈姬感到凱蒂的手指深入她的兩側，凱蒂抱住她就像是一個小嬰兒。充滿害怕、絕望的小嬰兒。

愛麗森走到書架的角落，她打開了音樂播放器。她的播放器裡常常都會有一些音樂 CD ，在適當的時候可以播放出來，就像現在這時候。她選擇了一片含有各種搖籃曲的 CD，充滿溫和及愛的音調。愛麗森有點遲疑是否要播放這曲子，因為她認為這可能會過度鼓勵凱蒂成為一個嬰兒的感覺，引發她對抗。但凱蒂可以接受。

賈姬不再說什麼。她開始慢慢的搖，有時候跟著搖籃曲哼唱。愛麗森單純的在看著。她不存在於賈姬和凱蒂中間，她們兩人現在在她們自己的世界裡。這世界比愛麗森要說和要做的，更能夠治癒和傳達到凱蒂那裡。

最後愛麗森關掉了音樂，表示這次治療結束。沒有什麼需要多說。沒有什麼她應該說的。當賈姬和凱蒂站起來靜靜地要離開的時候，她注視著她們一陣子，她走過去抱著她們兩人。

評論

當凱蒂把肉汁打翻在賈姬姊姊身上的時候，她正在做出有發展性創傷兒童經常出現的行為。從一個行動中，她破壞了一個家庭的慶祝活動，分裂賈姬和她的親人，引發對賈姬的憤怒和拒絕，然後從她所創造的混亂中獲取快樂。類似凱蒂那樣的孩子，在感恩節晚餐中，是無法避免出現最壞的行為的。他們無法忍受這種共融的快樂和相互的支持，他們也無法忍受其他人有那樣的經驗。對他們來說，比較渴望去經驗他們能夠破壞一切經驗的能力，然後證實他們對自我的看法是正確的，他們是孤立和惡劣的。

賈姬對凱蒂的反應，可以被理解是受到羞愧的動力所引發，跟凱蒂有些相似，她也飽受羞愧之苦，但是當然不像凱蒂的羞愧那麼意義深遠。在賈姬內在的認定裡，她是一個有能力、好的治療性寄養父母。然而凱蒂的行為，很少讓她的能力得到肯定，賈姬很容易會從那些重要人物的肯定與否定中受到傷害。她想要在她的姊姊和媽媽身上得到肯定。凱蒂很有可能敏感到這一點，她利用這樣的機會去傷害賈姬，以及測試她能否繼續做出承諾。姊姊和媽媽的批評引發賈姬對自己的懷疑，也觸發了她的羞愧感，因此帶來她對凱蒂的憤怒。賈姬無法在那時候統整她的憤怒，她採取暫時跟凱蒂保持距離。

賈姬的行為是很尋常的反應，在企圖撫養那些持續拒絕他們的孩子的父母身上是常見的。這是由於封鎖照顧的神經心理學現實，以及源自於個人依附歷史的脆弱性兩者。他們的孩子很少肯定他們是好父母。孩子的反抗行為不斷在暗示，他們要用某些基本方式來讓這些父母不及格。他們的付出往往得到的反應是：「就只有這樣嗎？我還想要多一點！」或是「我不想要那樣，我想要這樣！」在面對孩子的拒絕時，他們轉向朋友及親人那裡去獲得支持和肯定，他們目前生活中的嚴格考驗是有意義的，而他們的努力是有價值的。但通常，他們只接收到疑惑、建議，和批評他們太嚴厲或是太鬆散，好像不管怎麼做，他們都無法符合孩子的需要。當專家、治療師、老師和社工人員跟他們的親人及朋友的意見是一致時，這些父母極度容易陷入羞愧當中。在這樣的狀況下，他們非常難去減輕他們孩子潛藏的羞愧感。當賈姬經驗到自己跟凱蒂的父母是一樣的失敗時，那一刻，她沒有精力或是技巧繼續來教養她。這些時刻累積在一起，導致安置處於危機。

治療師需要確認和說明教養像凱蒂那樣的孩子，父母會有的羞愧感。當父母處於封鎖照顧時，他們最需要的是讓其他重要的成人來照顧他們，這樣才能再次體驗照顧孩子的初衷。如果有父母兩人，他們在面對孩子的拒絕時，需要團結地相互支持。另一個重要的支持來源，往往是來自於其他父母親，他們是真正了解撫養這些行為源自於發展性創傷的孩子是怎麼回事。這些同儕最知道什麼樣的支持是最有用的。而且有一位可以了解及支持的治療師也相當重要，他（她）能知道孩子的症狀及需要，並知道教養這些孩子的策略，以及所需的支持，使得父母可以有機會適當地養育他們的孩子。

賈姬對凱蒂行為強烈的反應，是因為它觸動了賈姬自己的依附歷史——她跟母親莎拉的依附關係。當賈姬小時候，她常常懷疑莎拉是否接納她這個人。當她討好媽媽的時候，她感覺到愛；可是當她做了一些什麼不討好媽媽的事時，她感到自己是孤立的。這樣的裂痕往往沒有修復，賈姬的疑慮增強，是因為她經驗到莎拉把她看成是故意要做一些事情來引起莎拉的不安。這個看法（莎拉對她的看法）催化了賈姬對自己的不當行為反應是羞愧而不是自責。一項行為會跟羞愧連結上而引發創傷經驗，乃是因為我們對他人的意圖賦予意義，或是我們認為他們對我們的意圖賦予意義，而不是行為本身。

研究顯示，寄養父母或是領養父母的依附類型，是一個斷定他們的寄養或領養孩子可否跟他們建立安全依附關係的重要因素（雖然不是唯一的因素)。這並不難理解，因為依附模式行為是相互授受的，可以如常態般由父母傳給孩子，也可以是從孩子傳給父母。凱蒂的行為很明確觸動了賈姬的類型模式。如果賈姬的模式是「安全」(或是「自主」，這是用在成人的依附分類)，她就比較容易維持在心理上的安全，可以在凱蒂不安時安守在旁，給予愛的反應和有彈性的態度，以利凱蒂有能力去整合她的經驗。可是，如果賈姬內在某程度上有類似「不安全」的依附，她自己也陷入心理上的不安全，她對凱蒂的反應就會出現危機，沒有足夠的情感去統整及做出回應。

賈姬向愛麗森說出她對感恩節晚餐的反應，才比較可以調整跟那事件有關的情感，然後她才可以了解到這對她的意義是什麼。在某種意義上，也才能將她帶回安全感當中，並解決在童年類似和自己媽媽之間的經驗。愛麗森跟她共同調節羞愧的情感，而且與她共同創造對媽媽不當行為的新意義，賈姬才可以更能夠陪伴凱蒂去處理有關晚餐事件，及在未來有可能發生的類似事件。

有時候，賈姬與愛麗森能有一次這番對話，對相互主觀經驗的化解及統整是很重要的。某些時候，未能解決的依附模式較廣泛，需要大量的探索才能得知那信任關係的內部狀況。還有些時候，這些模式是如此的滲透，它們可能會妨礙一個人成功地撫養一個有發展性創傷的孩子。若要父母更有能力去養育他們的孩子，不管領養或是寄養父母，不論其依附問題是輕微或是較廣泛，治療師一定要在安全關係內，開放地提出這些議題。

在治療時，愛麗森把更多焦點放在賈姬對凱蒂行為的反應，而並非在行為本身。她抓住凱蒂在治療開始就抗拒的線索，那是凱蒂很少出現的狀況。凱蒂正在防衛，她緊張的情緒經驗似乎超出了她通常強度的情緒反應。感恩節晚餐事件最不尋常的地方，不是她的行為，而是賈姬的行為。賈姬在那天回來，對凱蒂情緒封閉，這做法觸發了凱蒂的情感反應，就像當初莎莉拒絕她時一樣的反應。賈姬使凱蒂感到害怕，任何她跟賈姬已建立的關係，也許現在就會結束。賈姬現在可以很確定她堅持要離開。凱蒂最後顯現了她自己會被賈姬討厭，和把她趕走的那部分的她了。

允許凱蒂覺察和承認她的害怕，她害怕真的被賈姬拒絕，愛麗森可以帶領她去表達她目前所感受到的深層絕望。透過憤怒，凱蒂剛開始抗拒愛麗森的帶領。不久，凱蒂可以對愛麗森和賈姬的同理及愛的態度做出反應，她允許自己可以完全地把情感表達出來，並且可以接受賈姬的同理和持續的承諾。

第13章

賈姬與莎拉

在與愛麗森會面後，賈姬有一種輕鬆和自在的感覺使她為之精神煥發。那天晚上，她很興奮的跟馬克談到她對媽媽關係上的洞察，以及那是如何影響到她自己在教養孩子的行為上。在回憶起黛安早年，她開始看到她早期跟女兒的互動與目前狀況是如何的相似，雖然與凱蒂的關係是比較緊張及困難。她決定對女兒給予投入、接納、遊玩及陪伴，而大部分她都做到了。現在她了解到為什麼在早期會是那麼困難。這花了她好多時間自我省思以及跟馬克交談，才讓她了解和接納黛安對她的生氣與反抗，只不過是一般兒童會有的情緒及行為。

跟凱蒂在一起，賈姬再次開始她身為父母的長途旅程。凱蒂對賈姬的憤怒常常使賈姬認為她自己能力不足，雖然馬克和愛麗森持相反的意見。有時候，她無法放下那感覺到自己就是給不夠的感受。有時候，她想要對著凱蒂大叫，告知凱蒂她是一位傑出的媽媽，凱蒂應該學習欣賞她。

幾天之後，賈姬開始覺察到她有些後悔與愛麗森的談話。她擔心她對媽媽太過批判，她對跟愛麗森說出有關她和莎拉的關係感到困擾的看法，她覺得很羞愧。在接下來的兩天，賈姬被她跟母親的關係所困擾。她不斷回想到愛麗森建議她和莎拉可以與她約談。那想法讓她害怕，可是同時也覺察到內心渴求著，想要嘗試跟媽媽分享她的想法，也許這能使她們的關係進入新的領域。接下來幾天，她設法打電話給愛麗森，約時間，打電話給她的媽媽，然後獲得她的同意，在下星期到愛麗森辦公室約談。對她而言似乎是別無選擇。

12 月 10 日，莎拉來到賈姬家，然後她們兩人開車去愛麗森那裡。賈姬焦慮地感謝母親願意陪同她來，也向媽媽致歉，因她把自己的活動挪開。最後莎拉帶著輕微的不耐表達說：「賈姬，你要求我來，所以我才想要來。我不是很確定在這裡做什麼，可是這不重要。我想要在這裡，所以就不需再為要我來而感到抱歉。」在愛麗森迎接她們前，這小小的對話填滿了最後的幾分鐘。

「很感謝你來，莎拉。事實上這會面是我的想法，而賈姬也在考慮了一陣子之後同意。你或許猜到，我想跟你們兩人會面這主意，是來自感恩節在您家裡出現的問題，當賈姬決定最好是讓凱蒂在吃完晚餐前離開。對我來說，似乎對你們兩人都是非常困難的。我認為如果我們可以對此談一下，也許會有幫助，可是更重要的，是要談有關賈姬一些的想法及擔心，似乎在賈姬內在有些事被喚醒了。」

「我可以，愛麗森，雖然我已經差不多忘記這事件。我對這事件沒有生氣。我知道，我並不真的了解凱蒂需要的是什麼。當事件結束後，我知道賈姬一定是對的。就算是不對，至少賈姬是唯一可以做決定的人。我不應該嘗試去改變她的想法。」

「我了解，媽，那是你的家，而你是那麼努力準備一個美好的感恩節。我用了一些時間平復心情之後，我可以了解你的感受。」

在短暫的沉默之後，莎拉微笑的說：「為什麼我們在這裡？」

賈姬覺得更緊張，那是她在愛麗森辦公室時從來沒有過的感覺，處理凱蒂的事和嘗試跟她媽媽說話大不相同。

「媽，這跟凱蒂和感恩節無關，雖然有某種程度跟凱蒂和我有關。而我和你……媽，當我跟愛麗森談到有關感恩節的時候，我才發現我有多需要你的肯定。我有多需要你對我有好的想法。當你不同意我的時候，對我來說有多困難。」

「賈姬，我當然肯定你，是真的。你是我的女兒！你做什麼對我來說都是好的。」

「媽，我常常沒有這種感覺。」

「你的意思是什麼？我從來都沒有批評你在生活上的決定！」莎拉看起來感到疑惑，而且在某程度上對她女兒說的話感到受傷。

「我知道你沒有，媽，可是……對我來說似乎在某方面……只是你沒有……我從來都……你是比較喜歡珍多於喜歡我。」

「噢，賈姬，你怎麼會這樣講？我愛你就像愛你的姊姊一樣。而我一直都是！」

「可是媽，她似乎常常都可以做到你想要她做的事，而我卻總是帶給你麻煩。」

「可是她比你大，而你總是比她更活躍。我也許對你有比較多的糾正，可是我對你跟對她沒有兩樣。」

「我覺得她才是你喜歡的。她是好女兒，而我還是不夠好。」

莎拉似乎很震驚。「這不是真的，賈姬！不要這樣想。我是同樣愛你們！」

愛麗森想要幫忙。「莎拉，對於賈姬也許想要說的部分，我可以說說我的看法嗎？」

「可以。」

「我想賈姬知道你愛她就像你愛珍一樣多。我想，有時候，不管為了任何原因，她覺得獲得很少的肯定及接納。並不是說你給得很少，是她經驗到很少。」

「可是我真的愛她……或接納她像珍那麼多……我向來如此。她要相信我！」莎拉開始感到苦惱。

「莎拉，我聽得出你對女兒體會到這些年來跟你的關係，你感到苦惱。我可以了解你為什麼很想……很想再給她保證，你沒有那樣的想法……你沒有對她失望……」

「我沒有！」

「莎拉，不知你是否可以，如果可以幫助你的女兒，而我相信是可以的，現在不要對她再做保證。現在，只要嘗試想像她曾經有過的經驗——而我知道對你來說很痛苦，就像任何媽媽一樣——她有的經驗有多困難，如果她總是認為你對她失望，對她是很難的。事實上到底是不是，現在不重要，而是她當時的想法。」

「可是！……」

「我知道現在我們要求你做的事，對你很難……如果她認為你對她失望……」

莎拉一動也不動的坐著，最初是感到震驚、緊張、憂慮。然後她望著賈姬的眼睛，看到她女兒的眼淚。她想要說不是如此，她真的接納她！然後她聽到愛麗森的話再次出現在她腦海裡：「如果她認為你失望……對她……很難。」莎拉伸出她的手，握著她女兒的手，小聲的說，賈姬幾乎聽不到她所說的話：「我很抱歉……我很抱歉……我不知道你有這種感覺……我很抱歉。」

「謝謝你，媽。」賈姬為媽媽，也為自己所做感到焦慮。「我現在沒有那樣的感覺了。」

愛麗森靜靜地參與他們的對話。「賈姬，你媽現在是真的、真的跟你在一起感受久遠以前的痛。讓她協助你面對，對她並不太難。讓她現在在這裡陪伴你，讓她現在跟你一起。」

賈姬和莎拉安靜地彼此對看著。兩人哭成一團，互相擁抱。

幾分鐘之後，她們分開，賈姬安靜地說：「謝謝你，媽媽。」

愛麗森再次安靜地讓自己進入她們當下的連結：「賈姬，現在多告訴你媽媽一點，你過去跟她在一起的感覺。她想要協助你處理，對她並不容易，可是她可以為了你而堅強。讓她知道，以便她可以了解。」

賈姬的焦慮再次出現。她說的還不夠多嗎？她不想再跟媽媽有更多要求了！她看著愛麗森鎮定及關心的臉孔，在蓋比及凱蒂治療的時候，賈姬已經相信她，她會再次信任她。所以她回到了過去的經驗。

「媽，我知道，有時候我不太受教。而珍真的不會像我犯那麼多的錯。我知道。」她掙扎著如何再進一步表達她的想法，她不想傷害她的媽媽，她要斟酌她的話。

「對我最難的地方，媽……我想……是有時候我會認為你覺得我是自私的。而更對我失望的是，為什麼我會做錯。我覺得我……真的是……如你所認為的，我是自私的。」

「我很抱歉，寶貝……你覺得我對你有這種感覺。」

「然後……有時候我會很希望我是珍……或是像珍。而有些時候，我恨她。你不會認為她是自私的。只有我……我氣我自己。」

兩母女彼此繼續對看，莎拉對她女兒的痛苦是毫不猶疑的同理，帶給賈姬繼續說下去的勇氣。

「媽，我從來沒有恨過你……我真的沒有……我也知道你不恨我。……我只是難過……你有一點對我失望……而我常常覺得我從來不會……從來都不能像珍一樣在你眼中是特別的。」

「噢，寶貝。」莎拉開始移動到賈姬那裡，可是她的女兒用手擋住。

「媽，求你。這太難，可是我需要說完……在感恩節那天，我再次讓你失望。我再次痛恨我自己。而這次我也痛恨凱蒂。我再次造成你的不快樂……而媽，現在……現在……我覺得我告訴你這些事，也許我在讓你失望……我讓你再次不快樂……我很自私……我麻煩你去談我在好多年前就應該放下的事。我只是想到自己，而沒有了解到你已經盡了力。」

賈姬和莎拉彼此注視，賈姬想要莎拉說話，可是她害怕她會聽到的是什麼。莎拉想要說，卻遲疑著，不知道賈姬還有沒有要說的。

最後莎拉無法再多等。「寶貝，我從來都沒有像現在這樣，為你感到驕傲。你有勇氣……」莎拉開始哭起來。賈姬和愛麗森靜靜地等待著。賈姬伸出手來握住媽媽的手。莎拉繼續說：「你有這個勇氣……而我從來都沒有跟我媽媽說出我的感覺……而我的感覺有太多跟你相像！我被說服我一直都不夠好，我被說服我是自私的。我從來都無法告訴她。而你做到了……你是做到了……我很為你驕傲……你就是你……你成為你自己。我很幸運我可以叫你女兒……很幸運你從來沒有放棄我成為你的媽媽。」

她們再次擁抱，賈姬開始哭著，身體微微發抖。莎拉輕輕撫摸她的背和她的頭髮，然後緊緊的抱著她，前後的搖著她，讓她的女兒在她的手臂裡。過了一陣子之後，她親了她的臉頰，然後再次把她拉近自己。

幾分鐘之後，她們稍微挪開了一點，雖然她們的手還是緊握在一起。當她們一起微笑看著愛麗森時，愛麗森說：「我很榮幸剛在這裡跟你們兩人在一起，我很羨慕你們兩人所做的。我為你們感到快樂……和跟你們在一起……在此時此刻。」

評論

當賈姬第一次跟愛麗森談論有關她對自己與母親之間的疑慮時，她開始覺察到這會影響到她和凱蒂的關係。她也看出來，在凱蒂出現某些行為的時候，她的反應幾乎有很多是來自過去與莎拉的互動，而不是反應凱蒂實際的行為。她更覺察到如果她跟媽媽之間有更多了解，她也許可以對凱蒂有更佳的照顧。她提出她跟莎拉的關係，最初的動機，很大部分是為了凱蒂。很多時候，在這種狀況，如果不是為了孩子的需求，很多父母是不容易嘗試去解決及統整他們與自己父母的困難經驗。這促使了賈姬第一次跟愛麗森談論。當日子一天天過去，賈姬漸漸的想要為了自己，去處理跟莎拉的關係，而不是為了凱蒂。

在這故事，莎拉對賈姬的回應，在愛麗森的協助下，證明是非常好的，並增進了她們之間的關係。假使莎拉無法「聽到」賈姬和無法同理她，在愛麗森的辦公室裡，她們兩人就會非常有壓力，而且也無法讓她們的關係穩定發展。這時候，愛麗森可以讓賈姬覺察這些未竟事件中隱藏的危機。因為賈姬是一個成人，生活中的運作也很健全，而且她有來自於丈夫及他人強烈的支持，愛麗森有信心，就算是賈姬想要獲得被了解及肯定的努力遭到莎拉的拒絕，還是可以統整那些經驗的。當愛麗森跟像凱蒂那樣的孩子工作時，在她要求孩子對父母說出他們的脆弱前，她需要更確定父母的能力及意願可以去「聽到」並且對孩子同理。

很多時候，孩子因創傷及依附困難有著嚴重困擾，就像凱蒂一般，會勾起寄養父母及領養父母自己的依附歷史。當他們可以在伴侶、朋友，或是治療師那裡，成功地提出及統整那些經驗，他們常常會在跟孩子相處的態度和能力上，有立即的進展。當他們可以開放地跟父母親談論及統整那些經驗，這樣的進步是很明顯的。甚至即使父母無法跟他們一起再次造訪他們早年的家庭經驗，這樣的探索他們自己的故事，仍然可以促進他們的社會及情緒發展，包括他們的教養能力。當父母願意且可以做到像他們要求自己在掙扎中的孩子去做的事，所有人都可以在這旅程中獲益。

與此同時，確實在某些情況下，像這樣的會面，並不符合父母正在嘗試撫養這樣一個具有挑戰性的孩子的最佳利益。如果賈姬確信莎拉不能聽進她對童年經驗的看法，如果她預期莎拉會對這次會談做出殘酷和拒絕的評論，那麼，考慮不安排這次的會談是合理的，但是要試圖反思那些童年的記憶，以減少相關的羞恥和恐懼的情緒。在這種情況下，尋求愛麗森和馬克的安慰和理解，或者以賈姬個人權益的個別治療，也許是最明智的做法。

第14章
緬因州的冬天

接下來的幾個月就像是坐雲霄飛車。每到一個頂點，凱蒂爆發的憤怒都帶來一些什麼讓她去經驗。她會把自己猛烈的撞到地上，讓她的身體瘀青，把任何靠近她的東西擊倒。生氣似乎是唯一可以讓她進入關係的方式。凱蒂在這裡！如此活躍！有著激情！和那麼多的憎恨！而往往在憎恨的底下，常常是——羞愧感！

在每一個山腳下，她就像身在很遠的地方，迷失在現實裡的某處，完全無法分享。凱蒂不會表達任何情緒，也沒有人碰觸到她的內在世界。她不會要求支持和安慰。在這些時候，賈姬寧可她可以回到頂點時的發怒時間。

可是在1月初時，賈姬第一次注意到凱蒂有其他的特質出現。她可以很自然的笑出來，而且可以很享受跟賈姬和馬克聊天。她的互動很真實，以前從來不曾如此。在結構時間以外，因為賈姬可以持續提供互為主體經驗，凱蒂似乎可以短暫恢復在「媽媽時間」裡的表現。在這些時間裡，她不再有以前的強迫性及操控特質，也不會用她那典型喋喋不休的獨白方式來說話。凱蒂在這些時候，就像是一個「普通」小孩。賈姬沒有告訴凱蒂，只默默觀察。通常她們會很突然的結束，凱蒂會說或做一些事情，讓她們在一起的時間終止在舒服的互惠情緒特質中。賈姬是用分鐘來計算這些進步出現的時間，而不是用小時。她告訴愛麗森這些狀況，她們兩人都微笑並充滿希望。她們很小心不要過度期待這些現象會繼續，她們需要防備失望出現。而且倘若她們過度的期望，凱蒂會敏感察覺到，那會使她再次遠離。她們不期望這些時刻——她們會開放給它們、發現它們、回應它們，以及接納它們的來臨。該來的就會來，它們只是隨著飄雪從天而降的禮物。

凱蒂跟賈姬在一起到目前為止已經有七個月。對許多外人來說，凱蒂一點都沒有改變。愛麗森和賈姬卻知道她有進步。她們已經看到彼此互惠愉悅的時刻，而要操控的狀況似乎消散了。她們看到一個可以被要求去做事情的孩子，而且是能夠平靜去做事的孩子！她們看到一個孩子（有時候）似乎可以表達內在的安全感及滿足感。她們不知道這樣的時刻，是否可以成為她生命中重要的部分。

❖ ❖ ❖

1995 年 1 月 27 日，愛麗森和賈姬，跟史提芬及他的督導凱瑟琳會面。凱瑟琳在去年 6 月的時候已經告訴他們，她會在六個月之後，回顧他們的進度，而她事實上已經多給了他們一個月的時間。史提芬在上兩個月無法經常出現在治療時間裡，所以這次會談也可以協助他得到最新消息。

賈姬簡單報告凱蒂典型的日子中，出現憤怒和防衛、說謊及破壞行為，還有那突破中微亮的一絲平靜。她繼續描述凱蒂如何花很多時間和她一起從事各種實際或愉快的活動，或是在任何房間遊玩著，只要賈姬在場。她提到凱蒂如何常常要跟她一起在家人吃飯前先吃，因為她經常對別人說狠話，或是很粗魯的吃東西，或破壞吃飯時間。她說明凱蒂在她的生日及聖誕節，只拿到幾件小小的禮物，因為更多的東西只會淹沒她，最終導致她失控，及破壞她和其他家人的一天。凱蒂似乎真的可以接受賈姬的擁抱，甚至有時候會要求輕搖她及唱歌給她聽。賈姬對分享那些喜悅的時刻是感到興奮的，她跟凱瑟琳和史提芬說明與凱蒂一起的「媽媽時間」是怎樣的，盼望這可以打開凱蒂的心門，讓她經驗到擁有媽媽的新方式。凱蒂現在可以用另一個方式住在這個家，而不是只受到她潛藏的操控需求所激發。當然，她大部分時間是不能選擇「其他方式」的。她唯一能讓自己得到照顧的時間就是她睡覺前的儀式。

愛麗森談到凱蒂，一般來說，都可以投入在治療時間，可是這要得到很多的支持。愛麗森帶領會談，用一種親近、互為主體的方式跟她連結。愛麗森注意到當凱蒂在探索她的不當行為時，仍然很難不掉進那彷彿是無止境的羞愧感中。這會導致防衛、否認和憤怒的出現。愛麗森說凱蒂會對他們的好奇和接納做出反應，似乎可以比較開放地處理她的羞愧經驗，並可以多一點接受他們的同理，但不是經常如此。她表示這些探索會一直是凱蒂治療時的重點，因為這些是終需經歷的核心所在，為了促進凱蒂整合自我感，和減少她的核心信念：她是一個壞孩子，不值得被愛。這對凱蒂準備信任賈姬的影響很大。愛麗森同時也描述了她、賈姬和凱蒂所共享的那些特殊情緒及親密的治療性的經驗，她認為這是呈現凱蒂在重要和持續安全依附關係上的能力。

「到目前為止，她似乎沒有達到任何可以持久的重大進步。」凱瑟琳提出。「聽起來，她就像兩年前，第一次到寄養家庭時一樣的愛生氣和抗拒。她真的還能夠在一般家庭裡正常生活嗎？」

「那是我們的目標，否則我們不會把她和我們逼得那麼緊，」愛麗森說。「她才七歲。她很聰明，而且是鬥士。我們只要教導她不用跟賈姬敵對，特別是當她感到有困難和最需要賈姬的時候。如果她可以學到，她的未來是會很好的。而且，我不是很同意你說她沒有任何重要性的進展。的確，她沒有持續的、主要的、外顯的改變。可是，她已經呈現較多隱微的改變，她可以有能力忍受緊繃的情緒，以及跟賈姬和我的親密。我認為這是她首次發現到有一個世界是有信任、情感和相互的樂趣。她沒有完全踏入那樣的世界，可是她可以注意到它，而且她的腳趾頭已經被弄濕了。」

「可是她會這樣做嗎，我的意思是真的會這樣子嗎？」凱瑟琳問。

「我不知道。可是我覺得值得一試。我也不知道有誰可以比賈姬更能夠鼓勵她。她對這個孩子已做了很多，而我認為有一天我們會看到成果。」

「你覺得呢，賈姬？」史提芬問。

「我同意愛麗森所說的，」賈姬回答。「我無法預知未來，可是我知道凱蒂有勇氣。她努力地做她認為對她最好的事。問題是我們認為對她最好的，總是跟她所做的不同。她要知道她需要一個媽媽，不是一個僕人。她需要學習如何跟我有樂趣，依賴我，和聽我的話；不是控制我，和想辦法要我拒絕她。」

「她真的差點做到讓你在感恩節拒絕她。」史提芬說。

「是的，真是如此，那次之後就沒有再出現過這樣的行為，我很快的找到方法，搞定了。再沒有火雞肉汁可以打倒我了。」賈姬微笑著說。

「好吧，」凱瑟琳說。「這又帶我們到另一個大問題上，我們需要決定，是否應該著手要求法院終止莎莉和麥克的親職權。她已經被寄養了差不多兩年半的時間，而她的父母並沒有做任何讓她返家的努力。你知道的，她媽媽並不真的很喜歡跟她會面，頂多幾個月見一次，而她對心理治療也不積極。她的爸爸什麼也不做，他們仍繼續住在一起。父母兩人都不認為該對他們虐待或疏忽孩子的行為負責任。他們現在其實已經沒有見治療師，因為他們常不依約出現，也因治療失約，而需要自己付費。」

「對我來說，自從第一次看到這小孩之後，我就覺得她是不會跟她的父母再重聚，」愛麗森說。「不只是因為他們沒有盡力去改變，還有是他們留給凱蒂如此深重的傷害，他們是永遠無法適任撫養她的工作的。如果凱蒂再回去他們那裡，她不可能待得久，這只會讓她受到更多傷害後離開，而她會永遠都不能成功地改變。」

「你是對的，」凱瑟琳說。「可是另一個重要的問題是，法官會問她是否適合被領養。如果我們無法提出成功領養的可能性，我懷疑法官是否會終止她父母的親權。不管她將來是否可以跟她父母建立有意義的關係，法院不喜歡一手造成沒有家庭可收留的孤兒。」

「我了解你的困難，」愛麗森說。「在這時候，就算你找到領養家庭願意撫養她，風險在於領養到最後也會受到破壞。即使領養父母繼續維持他們對她的承諾，在未來她仍然需要很多的協助，除非她有很重大的改變。如果她繼續跟我和賈姬一起，她改變的機會是比較大的。」

「問題是，再下來，這孩子有可能可以被領養嗎？」凱瑟琳問。

「我很有信心凱蒂應該有機會被領養。而我很願意向法官說明，」愛麗森說。「你知道，就算法官同意從現在開始三個月終止他們的父母職權，那也需要六到十二個月讓領養的社工人員了解凱蒂，並且幫她找到合適的家。這能給我跟賈姬更多的時間繼續與她工作，幫助她在領養前能更健康。她現在才七歲，她值得在永久家庭那裡安定下來，我們會很小心，把她分配在合適的家庭裡。」

「因為我們被強制要準備她與親生父母團聚，賈姬，我會很小心注意怎麼去說，」凱瑟琳說。「如果在未來凱蒂父母的親權被終止，你會申請領養這孩子嗎？」

沉默出現，賈姬似乎有一陣子感到呼吸困難。最後她說：「那樣的想法，好多時候閃過我腦海裡，凱瑟琳。想到最後她信任了我，而又要告訴她，她會被其他人領養，那感覺的確是不好受。我跟蓋比曾經出現這樣的狀況。在決定我無法領養他之前，我哭了好久。我有許多理由，可是沒有一個理由可以讓我對這個決定感到好過。主要的理由是我真的很想繼續做寄養媽媽的工作，可以幫助這些有困難的孩子真的學習到母愛。我會想要再做二十年或更久的時間，這表示我可以再有十或十五個孩子。如果我領養了蓋比，就無法繼續成為更多孩子的寄養父母。如果當初我領養了他，我現在就不會有機會跟凱蒂工作了。」

「我沒有真的徹底明白你對凱蒂所做的是什麼，」史提芬說。「現在，我會懷疑這是否是對的。我們是否在設計她，讓她跟賈姬依附只是為了她在一年之後搬到另一個家庭？對她公平嗎？我們是在欺騙嗎？」

「這是一個重要的問題，史提芬，」愛麗森說。「這些年來我得出了三種回應。第一，我們有其他選擇嗎？像凱蒂一般無法建立依附關係的孩子，我深信，她可以跟領養父母建立依附關係的可能性很低。大部分領養父母，沒有興趣為了要領養孩子，而先成為寄養父母。領養父母想給那些可以接受合理照顧的孩子愛心，且對那些可以跟他們同住一處而獲得益處的孩子，提供一個家。凱蒂卻不是這樣的孩子，她需要的照顧非比尋常。除非父母們願意承諾像賈姬一樣的方式去教養她，否則她不會有良好的反應發生。如果我們以誠實的心來看領養父母的未來，如果我們認真看待發展性創傷孩子所需要的教養方針，也許，許多家庭都會望之卻步而不願簽署作為領養父母。而且，我跟賈姬所提供的這種服務方式，在美國的很多州及其他地方都還沒有。這是很新的一個領域，很多心理衛生及社會服務的專業人員都還並不了解。凱蒂需要持續這樣的工作，特別是要支持她轉移到收養。」

「第二，當孩子確定無法成功的返家與親生父母重聚，孩子就需要寄養照顧，從寄養照顧到安置進入領養家庭至少需要兩年或是更多時間，這段時間卻可能妨礙了孩子發展安全依附的能力，這樣的做法真的是為了孩子的最大利益嗎？我們是否可以，或我們是否應該，要求一個孩子在他住在寄養家庭時，不要依賴寄養父母而只靠自己呢？是否寄養父母也不要對孩子太過放在心上，因為寄養只是暫時並不是具有太大意義的關係呢？我會認為這樣的立場是一種情感上的疏忽。將來領養安置之後，適應也很難良好，跟那些與寄養父母建立安全依附的孩子相較之下將是霄壤之別。」

愛麗森繼續說：「第三，根據我的經驗，凱蒂首先學到如何跟賈姬建立依附關係，之後，她也將可以與領養夫婦建立良好的關係。就像賈姬家裡的另外一個寄養童蓋比的經驗一般，當蓋比知道自己將有一個領養家庭時，每天都大哭大鬧。但是這是一種健康的哀悼，他為自己生平第一份可信任的關係將要失落而哭泣。而且在這種哀悼過程中，他還可以有機會在賈姬那裡得到安撫。直到他可以面對領養的時候，他仍然可以花很多時間，跟賈姬訴說他對新家庭的害怕和盼望。最後，當他拿到領養父母的照片時，他也能跟賈姬分享他的興奮。在他學習如何有安全的依附之前，並沒有在他的寄養生活中退卻。他沒有失去他對賈姬的信任，他知道她仍然愛著他，而且希望他得到最好的生活。我們需要告訴寄養童，寄養照顧是暫時的，然而真正的安全依附關係，仍然可能在其中建立依附關係；建立了之後如果又要別離，孩子們也需要在哀悼上得到支持。就像凱蒂，她也知道安置在賈姬家是一個暫時的過程。」

「蓋比現在在領養家庭過得如何？」史提芬問。

「到目前，他住在這個家庭已經有十二個月了，他過得很好，」賈姬說。「他有一陣子很難過，可是現在似乎對他的家感到很安全。他會打電話和寫信給我。顯然，我對他還是很重要的。我想我已經成為他的一個很特別的阿姨。最重要的是，他跟領養媽媽的依附關係似乎很牢固。我的猜測是，現在領養媽媽比我對他在心理層面上更為重要。」

「有一天如果凱蒂要離開的時候，我會很難過，」愛麗森附加說。「可是，我深信，領養是最符合她的需要，而不是長期寄養照顧。如果她能跟賈姬在長期寄養中待在一起，那麼她將比其他經常換家的長期寄養童做得更好。然而，隨著年齡的增長，她會意識到她是一個寄養童，賈姬和馬克在法律上不是她的父母，她也不是他們的女兒。這很可能會破壞她的自我價值感，同時也會損害賈姬和馬克對她的承諾：她對他們來說就像是自己親生孩子一樣，是很特別的。」

凱瑟琳回應：「謝謝你告訴我們你的看法，特別是孩子要跟寄養父母發展出安全依附，才能在被人領養時適應良好。如果孩子不是被寄養父母收養，這真的是一個重要問題。等我們回到辦公室後會研究一下，我想有很大的機會，在春天的法庭上，能夠終止麥克和莎莉對凱蒂的父母職權。」

1995 年 2 月 20 日，凱蒂開始有一個星期的學校假期。跟在家裡的問題相比，她在學校應付得很好。她的老師，羅賓森太太說凱蒂的學業可以跟得上班上同學，而在閱讀方面甚至程度超前。可是她似乎真的不太了解她在讀些什麼。在故事討論方面她是有困難的，而她的老師認為，她很多時候似乎是不太了解主題，以及故事中角色的渴望和動機。

在學校裡她跟同儕在一起相處時，仍然有操控的傾向並有作威作福的樣子。她似乎沒有特別要好的朋友。大多孩子都不確定她對他們會有什麼反應，小心翼翼的跟她保持距離。羅賓森老師認為凱蒂跟同儕比較起來，是社會化不足。她試著用獎賞制度，想要看看是否可以增加凱蒂的行為目標，且減少一些破壞性的行為。當她跟賈姬談論希望也能在家裡實施適合的獎勵方式，以便增加行為改變的效果時，賈姬拒絕了她，並且表示她有一套更完整和有結構的方式，而不需要依賴具體的獎賞來引發凱蒂的動機。羅賓森老師很技巧的告訴賈姬，凱蒂曾告訴她一些在家中會得到的後果承擔。她繼續想要說服賈姬去採用比較正向的方式來處理凱蒂的問題，而不要強調她的負面行為。她建議賈姬可以跟學校的行為專家諮詢，重點在正向行為的建立。賈姬解釋為何她認為這樣的行為計畫在凱蒂身上行不通，因為若用具體「獎勵」的話，凱蒂將失去最基本的愛與樂趣，而只視之為「獎勵」。賈姬表示，她並不認為自己給凱蒂的結構及監督是「負面」的，而是給了凱蒂更大的機會，從事於正向的行為。即使有獎勵，單靠凱蒂自己去面對是不夠的，是在賈姬的積極協助下她的結構和監督才能幫助凱蒂成功。賈姬簡短地解釋了受到親父母傷害的孩子，有一基本需求去學習如何信任親密關係，而這正是她在家裡需要關注的問題。透過無條件的接納來提供她依附安全而產生的信任，是必須先於著力改變她的行為之前，才有可能成功。羅賓森老師開始察覺到一個事實，就是她跟賈姬在說著兩種不同的語言。因此，當凱蒂的老師把話題轉到學習方面時，賈姬是很感激的，她知道學校有一些很好的資源可以幫助解釋依附問題，但她不認為現在是提出建議的適當時機。

凱蒂繼續在家裡用任何想像得到的方式，對賈姬展現強烈的憤怒。不分任何時間、地點、情況都在顯現她的憎惡。只因為她的需要，她對賈姬的所言所行都表示生氣。愛麗森曾提過一個問題，什麼是凱蒂在暴行的背後真正所尋求的？是要得到賈姬的拒絕嗎？證明她自己是沒有價值的嗎？要跟賈姬的生氣相呼應嗎？還是否認她自己的絕望？確認她自己的想法，這世界永遠不會如她所願？或者，她只是試圖按照她的看法排除下一個不可避免的拒絕，而不用再次感到自己不好的絕望之苦？愛麗森認為有時候凱蒂受到任何一個或是所有這些因素所激發。賈姬也同意。

為什麼她有時候似乎又可以相安無事的跟賈姬在一起？為什麼她似乎可以很真實的對家人所發生的跟她不相干的事產生興趣？為什麼她似乎能夠很真實的自娛？是的，這些時間只能維持十分鐘，然而這些仍都算數，這些時刻意義非凡。

放假的時候，沒有學校提供的結構活動，可以讓凱蒂適當的發揮功能，她在家裡就需要一個比較緊湊的計畫。賈姬計畫在日常例行的事務中給她一些美勞活動。她也打算每天給凱蒂一些時間到外面雪地上活動，雖然凱蒂一定會抱怨外面很冷，很快就會嘀咕著想要進到屋子內。

賈姬決定在午餐之後，帶凱蒂到外面，在後院堆建雪馬。在那慣常的抱怨之後，凱蒂真的設法去找出並穿上她的靴子及雪衣，那可不是一個小小的成就。當天的雪是很棒的，又濕又重，還有一些黏性。她們兩人花一點點時間，就滾出兩個大雪球，用來當作馬的身體。她們奮力要把一個較小的球堆放到另一個大球的頂端。如果她們可以把它跟另外一個球黏在一起，就可以做成馬的脖子和頭，尾巴會在最後完成。然後她們還要做四隻腳，在前後腿之間要切開一個口。很意外的，凱蒂竟然可以參與活動，而且毫無抱怨。最後一直修補到她們兩人滿意之後，凱蒂後退看著成品，這時候賈姬在馬的身體下面挖出一道空間。

「它看起來不像馬！」凱蒂大叫。

「它是的！」賈姬大聲叫喊回去。「你只要多用一點想像力。」

「它看起來像是一隻大狗！」凱蒂再大叫，然後大笑起來。

「一隻大狗！你在講什麼？」賈姬微笑著站起來走向凱蒂那裡。

「那不是狗！」賈姬說。她們兩人繼續注視著它。「它比較像熊！」她們兩人大笑起來。

「不，它是一隻小象！」凱蒂說。她們笑得更開心。

「我覺得是一隻巨蛙！」凱蒂繼續大笑。

「凱蒂，不要把我們的馬叫成青蛙！狗和象是一回事，但可不是青蛙！」賈姬在逗她。

「它是一隻山羊！」凱蒂叫喊著。

「凱蒂，停止！」賈姬假裝對她描述她們的作品感到懊惱。

「它是一隻山羊！」凱蒂重複說。

「是你要的哦！」賈姬抓了一把雪向著凱蒂丟過去，剛好打到她的胸口，而有一些弄到她的臉。賈姬屏息以待。

凱蒂尖叫起來，這尖叫聲是與平常不一樣的，它帶著笑聲。凱蒂拿了一些雪在她的手上，然後走向賈姬。賈姬往後倒，凱蒂把雪放到她的臉上。賈姬大叫，抓住凱蒂，她們兩人在雪中翻滾直到她們被雪與汗水弄濕為止。

「凱蒂，你何不坐在我們的『山羊』上，你會發現它就像是一匹馬。」賈姬最後說。她們跑到她們做的成品那裡，賈姬把凱蒂抱到上面，然後，她跪下來繼續在下面挖出一個缺口。

凱蒂終於進入她們那匹「馬」的想像世界裡。她假裝正在騎馬，緊緊抓住它，正當她奔馳著「越過平原」，凱蒂向著她的馬大喊，然後在它的背彈跳。賈姬在馬的下面越挖越多，直到她在另一邊弄了一個洞口。當凱蒂最後一次彈跳把馬背弄垮時，就像一隻大象，凱蒂跌坐在被嚇著的賈姬身上。凱蒂被突如其來的跌倒嚇到，看到賈姬的腳在她下面雪堆中伸出。賈姬對凱蒂的跌倒很害怕，特別是她看不到凱蒂，或是其他東西，直到她從墜落的馬下面掘出一條路出來。

「你還好嗎？」當凱蒂掙扎著從墜落的地方出來時，賈姬問。

「我很好。」凱蒂回答，一動也不動的坐著，不知道接下來該怎麼做。

慢慢地，不斷增加的動力，她們兩人再次大笑起來，完全被她們在雪地上的狂野冒險所充滿。她們用了不少時間努力建造的白色駿馬，再也看不到了。

「凱蒂，我猜我們的馬現在什麼都不像。可是我想我們看起來就像兩隻濕透的鴨子。」賈姬靠在那堆廢墟中說。

「兩隻濕透的鴨子！」凱蒂重複著說，再次大笑起來。然後想都沒想的加上：「一隻媽媽鴨子和她的小孩鴨子，遠離他們的巢穴被雪困住。」

「好吧，凱蒂，」賈姬說，盡量用一種很平凡的方式回應她，「這隻媽媽鴨子和她的小孩最好趕快進去他們的巢穴，否則他們就會生病。」賈姬站起來，然後幫助凱蒂站穩。在賈姬心中似乎充滿了愛與希望。

當她們走向房子時，她們看了那堆雪最後一眼。

賈姬說：「凱蒂，現在我們可以告訴所有人，我們造了一匹很美麗的馬，沒有人會知道它看起來比較像一隻羊。」

凱蒂喜歡那主意。在廚房裡，凱蒂告訴黛安，她們造了一匹很美麗的馬，很慘的它倒了。她看著賈姬，微笑，似乎在眨眼。

賈姬決定要給凱蒂點心吃，還有熱巧克力和餅乾。她們兩人誇張的說她們有多冷，和多麼享受廚房裡的溫暖。賈姬在猜測，凱蒂會在什麼時候做一些事情來破壞現在的氣氛。她從來沒有花那麼長的時間和賈姬在一起玩得這麼開心。過去的紀錄是十分鐘。她現在正進入新的領域，這樣的狀況不可能維持很久。

在吃完點心之後，凱蒂拿她的盤子和杯子放到水槽裡。她轉向賈姬問：「我現在可以看電視播放的《阿拉丁》電影嗎？」

賈姬知道這是爆發的時刻。凱蒂已經找到了一個很棒的生氣理由，而且她需要賈姬的合作。

「寶貝，今天下午不是看電視的時間。我有一些文件要處理，當我在忙時，我會拿扮家家酒和著色書給你玩。我知道剛才我們一起玩得好開心，而很難一下子停下來。你會有點難過，好玩的時間總是無法長久，對不對？《阿拉丁》以後會再重播的。」

賈姬看著凱蒂。她沒有大叫或是跌坐在地上，她也沒有抓東西丟，或是想要跑出房間。她只是站在那裡，而她看起來是很難過的。難過！她直直看著賈姬的眼睛，沒有別的，只是在表達她的難過。賈姬不知道該說什麼。她拍拍她的頭，再次說明當歡樂的時光停止時會是很難過的。

「好的，媽媽。」凱蒂安靜的說，然後走到桌子前開始清理，這樣賈姬才能洗碗。賈姬走到水槽那裡，差一點打破她的杯子。她強迫自己留在那裡，用水來洗碗盤。她不想要做任何事混淆狀況，和干擾正在凱蒂腦子裡的任何想法。

剩下的一天和晚上非常平靜無事。凱蒂只有些許埋怨，試圖讓麥修對她生氣。她上床時也沒有出現煩躁，而且似乎也很喜歡賈姬唸故事給她聽哄她入睡。

當賈姬要離開她的房間時，凱蒂問：「媽，我們明天可以做另外一隻馬嗎？我會想要其他人看到它，和幫它畫一幅圖。」

「像是一個計畫，凱蒂。我也很喜歡。我們應該在午餐之後，有一些像今天一樣的時間。」

「晚安，媽。」

「晚安，凱蒂寶貝。」

第二天，馬沒有做成。當凱蒂下來吃早餐時，她拒絕吃賈姬給她的蛋、吐司和果汁，她堅持要吃鬆餅。那爭執使凱蒂拒絕吃早餐，不肯梳洗和刷牙，拒絕與賈姬一起「收拾」樓梯下的房間，拒絕與賈姬一起計畫做事，而只是不愉快，及讓人厭煩。凱蒂就這樣以消沉和乖戾的態度延續了一整天。

「可是為什麼你不告訴她有多棒，她可以跟你玩得開心，而且她可以接受你告訴她『不能』看電視的時候，你為什麼不讚美她？」史提芬在下次治療時間，聽到有關造雪馬的事件時問。

賈姬回應：「如果我這樣做，她在當天就不會過得很好，而她大概會有一段時間，不再有那樣的好時光發生。」

「可是如果她那樣子都得不到讚美，你什麼時候會給她讚美？她怎麼會知道她做得很棒？」

「史提芬，你是在假設，如果賈姬可以對凱蒂所做的表達正向評價，凱蒂會比較容易再去嘗試，」愛麗森說。「可是那不適合凱蒂，她不會因為賈姬說什麼，她就會有動機去表現那樣的行為。如果賈姬真的高興起來，凱蒂無法看到那是對她有好處的，而不是對賈姬。她會擔心賈姬想要她那樣的表現，是為了她自己的利益，而且可能會把讚美看作是試圖操縱和控制她的一種方式。現在，對凱蒂最好的讚美，就是單純的，賈姬在她們一起做的任何事中都表現出很享受——自然而然非語言地表達，默默地帶有強調。這種自然的互惠關係讓凱蒂真正體驗到賈姬對凱蒂的愉悅，和與她一起的快樂又是什麼，這將帶來不同的結果（這就好像是從賈姬的心說到凱蒂的心，有關賈姬正在看到和享受的孩子內心深處有著的不信任和需要控制）。她無法想像賈姬真的是為了她感到高興，而不是為了賈姬自己的利益。最後，如果她真的認為是因為她的表現讓賈姬感到高興，她會懷疑，然後試圖破壞它。這樣她就更抗拒跟賈姬玩，根本不在乎是否對自己有益處，而且會故意去惹惱賈姬。」

「我還是不了解，如果我們只是告訴她，她真的做到我們想要的表現，為什麼這會傷害到她的進展。」史提芬無法被說服。

「當她想要做的時候，她會去做，」愛麗森說。「當她感到足夠安全時，她會繼續去做，如果她想要。這是她的實驗，是她決定是否想要一種以跟賈姬依附為基礎的生活。當她在試驗的時候，倘若把我們偏好的選擇給她，就會分散了她對內在回饋的注意力，這些內在回饋像是：『這感覺很好』、『我喜歡這樣』、『那沒有什麼好害怕的』。」

「那她要什麼時候才能面對讚美？」史提芬問。

「一般來說，讚美這種養育孩子的方式有點被高估了，」愛麗森說。「讚美孩子，對孩子的發展有利也有弊。如果你喜歡的話，我可以給你一些很好的研究。父母需要培養孩子的內在動力，去做一些對他而言有長期最佳利益的事情。內在動力不是建基於外在因素，是否有得到獎勵或是獲得個人評價，我們稱之為讚美。內在動力是來自於父母很愛他們的孩子，父母是生活的優良示範者，他們示範了表達需要，做出選擇，並對選擇的後果自行承擔。內在動力是來自於個人對自己的行為做出承擔後，內在有好的感覺。這得是她的判斷，而不是我們的。讓孩子知道她有多特別，和對她如何學習，以及對她發現處理日常生活的方式呈現有興趣，比給她評價『乖女孩』在協助她的發展上來得更有深遠的影響。我想要她（也只有她自己），可以決定她是否是一個好人。所有的孩子，甚至更多必須面對像凱蒂這種挑戰的孩子，無條件的接受才能茁壯成長。對他們的行為進行評價或判斷，表達讚美，往往使他們緊張和不確定。下次他們的表現會夠好嗎？你會經常評價我嗎？如果我做得不好，你會否定我嗎？她需要賈姬表達熱情的喜樂和享受，是她和凱蒂在一起的經驗，而不是一個認知的判斷她做得很好。」

「告訴孩子『做得很好』是 OK 的，但是我相信，有時候我們說得太多，」愛麗森接著說。「孩子常常被這樣告知，一天超過一百次。當我們用太多讚美的時候，他們有可能得到一個想法，就是我們並不是真的這個意思。而且他們會覺得我們常常都在評價他們的表現。孩子真正的需要，是要感受到我們多數時候是欣賞及接受他們的行為，但始終都接納他們；有時會評價他們的行為，但永遠不會評價他們。當然，你的孩子有覺得驕傲的事情時，要給予特殊的肯定。你在分享她的喜悅，不是在評價她。」

「可是凱蒂每天都惹麻煩，每天幾十次，」史提芬說。「我們不也在每次評價她，而且負向地做？我們不應該平衡一下，給她幾十次正面評價，哪怕只是小小的獎勵？」

「當凱蒂每天有幾十次『惹麻煩』時，我們在那時候沒有評價她，」愛麗森說。「我們接納她。當我們對她的行為限制，而讓她更難參與我們的監督和日常結構，我們是在針對她的行為進行評估。她的行為可能會讓我們感到困惑，因為這很明顯會帶給她不願意得到的後果承擔，可是我們沒有評價她去做這行為的動機。我們甚至會說一些像是：『凱蒂，我很難過你現在不能這樣做，因為你似乎很想這麼做。你現在這麼生氣，只是讓我更不可能讓你這樣做。』或是『如果你改變你的想法，也許在明天或是下星期或是什麼時候，你還有機會。』或是『如果我能幫你弄清楚怎麼做的話，請讓我知道。』或是『噢，還有其他的日子，讓我們可以一起做這件事。』 而我們並不是用嘲笑的方式，或是一種『我比你更懂』的態度來表達。我們真的想要她做出什麼對她是最好的，而且我們會提供她相關程度的結構和監督，以幫助她獲得最大成功。如果，當我們說她還沒準備好要把事情做成功時，她生氣起來，我們會支持她度過她的煩亂，但是我們不會讓她做她將會失敗的事情。」

「有時候我們需要評價她的負面行為，要堅定而清楚的去評價。例如她在傷害一隻狗，那時候她需要得到強烈的回應，以告知她這樣的行為無法被接納。可是，那樣的行為，沒有我們想像的那麼經常發生在大多數孩子身上。他們的內在及大部分的行為需要被接納，在一個必要的結構化環境中，強烈的評價只用在孩子出現非常嚴重行為的時候。」

「我有點明白了，」史提芬說。「但我仍然在這不讚美的點上，有些掙扎。」

「是的，」愛麗森回答。「這是看待事物的不同方式，尤其是當這麼多的教養手冊中充滿了關於獎勵制度和焦點讚美（focused praise）的想法時，可能會讓人困惑。我給你舉個例子怎麼樣？想像一下，這個星期天輪到你陪瑞貝卡一起起床，而珍妮多睡了一會兒。當珍妮下樓的時候，跟你說：『史提芬，你對瑞貝卡做得很好。她穿好衣服，玩得很好，你甚至洗了衣服……你該做的都做了。』」史提芬和賈姬有點緊張地笑了起來。「如果你的太太下樓來，給你倒了杯咖啡，又緊緊抱了你一下，然後坐下來，微笑著看著你們兩個一起玩。……當你問她在笑什麼時，她說：『我睡得很好，我喜歡看你們兩個在一起。』相較之下，你的感覺如何？」

「你一直在監視我嗎？」史提芬假裝生氣地問。「後者實際上就是上週發生的事情！」

「第一個呢？」愛麗森問。

「那會讓我發瘋，」史提芬回答，笑得更多。「你知道，奇怪的是什麼嗎？當珍妮上週對我說的時候，我想……下星期我也要替她輪流！她很辛苦，應該好好睡一覺！」

他們三個都笑了，史提芬開玩笑地要求愛麗森向他保證，她沒有暗中指導他的太太，好讓她能充分利用他。他們又笑了起來，然後賈姬要史提芬承諾，他不會改變決定，給珍妮一個額外睡眠的驚喜。史提芬再次跟她保證，告訴她，他真的知道做一個媽媽是很辛苦的。

「確實是。」賈姬說。

「作為一個爸爸也是，」愛麗森微笑著插話。「好吧，現在又到了我要去把孩子帶過來的時候。」

一旦在沙發上，凱蒂坐到賈姬及愛麗森之間，就會呈現出她的好奇以及稍為好玩的態度，表示她可以接受愛麗森的處置。

「凱蒂，你媽媽告訴我，你跟她造了一隻很漂亮的雪馬。看到它破裂，掉在她身上的時候，你一定很難過。」愛麗森很天真地說。

凱蒂看著賈姬微笑。「我們真的很難過，媽說她從來沒有做過這麼漂亮的。」在凱蒂與賈姬大笑以前，凱蒂很安靜地說。

「有什麼好笑？」愛麗森問。「你們兩個在笑什麼？」

「噢，沒有。」賈姬說。

「沒有！」凱蒂說，笑得更激烈。

「這裡有點不對勁！」愛麗森大叫。「到底發生了什麼？」

「沒有！」凱蒂再次大叫。然後她再看著賈姬。

「凱蒂，告訴我，不然你就有麻煩。」愛麗森微笑。

「真的！」凱蒂笑著。

「是你要的！」愛麗森邊說邊搔癢她一陣。「現在告訴我！」

「好吧！」凱蒂大叫。「它很醜，而且看起來像是一隻羊，或是一隻狗。」

「凱蒂甚至說它像是一隻青蛙！」賈姬緊接著說。

「當它倒掉時，我們沒有難過。我們都大笑起來，害我快要尿出來！」凱蒂大聲地說。

「是這樣子，一隻醜八怪的馬，和你差一點尿在雪堆裡。如果你尿在雪堆裡，你大概會告訴每一個人，是那隻很難看的馬害的！」愛麗森提出想法。

他們聊了很多有關在那年冬天，緬因州下雪的事情。愛麗森建議她們下一次做一隻雪恐龍。當凱蒂對這主意很興奮的同時，賈姬抱怨地感謝愛麗森提出這餿主意。

「最後有可能看起來像一隻鯨魚。」史提芬補充說。

在討論了幾件這星期發生的小事之後，愛麗森反映一些凱蒂和賈姬在一起的這幾個月狀況。「凱蒂，我喜歡聽到你和賈姬在雪地裡玩得很開心，還有最近幾個月在家發生的其他一些事情：你和家人有一起玩得很開心的時候，胡鬧和大笑，學習東西，品嚐美味的煎餅！就是當個孩子。因為我知道你和賈姬也經歷過一些非常艱難的日子，特別是在秋天，你們彼此不太了解的時候。有時候，你會覺得賈姬對你兇，她在傷害你，她不喜歡你。」

凱蒂一動也不動地聽著，也許從更遠處，從另一個角度回憶起這些困難時刻。愛麗森回憶起凱蒂與賈姬有過的幾件困難事件，凱蒂也沒有反駁。她只是要弄清楚發生了什麼。然後愛麗森悄悄地繼續說：「我們最近很少說到有關莎莉及麥克的事情。當你跟他們住在一起的時候，你受到很多的傷害。你過去受了太多的傷害，現在還是覺得很受傷。他們對你的傷害這麼多，當賈姬對你說不的時候，她看起來就像他們一樣。」

「那沒有傷害我。」凱蒂說。

「我希望沒有，寶貝，」愛麗森說。「可是我認為有。它讓你很難跟現在的家庭住在一起，而沒有任何問題出現。我覺得莎莉和麥克仍然讓你的內在感到混亂，你不知道如何好好地信任賈姬及馬克。而且我認為你最近經驗到一些快樂的時光，可能意味著你正開始弄清楚：也許賈姬和馬克與莎莉和麥克是不一樣的。也許你在這個家可以很快樂。」

凱蒂沒有回應，愛麗森繼續：「當你與莎莉和麥克住在一起的時候，有鄰居聽到他們互相叫喊，而且對著你尖叫。鄰居說，有時候，她聽到莎莉和麥克對你說了可怕的事，對於一個小女孩來說肯定是非常的不安。她說莎莉會叫你『自私的小壞蛋』。而麥克把你叫做『豬頭』，你的頭應該塞在馬桶裡。哦，凱蒂，那對你來說一定非常難過……被你的親生父母那樣叫你，那是很難受的。」

凱蒂很快回答：「我一點都不在乎。」

愛麗森平靜地回答：「凱蒂，很難想像你不在乎父母叫你自私的小壞蛋和豬頭。你是怎麼讓自己不受干擾的？」

「我沒聽他們說的話。」

「凱蒂，我很高興。我很高興你找到忽略他們的方法。你是怎麼做到的？」

「我只是覺得他們很笨，而且麥克也是豬頭。」

「所以你認為你們兩人都是豬頭？」

「是的，他是，我也是。」

「莎莉呢？」

「她只是太笨。我不喜歡她，因為她不喜歡我。她說她永遠都不會喜歡我，因為我太壞了。」

「聽到莎莉說她認為你太壞了，一定很難受。」

「不會，我就是壞。」

「噢，凱蒂，你認為自己是壞的，那有多難過。然後沒有人會喜歡你，或因為你壞而不愛你。」

「我很壞！你現在還不知道嗎？你也很笨！」

「凱蒂，是什麼讓你如此確信，你是壞的。是什麼讓你如此肯定？」

「你知道的！」凱蒂尖叫。「你知道我是怎麼打賈姬，向她吐口水，而且叫她豬頭！」

「啊，凱蒂，現在我想我更了解了。當你做錯事的時候，你認為那是因為你很壞……你是豬頭。你不認為可能有其他原因讓你做這些事。」

凱蒂繼續大喊：「沒有其他的原因！你知道的！你很笨，不然就是你在說謊！你可能會說，因為你是我的治療師！」

「如果我說我知道還有其他原因，你恐怕很難相信我……非常難。所以，凱蒂，你是說每天你都覺得自己是個很笨的豬頭……每天！哦，你滿腦子裡都是這些對自己難受的想法和感覺！好難……好難……你如何處理這些想法和感受？」

「我不去想那些！除了當你提起來！這就是為什麼我不喜歡治療！你只是想讓我不開心，所以你會說這些事。」

「凱蒂，你一定不要相信我，如果你覺得我是故意讓你不開心的話！當我說這些事的時候，你覺得我對你很壞！」愛麗森的聲調以類似的強度與凱蒂強烈、激動的表情相吻合，傳達一種緊迫感去理解凱蒂的經驗，並且對她是有幫助的。

「你對我很壞！ 你是！」

「我很抱歉，你認為這就是為什麼我要說這些事。我很抱歉。這一定會讓你更難受……認為我是故意這樣做為了讓你不快樂。」

「那你為什麼要說呢？」

「謝謝你問我，凱蒂，謝謝。我要說是因為莎莉和麥克跟你說的那些話，對你傷害太大。當初他們傷害你的時候，讓你感到非常傷心、生氣和不安。他們還在持續傷害你，我認為是因為你相信他們所說的。他們叫你笨豬頭，你相信他們。你認為你是，你認為這就是為什麼你要做不該做的事。」

「那麼，如果我不壞的話，為什麼我還會做那些事情呢？」

「因為當你不能做你想做的事情時，這是很難的。當賈姬跟你說不的時候，太難受了，因為這讓你想起莎莉和麥克對你說不的那些糟糕時刻。當賈姬讓你想起他們時，你會很生氣！看起來她就像他們一樣對你很壞！所以你會對她生氣！就像莎莉和麥克，還有你一樣，你們彼此生氣。當賈姬拒絕你想要做的事時，真是太不好受了。」

凱蒂盯著牆上的畫，似乎想弄明白愛麗森所說的話。然後很安靜地，愛麗森補充說：「你為什麼不告訴賈姬，有時候你覺得她對你很壞？」

「她不壞。」凱蒂很快回答，然後她看起來很困惑的樣子。

「哦，凱蒂，你似乎覺得很混亂。我想你會記得，有時候你真的覺得賈姬對你很壞，而其他時候，你卻覺得她沒有。是的，你會覺得很混亂。」

片刻之後，愛麗森繼續說道：「凱蒂，你要不要告訴賈姬，有時候她會讓你覺得很混亂？有時你不知道她喜不喜歡你，她覺得你壞不壞？」

當凱蒂看著賈姬時，看起來是很不安的：「你喜歡我嗎？」

賈姬握著她的手，她們互相凝視著。賈姬平靜而緩慢地說：「凱蒂，我非常喜歡你。我明白你為什麼會這樣懷疑。」

凱蒂突然看起來很害怕的樣子。「可是，我是一個壞女孩！」

賈姬緊握住她的手。「如果那是莎莉所認為的，我不同意她的看法。我覺得莎莉沒有好好照顧你。我覺得莎莉是錯的。」

「有時候我確實認為你是對我不好。有時候我會……恨你。」

「我知道，凱蒂，我知道。當我對你說不的時候，有時對你來說是很難的。」

「我現在不恨你了。」

「我很高興。」

她們笑了，然後擁抱彼此，隨後她們哭了。

當賈姬和凱蒂離開之後，史提芬留在那裡跟愛麗森談了一陣子。「那真的好具威力，愛麗森。我在看的人都覺得難過，無法想像這對凱蒂來說有多難受。」

「是的，史提芬，對她而言真的是很難受。我密切的觀察她，但看起來她是可以處理當時的狀況。如果看起來對她造成太大壓力，我會把她專注在羞愧感的焦點移離。日復一日地背著這種羞愧感，對她來說更是難上加難。希望當她再來看這些問題的時候，可以理解它，而且不再是那麼大和那麼重。也希望她對賈姬是否關心她的疑慮也越來越小。」

「如果她可以做到那樣子，」史提芬說，「我猜我們就真的成功了。」

「如果她可以做到那樣子，我猜凱蒂將會有一個很棒的機會，開始學習到她是誰，以及一個家是怎麼樣子的。」愛麗森補充說。

賈姬的日記

1995年2月28日

今天凱蒂似乎顯得比較退縮。我的看法是她可能還在想昨天愛麗森的治療時段。所以她今天跟昨天很不一樣。在學校時，凱蒂很明顯企圖想要表現好，以得到一個玩具做獎勵。得到之後，她馬上把它丟向另一個女孩子，那女孩子只不過看了她一眼而已。當她被要求修正她的行為時，她看著羅賓森老師，用腳踩那玩具，臉上帶著微笑。我實在不應該為此感到高興的，可是當我在閱讀聯絡簿時，我真的很難不笑出來。也許他們現在可以逐漸了解到凱蒂是怎麼樣的，及如何幫助她。會問愛麗森，如果她有什麼好的宣傳小冊子，或許可以寄給他們的學校。睡覺時間很順利。她接受我跟她玩十隻腳趾頭的遊戲，當我在搞笑的時候，她不斷發出格格的笑聲。也能接受好多次的擁抱。

1995年3月1日

凱蒂似乎找到一種新的快樂來源。在晚餐前，當我在準備食物時，我給她彩色筆在桌上畫圖。有一下子我沒有看著她，她用腳去踩掉落在地上的兩枝彩色筆。那有多混亂！她看著我微笑！我猜她在為自己找好玩的事。這舉動會使羅賓森老師出現激動反應，但對我有效嗎？並沒有，我只是表示我很難過，她喜歡的彩色筆現在不能用來畫圖了。她也因此得到一桶肥皂水，和我幫她一起清理地板。當然她是慢慢的弄，想說晚餐到了她就可以不用做。錯！當凱蒂終於吃完飯的時候，我們回去清理完地板。睡覺時不錯，她甚至很喜歡我們用牙籤來吃那些切成片的香蕉，而且彼此餵食。其實吃完晚餐之後，我沒有把握今天可以安然度過，可是那香蕉給了我一個機會。我也輕搖安撫了她一下。

1995年3月4日

凱蒂真的和我合作，我們用了一個小時完成事情。她通常在星期六的早上都要花二到三個小時才可以完成。我終於知道為什麼了。她跟黛安在風雪來時跑了出去。對我而言，在這個年頭，沒有下雪就是好的；對她們來說，這卻是當小孩的最佳機會。想想看，凱蒂選擇了要當小孩。當兩個孩子遊玩的時候，黛安彷彿得到允許可以表現得幼稚和天真。凱蒂一點也不介意，所以她們兩個人在大風雪中顯得天真爛漫又狂野。看看她們，有誰會知道我眼前的這個孩子表現了多麼重大的任務？她玩得很開心。是真的感受到好玩！也許凱蒂在教導我們「雪的治療」的價值。如果是這樣，也許我應該搬到阿拉斯加北部去住。然而不出所料，當她進來的時候，她把濕淋淋的雪衣丟在廚房的地上。而且命令我去弄熱巧克力給她。我玩起命令牛奶從冰箱裡出來，到鍋裡去加熱，然後跳進杯子裡。只是它沒有這樣做！在她試圖把笑容藏起來不給我看到之後，她收拾她的雪衣及清理地上的積水。那活動讓她有時間去想——而她做到了！她走近我，向我提出一個可愛的要求，一杯熱巧克力，然後她在我們一起弄的時候，非常合作。也許一些新的習慣要開始形成，但我要謹防自己有所期待。在上床的時間，我們玩了一個歌唱遊戲。她的每一個填充動物，都輪流從下層的被蓋彈跳起來，而當她這樣做時，她可以把大部分在床上的其他動物撞倒。為了幫助她冷靜下來，可以入睡，我在她臉上輕柔的畫圈。

1995 年 3 月 5 日

去教會的日子，照常的凱蒂一點也不喜歡。她覺得很無聊。因為她在整個過程中發出聲音，我們在車裡等著，直到馬克出來，然後我們回家裡做自己的小禮拜，她現在會選擇在教堂裡度過她的時間。雖然今天在午餐之後，她跟馬克坐在一起看兒童聖經，她似乎喜歡舊約的故事勝過新約。我發現凱蒂容易在星期日午後顯得較暴躁和不安。也許要花一個週末跟一個非常輕鬆、友善及活躍的家庭在一起，對她來說是很困難的。她需要到學校去，以獲得一個可以解除家庭生活壓力的緩衝。只剩下十五個星期就到夏天！睡覺時間，照常是我們享受在一起的主要時間。每一個晚上的特殊時間，就像她把它叫做「停戰時間」。至於一天的其他時間——不提也罷！

1995 年 3 月 10 日

凱蒂很氣她的老師要她為弄壞艾瑞克的午餐盒把手，寫一封道歉信。她說不是她做的，可是老師不相信她！她說真的是珊蒂弄壞的，但珊蒂撒謊說是她做的！顯然她逃不過被羅賓森老師處罰。我想這對她很難。這是習慣性說謊的後果。我告訴她可以解決這個問題，只要她從此說實話，如果她願意，我很樂意幫助她。她看著我就像我的腦袋有問題應該要動動手術一般。我告知她如果她想改變主意時，我隨時可以協助她練習說實話。在這期間，她必須要靠自己去處理那些偶爾出現的錯誤控告。

1995 年 3 月 11 日

這是多麼瘋狂的星期六。當凱蒂起床時，她很可怕。大概十點鐘的時候，她才變得友善及合作。中餐時，她和我必須等到其他孩子結束了才可以吃。下午兩點整時，她似乎可以接受去做每天例行要做的事。在傍晚五點時，她對約翰粗暴無禮，而且當我從中調停，也只不過為了救她一命時，她也對我很不友善。睡覺時間，她變得可愛和高興，而且這時候接近她是很愉快的。為什麼我變得那麼抓狂？

1995 年 3 月 12 日

今天就像是在做夢。凱蒂在教會變得很合作，在午餐時也很幫忙，當我們在找尋冬天的木頭時，她是一個很棒的小夥伴，而且是跟我昨天在上床時間所看到那可愛的女兒一樣。那是什麼意思？她一定是要在對我發動前，先設計我。或是也許，也許她的大腦裡正在發生一些新的連線。哦，希望如此。

1995 年 3 月 19 日

整個星期，她都過得很好。的確她有她的問題，但是她對自己的挫折處理得很好，而且她似乎也喜歡和我在一起。也許某些事正在滲透當中。也許愛麗森是對的，當她說：「不要期待任何事，除非你連續三個月都有看到。」我們拭目以待！

評論

在凱蒂的腦海裡一點都不知道發生了什麼，事實上我們也沒有一個人真正知道。難道「舊腦」跟「新腦」之間發生了連結？那本來應該是在她生命的第一、二年發展的過程，現在正在她七歲的時候萌芽？她是否開始去注意和經驗到，互惠的微笑以及表達的樂趣？她是否開始從被擁抱、觸摸、摟住以及有時候被賈姬和馬克用毯子裹住搖擺中，經驗到安撫、興奮、情感和樂趣？她是否注意到，那快樂及安全感是來自於跟她媽媽衝突之後的再連結？她是如何及何時開始第一次注意到他人是有情感的？當溫西有一天早上不能起床，賈姬帶牠看獸醫的時候，凱蒂似乎很擔憂。她有感同身受嗎？對溫西？對賈姬？

凱蒂開始去注意凱勒家的人際互動世界，而她也是其中的一份子。其他家中成員不是單純的「有生命物體」，只會操縱、欺騙、威脅或是攻擊。賈姬跟她說話、聆聽她、餵她、幫她梳頭，以及跟她玩或擁抱她，不是因為賈姬不得不做。史提芬、愛麗森、馬克和凱蒂都無法迫使賈姬去做這些事，那是賈姬自己想做的。為什麼？那就是現在讓凱蒂感到困擾的問題。她還是很難相信，有人會喜歡跟她在一起、保護她的安全、陪她玩和幫助她。而賈姬會這樣做。為什麼？

這些問題一直出現在她腦海裡，也一直困擾她。凱蒂一直想要避開它們。因此她在 1 月、2 月和 3 月就像坐雲霄飛車般。如果她可以逃避那些問題，她就會保留一幅她跟麥克和莎莉所形成的世界地圖。她會把她的生活建基在使用魅力和憤怒、藉口和指責他人，或是用以上所有的方式去保護她自己的安全，和獲得基本的需要。這些問題瓦解了她原始的假設，那是她第一次努力讓她的生活獲得有意義所得出的結果。賈姬和愛麗森不斷地提出這些問題，更多的是在她們與她的關係，而不是語言，這是很難讓她逃離的。不管在她的內在或外在，凱蒂都在混亂當中。

在與愛麗森的會談中，凱蒂開始討論她潛藏的羞愧感，是凱蒂在這次過程中的一個重要體驗，讓她能夠更好地調節自己的情緒狀態，也讓她在與賈姬的關係中更能始終如一地體驗信任。這種潛藏的羞愧感使得孩子很難處理悲傷、恐懼和失望的脆弱情緒。這樣的羞愧感也使得孩子很難相信父母會照顧他——可以持續對她做出承諾，如果他們知道孩子有多壞。在羞愧中，孩子沒有足夠的安全感去信任人、感覺悲傷，以及接受安慰。

很多時候專業人員會疑惑，如果孩子將來會被領養，在領養前的寄養階段中，跟寄養父母建立安全依附的關係是否適當？但確實沒有更好的選擇。由發展性創傷引發問題的孩子，通常也會有依附紊亂，唯有透過跟一個照顧者的連結，才能形成統整的、有價值的自我感。只有透過無數次跟賈姬的互為主體經驗，凱蒂才能了解與父母連結的快樂。最後，在跟賈姬的安全經驗裡，有一天，凱蒂可以從自責及羞愧的經驗中，得到統整及學習，並且可以擁有快速跟賈姬修復關係的經驗。

如果凱蒂可以跟賈姬建立安全的依附關係，真正的信任她，也可以跟愛麗森建立起良好的關係，這些經驗她是不會忘記的。一旦真的要離開，她可以哀悼，但是仍然可以跟日後的領養父母形成相似的依附關係。她的依附關係可以轉移，而賈姬會成為她的一部分。凱蒂的自我感包含了自我價值感，而且可以享受跟他人有互惠關係。凱蒂會學到同理及信任，並且可以想見，她的領養父母會認為她是「可愛的」及「討人喜歡的」。

當嬰兒及學步兒跟父母投入互為主體經驗時，他們很容易經驗和統整正向的感覺，像是有趣、興奮、快樂、愉悅等。他們無法自己一個人去形成及維持這些快樂的內在狀態。他們需要有這些互為主體經驗，才可以去經驗到有趣及快樂的內在狀態〔這在很多專業作品中已經有清楚的說明，包括 Dan Siegel 非常全面的作品《人際關係與大腦的奧秘》（*The Developing Mind*, 2012）〕。凱蒂在「媽媽時間」跟賈姬在一起時，或是在一天當中其他短暫時刻中，她開始可以經驗到有趣及快樂。可是她無法自己單獨維持那些快樂狀態！她還沒有把賈姬內化，就像是一個嬰兒或是一個學步兒還沒有內化她的父母一樣。她需要有互為主體的經驗，才能獲得感覺快樂的內在狀態。當賈姬沒有與她情感調和時，內在快樂就被蒸發掉。這很重要，使我們願意嘗試去給這些孤立和充滿羞愧的孩子們，加入安全依附關係。當凱蒂感覺不到賈姬在精神及肉體上的存在時，她就不能維持一個快樂的內在狀態。經由一次又一次經驗到這樣的互為主體出現和它所連結的內在狀態，最後我們希望，她會內化賈姬的存在，當她單獨時也可以維持這狀態。然後她就會成功地發展一個統整及真實的自我，就像許多年幼的孩子一般。

第15章

緬因州地方法院

1995年3月18日，當愛麗森．卡布倫博士到達地方法院時，她的穿著比平常正式。跟孩子靠在一起很舒服的坐著，她需要穿得輕鬆一點，但如果要說服法官重視她的專業看法，正式的穿著是必要的。

愛麗森在走廊上跟史提芬碰面，然後他陪同愛麗森到會議室跟羅伯．凱文會面，他是助理檢察官，在奧卡斯特法院處理兒童服務個案。她跟羅伯握過手之後，便坐下來討論他會提出的問題，和愛麗森有可能從莎莉的辯護律師瑞秋．納丁那裡遇到的問題。羅伯告訴愛麗森，保羅．凱得華是一個通情達理的法官，他會在法律之前，很真實的判決什麼是對孩子最好的。

羅伯這次在法官面前，是為了主張凱蒂的最大利益，終止她歸回原生父母莎莉和麥克的訴訟，這樣她才能安排永久性的領養家庭。羅伯需要說服法官去相信莎莉和麥克沒有動機或是沒有能力為凱蒂提供所需的照顧。他期待愛麗森就她的專業意見，告知法官什麼才是凱蒂的需要。愛麗森要說明寄養或領養，都應考慮孩子的需要。同時在凱蒂等待領養的期間，可能要持續數年接受寄養照顧，這段時間是否會給凱蒂帶來傷害是需要加以考慮的。愛麗森是人民服務局當天的第四位證人。那天早上，史提芬已經遞給法官一份有關凱蒂的報告，記載著從她進入保護系統以後的過程，也扼要的說明人民服務局給她的原生父母所提供的服務。在史提芬之後，是彼得・傑可布博士，針對麥克和莎莉所做的心理評估，就他的發現指出，他們兩位都不認為對凱蒂的虐待是嚴重的事情，也不想為此事負責或有懊悔之意。麥克很怨恨人民服務局，認為他們干擾他撫養孩子的權利。莎莉沒有那麼生氣，且表達跟凱蒂重聚的渴望和願意做各種配合。但是她對於自己給凱蒂的虐待輕描淡寫，而且似乎對於應該保護凱蒂不受麥克的虐待渾然不知。傑可布博士是在 1993 年 1 月對莎莉做出評估，然後在 1994 年 10 月再做一次。從第一次到第二次評估，都沒有看出莎莉對行為負責和認知凱蒂的需要。雖然她已經參加了兩次父母親職的課程，也接受個別及團體諮商，但是看不出改變的跡象。她時有時無的參加諮商，只有在出庭前出席比較頻繁。因為沒有按時間出現，所以已經有兩位諮商師拒絕繼續為她提供心理治療。第三位諮商師表示莎莉似乎很愛凱蒂，但是對再跟女兒重聚的承諾似乎有困難，因為她太在乎跟麥克的關係，麥克是完全拒絕任何治療。事實證明，莎莉繼續跟麥克在一起，是沒有希望可以得回女兒的，莎莉曾經跟麥克分手，但又跟他經常繼續見面。傑可布博士不認為法官能期待莎莉可以安全地撫養凱蒂，除非她完全承認該對凱蒂負責，並以積極態度參加治療，而且，還要在呈現進步之後，再與凱蒂進行聯合諮商，以贏回女兒對她的信任。他認為，即使莎莉表現出比她現在更強的動力，這樣的過程至少也需要再花上兩年，而在過去的兩年半她都沒有任何進步。莎莉的律師瑞秋・納丁有不同的解說，她說傑可布博士已經有五個月沒有見過莎莉，所以不知道她已經有了重大的進步。她也強調莎莉準備跟凱蒂會面，但是曾遭到人民服務局的拒絕。最後，她還說為了獲得女兒的撫養權，莎莉會明確表示她願意離開麥克。納丁律師說，會為了女兒願意離開所愛的男人，這樣的態度足以證明她對凱蒂的承諾。

在傑可布博士之後，是瑪格瑞・泰勒，莎莉目前的諮商師，她表示只跟個案見了四個月，還在建立治療關係當中。莎莉在約定時間大多會出現，但有兩次忘記了。諮商師泰勒女士表示莎莉並沒有接受她對傷害女兒的責任，只是表示對於麥克傷害凱蒂的事很難過。泰勒女士認為，一旦莎莉跟她建立起更深的信任關係之後，或許會承認她該對凱蒂受虐及受疏忽的經驗負起責任。她同意傑可布博士的說法，整個諮商過程至少需要兩年時間，她很願意繼續跟莎莉工作以達成目標，但是無法確定是否可以成功。

輪到愛麗森出庭作證時，她展現了習慣性的不安和疑惑。她所準備的是否充分？她可以完整地表達凱蒂的需要嗎？她所提出的意見是否值得採信？她真擔心如果在澄清凱蒂的心理需求上自己做錯了，法官也許會做出錯誤的決定，她害怕因此真的傷害了凱蒂。在法庭上的錯誤，跟在治療中的錯誤一樣，會對孩子造成傷害。

「卡布倫博士，」凱文檢察官在說明愛麗森的專業職位和跟凱蒂的關係之後，說：「你可以告訴法官你對凱蒂的診斷嗎？」

「凱蒂呈現的症狀被診斷為創傷後壓力疾患（PTSD）和對立性反抗疾患（oppositional-defiant disorder, ODD）。因為她同時也顯現一種行為是屬於發展性創傷合併依附紊亂的類型，所以使症狀更為嚴重。這些名詞不是一個症狀，而是研究的分類，這是產生心理疾病的危險因子。她的症狀及這種類型在行為上，呈現高度警覺，和跟主要照顧者之間有高度矛盾的關係。她抗拒被安撫、被愛，和互有快樂的經驗。她也對照顧者極端反叛，而且經常呈現冷漠情感，不管是否會留在那個家庭裡。她生存的主要目標是要對她周遭的人加以控制，和叫別人給她東西及為她做事。她不能擁有任何親情的愛，大部分時間她不是抗拒它，就是冷漠以對。這種行為也被認為是呈現反應性依附疾患（reactive attachment disorder, RAD）的症狀。可是，這樣的診斷仍然缺乏足夠程度的專業共識，我不喜歡用這樣的名稱。」

「卡布倫博士，創傷後壓力疾患、對立性反抗疾患和依附紊亂是什麼因素造成的？」凱文檢察官問。

「按照目前的共識，認為創傷後壓力疾患主要是創傷引發，而這創傷是不容易解決的。當它跟行為特徵結合並與依附紊亂連結時，有很充足的理由去相信那創傷是來自人際間及家庭內部。這樣的創傷是很容易包括了『缺席的創傷』（trauma of absence），這是疏忽的意思。其他有關的發生原因，包括不斷轉換照顧者，這會讓孩子缺乏可預測、安全感及照顧。在經歷了無數次的被忽略和代理照顧者之後，孩子轉向依靠自己，因為她相信這會讓她安全。凱蒂的行為模式，說明她因受到虐待而導致保護安置之前，曾經在情緒及社會需求上有相當程度的被疏忽經驗。因為那樣的疏忽，她對照顧者失去信任，而且不再預期被愛，也不想努力爭取愛及被愛的機會。我相信第二個診斷，對立性反抗疾患，她的症狀產生，就是來自我剛才描述的生活方式。」

「凱蒂需要什麼樣的治療，才可以使她成功地從那樣的疾患中復原？」凱文檢察官問。

「她需要密集和廣泛的治療。能讓她經驗到深沉情緒的治療，且溫和地引導她遠離她使用潛藏的需求去控制及逃避這些問題，然後以最基本，語言前期階段的程度來教導她，讓她學習到信任，並知道她的照顧者是安全的及對她好的，這治療還要讓她深深的感到愉悅。為了那樣的目標，凱蒂的寄養媽媽，賈姬・凱勒，已經接受特殊的訓練和技巧，可以成為凱蒂的父母並在家中撫育她，她可以跟凱勒太太建立安全依附關係。提供凱蒂一位有智慧和有承諾的父母比治療本身更重要。」愛麗森小心翼翼的說。

「凱蒂現在需要的是什麼，卡布倫博士？」

「依我的判斷，」愛麗森以慎重的態度說：「凱蒂需要可以永久住在一個家裡，在那裡，她將發展安全依附的能力，可以完全得到父母的回應，而這位父母能深深地承諾會撫養她到成人，並在她成年後一直留在她的生活中。我指的是一個領養家庭。她現在快要八歲，我認為她需要盡快被安置在一個永久的家庭，這樣，她才可以從年齡還是比較小時，就有機會跟她的父母建立安全的依附關係。等到她十一或十二歲時，我們就很難有能力提供她一個適合的永久照顧者，也限制了她有能力從『好父母』那裡學習。」

「卡布倫博士，以她目前呈現的問題，她會有可能得到這樣符合她的需求的『好父母』嗎？」凱文檢察官問。

「她已經有了一些進步，我有信心再過六到十二個月，我們會看到更多重要的改變。如果法院決定她可以被領養，這還需要相當一段時間去找到那樣的家庭。她現在只有七歲。我相信我們在她年齡那麼小，正可以從中獲益的時候就開始跟她工作，我確信，她將來在一個好的領養家庭裡，會過得好的。」

「卡布倫博士，你曾經從傑可布博士和泰勒女士那裡，和其他人當中閱讀過凱蒂父母的報告，為什麼你不認為讓她重新回到親生爸爸或媽媽身邊，對凱蒂是有利的？」凱文檢察官問。

「凱蒂已經被寄養照顧了兩年半的時間。我相信已經有寬裕的時間，讓她的父親或母親可以承擔起責任，和在諮商中展現重大的進步，以致可以提供凱蒂好的照顧。但是據我所知的，那並沒有發生。我不認為再等兩年或更多年，她的媽媽或是爸爸可以做出承諾，而且可以用符合凱蒂需要的方式來教養她。凱蒂所受的傷害，是需要一位特別的父母，不是一位能力不足或是普通的父母來撫養她。我沒有讀到什麼讓我有信心相信她的父母可以有能力提供她所需的任何訊息。凱蒂是那麼強烈的反抗被教養，如果她被安置在一個不穩定的家庭，這安置肯定會失敗，而她的疾患很可能將會成為永久。」

「謝謝你，卡布倫博士。」凱文檢察官說。

「換你提問，納丁女士。」凱得華法官說。

「卡布倫博士，」納丁律師開始就強而有力地問：「你從來都沒有跟莎莉・湯瑪士見過面，何以你認為湯瑪士女士不可能提供凱蒂所需要的養育方式？」

「我是基於我個人的意見，我對凱蒂的認識，和我閱讀其他專家的報告，他們都是跟湯瑪士女士接觸過的。如果那些報告都是錯誤的，我一定會重新考慮我所提出的。」愛麗森回答。

「可是湯瑪士女士有參與諮商，並的確有參加親職課程，卡布倫博士。有誰可以說如果我們再給她一到兩年的時間，她不能適當地撫養她的女兒？」納丁女士繼續說。

「我不是說這是不可能，」愛麗森說。「我只是說經過兩年半的時間，如果我們可以看到他們有較多重大的進展，我會有較大的信心。我同時也要表達，如果我們再等兩年或三年的時間，直到她的父母可以撫養她，而那是有可能不會發生的事，我們豈不是把凱蒂置於危機中，她可能得不到一位恆久、有愛心，及稱職的父母。合起來，凱蒂將會有五年的時間沒有永久的家庭。這樣的狀況，對任何孩子都會造成傷害，而對一個曾經在她生命中有重大困難去信任別人的孩子來說，更是傷害。在要冒這個險以前，我會建議法官要看到較多的證據，確認凱蒂的父母真的有這樣的動機及能力成為她的父母。」

「卡布倫博士，」納丁律師開始說，這次很明顯的改變她的策略，「如果你的印象是對的，對我而言我們應該把她留在現在她所在的地方，然後讓她的父母可以跟她見面。如果她有依附異常，我不覺得再一次把她轉為領養會對她有利。」

「我同意在凱蒂跟她的寄養父母建立依附關係之後，把她轉到領養家庭是很難的事，」愛麗森慢慢地說。「很確定是她會哀悼失去了她的寄養父母，可是那樣的哀悼只是暫時，而住在一個永久家庭的益處，遠比哀悼失去她寄養父母的壞處來得更重要。對她跟永久父母發展她的第一個安全依附關係，是有更多的好處。就她的法律地位及她的需求層次，她在過去及目前都無法有這樣的依附。我們不能再等到法院決定可以領養，再來協助她去相信她的照顧者。如果我們等太久，凱蒂也許永遠學不到，包括因為她的年齡增加，同時也就更難為她找到一個領養家庭，既可以也能夠對這樣有重大問題的孩子給予承諾。」

「卡布倫博士，如果你覺得找到好父母，願意對凱蒂做出承諾有困難，你不認為你應該考慮湯瑪士女士？她是凱蒂的媽媽，她已經在努力要她回來，雖然你不覺得她夠努力。為什麼不考慮湯瑪士女士，卡布倫博士？」

「我希望我可以，納丁律師，」愛麗森回答。「我會很想讀到湯瑪士女士真心的了解到和認真感到後悔她和哈里遜先生對凱蒂所做的事。如果我有信心，她不久可以撫養凱蒂，我會很努力為凱蒂工作，以協助她信任湯瑪士女士。可是，如果法院真的決定凱蒂不久要回到湯瑪士女士那裡，我會害怕凱蒂所受到的影響。我沒有讀到任何顯示湯瑪士女士可以提供凱蒂從她那裡得到所需要的。」

「不是現在，卡布倫博士，」納丁女士說，「可是在一或兩年之後她也許可以做到。」

「我沒有看到一絲訊息讓我對那可能性有信心，」愛麗森說。「而且因為這樣，我很強烈的主張法官不要讓凱蒂再等下去。」

「結束問話，卡布倫博士。」納丁女士說。

在法院謹慎處理請求終止莎莉・湯瑪士和麥克・哈里遜父母權之前，還有五個小時的證言。1995 年 4 月 9 日，保羅・凱得華法官下令終止他們對女兒凱蒂所有的親權。

評論

潛藏的情感忽視和缺乏持續的照顧者，其破壞性結果非常緩慢地受到法院的重視，及影響隨後這些孩子的生活安置的決定。性及嚴重的肢體侵害受到法院較多一致且適當的回應。發展性創傷、依附紊亂，及反應性依附疾患是在孩子發展上，受到深遠的疏忽和多次安置所導致的最嚴重結果。孩子甚至對日後最好的照顧者，都沒有能力去信任，對他自己及他在經驗滋養和互惠關係的能力上所造成的傷害是無法衡量的。這樣的一個孩子，若無重要的、有效的干預措施，是有很大的危機，很可能在社會裡永遠找不到一個安身之所。

法律及社會服務系統仍然有太多時候沒有覺察到，需要提供一個孩子適合時宜的決定，以致可以快些進住一個永久的家庭，再繼續發展上的前進。很多孩子等了多年，他們暫時性的寄養狀況一直沒有得到解決。很多時候體制評估他們的父母，那些該為他們負責任的父母，並沒有對承諾在不久的將來跟孩子重聚這回事負起責任。很多時候父母會經常出現延宕，然後很少有想要解決他們重要困難的動機。對這些不斷在等待的孩子，年復一年，常常從一個寄養家庭搬到另一個寄養家庭，轉換家庭所帶來的重要傷害，是法律制度必須要解決的。

第 16 章

春天來臨

1995 年 3 月底，凱蒂跟緬因州很多人一樣，準備迎接春天的來臨，雖然春的腳步還有好幾個星期才會到來。她性急、暴躁，而且很容易進入自憐。早期還有某一比例的好表現，最近又已經好久不出現了。對此，或許緬因州人可以暫時應付過去，因為他們知道 4 月底時，終將迎來一片綠意，可是，凱蒂對她的未來卻沒有那樣的信心。雖然她已經能夠和賈姬進入互惠的樂趣，雖然她已經了解跟賈姬進入互惠樂趣是最大的利益。但是，關於完成那樣的目標，她有自己不被寄養父母接受的計畫。她似乎認為他們應先談判好，在家裡什麼是適當與不適當的。如果賈姬「讓一點」，她也會「讓一點」。她認為家庭生活該是民主式的，她投的一票應該與賈姬的一票有相同的比重。當賈姬拒絕用她的方式合作時，凱蒂決定要「報復」。她會讓賈姬的生活有更多的痛苦，作為懲罰她的「不公平」。她會更大膽反抗、卑鄙、不滿，而且，總而言之，跟她在一起是充滿挑戰性的。她的想法認為，賈姬活該受到這樣的對待。

賈姬發現凱蒂這樣的反應，都在凱蒂的合作和明顯有真實的滿足感之後來臨。要整合這樣的經驗進入她的自我概念和她內在的人際關係工作模式中，那壓力是很大的。凱蒂不容易去接受這樣新的自我樣貌，也不習慣生活中沒有夠大的混亂。可是賈姬並沒有看到凱蒂需要時間去接受這新樣貌的來臨，而她也已有五到十天之久沒有發現凱蒂的混亂了。通常，在她意識到自己的緊張及易怒增加之後，她就會覺察到凱蒂在混亂中。她也注意到她對凱蒂的一些行為感到失望，因為她開始對凱蒂有期望，而凱蒂的反抗只會帶給她挫敗。她也注意到因為自己的懊惱而責怪凱蒂，「如果凱蒂只要……！」是常常出現的想法，而這想法使她更不滿意。

她變得像凱蒂一樣混亂！這是在接近 3 月底的時候，當凱蒂沒有搭上校車時，她馬上感到生氣和覺得被設計，她恍然大悟，她陷入了像凱蒂一樣的混亂。她不想要整天跟凱蒂「黏住」，但同時她也不想要開車送她到學校。她想要凱蒂步行六哩的路到學校去，可是她也很氣這不可能辦到。當她正對這狀況不知如何是好的時候，瞥見凱蒂坐在桌子旁邊，一副很快樂的模樣。她讓賈姬不得不留她在身邊。賈姬又生氣又懊惱，是凱蒂把她弄成這樣子的！賈姬離開那個房間，在客廳裡走來走去，望向窗外，然後自言自語的說著自己的窘境。車道上的泥濘，似乎最能代表她最近的思緒。

「好吧，凱蒂，我又一次被你捉住了，你這小傢伙！」她對自己說。「你很會把我弄得跟你一樣痛苦。你把你的黑暗給我！可是，孩子，戰鬥還沒有結束。我知道你的想法，所以你的任何黑暗不會再黏著我！」

賈姬對自己感到自豪，她現在知道凱蒂是如何再次「逮到」她的了。賈姬停頓了一下，想起最近跟愛麗森和她媽媽的談話。是的，就是類似的感覺！失望！在某方面，她對凱蒂失望的狀況，類似她常常感覺到媽媽對她的失望。當她做錯事的時候，她覺得媽媽認為她是自私的！沒錯！當她對凱蒂做出反應時，那就是她當下所想的。而那也是凱蒂對她的反應！

凱蒂覺得賈姬是自私的，就像是賈姬的媽媽習慣對她的看法。哇！走進那些舊模式的想法及反應是多麼的容易；要停留在現在，只對此時此刻的意義做出反應，確實很難！她就是要重新開始。她最近在愛麗森辦公室和莎拉所做的，讓這樣艱難的工作可以較為容易。

賈姬回到廚房去很高興的對凱蒂說：「寶貝，我很難過你今天沒有搭上校車。我知道你有多想到學校去。不用擔心！我會開車送你到學校。可是我要把一些家事放在一旁，花時間送你上學，所以，我先不管那些事，等你回家後你可以幫我一起做那些家事。」賈姬拿起她的車鑰匙及外套，然後她們走向車子。凱蒂在抱怨說她才不要做賈姬的任何家事。賈姬忽略她的埋怨，並評論說真的很糟糕，一個人不能就這樣從冬天到春天，而不需要經過那麼多的泥巴。「啊，我猜這樣才可以讓我們在春天最終來臨的時候更能夠欣賞它！」賈姬帶著她重返的樂觀口吻和諧地說。

在賈姬再次專注地保持她自己的情緒平衡，以及接納凱蒂的生氣、抵抗和不可預測的狀態下，凱勒家的生活得以恢復正常。至少相對來說，「正常」意味著凱蒂不會再次那麼容易散布她的煩惱讓家庭處在騷動當中。而且賈姬也開始注意到凱蒂在過去三個月，有時候會出現真實的快樂和合作，只是偶爾再次退回舊模式。由於賈姬可以保護自己的內在狀態和家人的情緒氣氛，她就可以使凱蒂更容易再次接近較新的生活方式。凱蒂生活的很多痛苦還是存留在她的內在，是目前必須如此的，直到賈姬可以協助她減少。凱蒂需要明白，找到與他人相處的方式，那才會真正改變她的生活，對她才是最好的。

賈姬的日記

1995 年 4 月 7 日

凱蒂接到一通電話，是班上一個叫珊蒂的女孩子打來的。那個孩子沒有很大的問題！她的媽媽想邀凱蒂在明天中午過去玩。我建議她不如來家裡。珊蒂一點到我家，三點才離開。凱蒂非常興奮，她被要求坐在我身旁，但就是無法安靜下來。我建議她坐的時候把眼睛蒙住，因為蓋比曾經做過一次，對他有幫助。她同意，而且馬上比較能安靜下來，甚至用言語表達了一些她沒看到而意識到的感覺！除非她對周圍感覺到可以信任，否則是不會有效的。我在唱歌，她也加入。晚餐時沒有問題，她很喜歡跟娃娃玩的睡前遊戲。她謝謝我讓珊蒂過來。我認為她現在已經準備好可以跟朋友在一起相處。

1995年4月8日

凱蒂第一次的朋友到訪有些成功。她是很焦慮，但她很努力要對她的朋友表現「友好」，讓她被喜歡。她可以分享，也可以讓珊蒂決定部分時間她們會做什麼。凱蒂很多時候進入自己個人狀態，而且不停地自言自語。珊蒂有點生氣。沒有語言或是肢體上的侵犯行為。當天稍後，珊蒂回去之後，我們不得不和其他家人分開吃飯，這是好幾個星期以來的第一次。上床時很難安定下來，但並不反抗。

1995年4月9日

今天在去教會之後，凱蒂問了很多有關復活節的問題。她似乎對耶穌為我們而死這事實，有真實的情感反應。而且對猶太那麼「兇惡」感到苦惱，也為馬麗亞感到悲傷。對凱蒂來說，是很少出現那麼強的同理心的。馬克帶凱蒂到森林裡散步，看到狐狸的家人跟牠的小孩。剛開始很興奮，當狐狸媽媽看到他們時，她害怕起來，想要抓住馬克的手。回家時她騎在他的肩膀上。我知道馬克真的很喜歡凱蒂，儘管面臨她的挑戰。他不是因我而偽裝的，我想她可以看得出來的。然後，她告訴我所有這些事。睡覺時間似乎很平靜。

1995年4月10日

一個難以準備上學去的早上，她生氣我為她選擇了要穿的衣服、生氣早餐、拒絕被同理。回到家時一臉難過！珊蒂在下課時不跟她玩。她偶爾呈現了她的在乎，但並不生氣。願意接受安撫。可以帶著好心情協助黛安清理走廊，而且聽從指示。在睡前她對娃娃唱出我唱給她聽的催眠曲。然後，要求我對她的娃娃唱同樣的歌曲，之後唱給她聽。

1995年4月11日

可以跟珊蒂一起玩，她似乎覺得很高興，有可能對友誼有新的體驗。對此出現正常的焦慮、不安全感。要求閱讀兒童聖經裡有關復活節的內容，閱讀超過了一個小時。很少喋喋不休，出現較多對話。睡前唱歌：邀請黛安進來，分享我和她的時間。這是第一次出現。

1995年4月12日

下課後非常生氣，沒有任何線索得知為什麼。拒絕留在廚房，要在鞦韆架那裡。最後在晚餐時進來，生氣她要吃完飯後還要寫作業。沒得看電視，沒有發作，似乎只是難過而已。在睡前的活動時很安靜。接受同理及安撫。

1995 年 4 月 15 日

期待著復活節的服事，興奮及焦慮。有新的裙子。我的媽媽和弟弟及他的家人要來晚餐。問很多有關復活節的傳統禮節。睡時，真的很擔心她「無法應付」當天的興奮情緒。真實的害怕——第一次表達出來。一些深層的感覺和可愛，浮現出來。

1995 年 4 月 16 日

復活節對凱蒂來說是非常特別的日子。很警覺、有禮貌、控制。不想要把裙子弄髒。在教會裡總是靠近我。在晚飯前後都能很好地聽從指示。我弟弟看到她比 1 月份時有很大的進步。在上床時間想要有安靜的聊天，不要遊戲。討論夏天的來臨。她不想上學，永遠都不要，只想「所有時間」都留在家裡。

1995 年 4 月 17 日

又一次，困難的星期一早上。表現出痛苦並對我生氣。拒絕被同理。我給她驚喜，在她下課後去接她，帶她到沃特維爾的公園去，給她果汁及餅乾。她覺得困惑，因為她還有早上沒做的家事在下課後要做。當她回到家時，都已經完成。我看得出她又驚又喜了一陣子。在睡覺時間我得到一個特別強烈的擁抱。

1995 年 4 月 18 日

今天的治療似乎有衝擊。愛麗森花了好幾個月工作，在分辨我跟莎莉的不同。凱蒂以長大的聲調告訴愛麗森，莎莉和我是有所不同的，就像愛麗森不知道這點似的。在她回家途中，她告訴我她跟愛麗森說的都是真話。當然，在我因為她為了被要求等待而尖叫，要她離開桌子時，她恨我。在睡覺時間，她告訴我她說謊，她不恨我，她只是很氣我。我告訴她我相信她。

1995 年 4 月 19 日

我帶凱蒂和我到店裡買東西。她偷了一些糖果，在我們上車的時候被我發現。回去店裡歸還而且道歉。當我指示她如此做時，她服從了，而且似乎在事後的難過比生氣更多。晚餐之後我們在室外吹泡泡。夏天要來了！睡覺時間很順利。

1995 年 4 月 29 日星期六，賈姬讓凱蒂忙碌著不同的瑣碎家事及活動。那天下午她有額外的時間，所以決定帶凱蒂到森林裡去找尋一些春天的跡象。那天早上她們已經在庭園裡數到有十四隻知更鳥。到目前，凱蒂大致可以接受賈姬為她策劃的活動。如果賈姬允許凱蒂有更多的自由，她並不認為凱蒂可以繼續那麼合作。她知道凱蒂要依賴賈姬給予明確及結構化的外在規則。若是沒有結構化，她是無法維持友善及合作行為的。散步到森林去是一種變化，可是仍然是賈姬選擇提供給凱蒂的。

她們從小屋後面的一條古舊的小徑出發。這條小徑通往一個斜坡，穿越一個白色和黃色的樺樹形成的弓形頂篷，往下直到小池塘，而通常在夏天，當蚊子出沒的時候，她們都會避開那裡。她們開始找尋早春的花朵，用力穿越在小山丘南邊、靠近樹叢隱蔽處的一些枯葉。事實上凱蒂似乎對賈姬教導她的感到有興趣。她們耐心地移動那些葉子，很警覺有什麼東西躺在樹葉之間。她們找到一朵小小的、脆弱的黃色小花，賈姬辨識出它叫黃鱒百合，是賈姬喜歡的花之一。在這之後不久，她們找到一些鹿的蹤跡和一個豪豬的巢穴。當她們慢慢前進經過樺樹幽谷時，賈姬很享受，因為那是她喜歡的地方之一，凱蒂似乎也在分享賈姬感受到的驚嘆和平靜。

最後她們終於停留在另一個相似的地方來找尋花朵。這次，凱蒂處於一個較主動的角色。她似乎想要找到那些奇異的黃色花朵，那是賈姬很喜歡的。她很興奮的彎下腰，粗暴地把葉子撥到一邊。當她什麼也找不到時，她變得有些激動，開始踢更多的葉子。賈姬看到，告訴她要溫柔一點，不然她會傷害到任何她可能找到的花朵。凱蒂似乎有點失望，但願意服從，跪下來開始再次尋找。好些時間之後，她看見閃閃發亮黃色的花，非常高興的把它拔下來，拿到賈姬那裡。

「媽，你看，一朵黃鱒百合！」凱蒂大叫。

賈姬抬頭，看到凱蒂拿著花朵來給她。

「啊，凱蒂，那些花朵是不可以摘的！只可以觀看及欣賞！」賈姬說。

凱蒂聽了之後，感到失望，而她的反應就像是被打了一拳。賈姬看到她的反應，試著減輕她說的話的衝擊。「謝謝你，寶貝，你讓我看你找到的花朵。我知道你認為我會開心，所以你摘下來給我看。謝謝你寶貝。」

凱蒂對她說的話沒有反應。她丟下那朵花，轉身背向賈姬。

「寶貝，我應該告訴你那是不可以摘的。你以為我會高興，而你不知道我只是很喜歡欣賞它們。」賈姬再次嘗試修復她們的心情。

凱蒂走開一點，然後開始踢那些葉子。「我不在乎！」她大叫。「我不在乎！我不在乎！」

賈姬站起來走向她，凱蒂往小徑跑去。她是朝房子的方向走，所以賈姬並沒有太擔心。「凱蒂，停下來等我。我不是生你的氣。我想要你等等我！」對賈姬來說，這是那些突如其來的事件其中之一，她必須要直覺地決定如何反應。她應該追趕她，或是繼續走路，然後告訴她叫她停下來？

或是她不應該讓凱蒂使她心煩意亂，她就單純的繼續自己森林的探索？她決定不在意地走回家，當她走的時候，她到處張望周遭環境。她看見凱蒂急奔向斜坡，她假設她會在家裡看到她。

當她靠近森林邊際，她停下來朝周遭晃了一眼。她很慶幸她這樣做，因為她瞥見凱蒂藏在樹後，大概距離小徑有二十呎。

「凱蒂，快點出來吧，我們才可以一起走路回家。」賈姬輕鬆地說。

當凱蒂沒有反應時，賈姬轉向家的方向走，她知道凱蒂會以她的方式跟著。凱蒂有些害怕森林，所以賈姬有信心她不會自己單獨留在那裡很久。

當賈姬接近車房後方時，她聽到凱蒂跑到她後面。她微笑，轉向凱蒂，卻看到凱蒂向她投擲石頭。賈姬直覺地舉起她的手臂，石頭擦過她手腕邊，打到她的臉頰。當她大叫「凱蒂！」時，她轉過身臉朝下，背向凱蒂，做一個防衛的姿態。她感覺到另一個石頭打到她的腳，而第三顆石頭飛過她的肩膀。她再次看著凱蒂，見到她沒有石頭可丟了，她向著凱蒂快步走過去，抓住她的雙臂。

「凱蒂，我不會允許你傷害我！我對你所做的感到生氣！你會讓我受傷！在我們家裡，是不可以互相傷害的！」

「我不在乎！我恨你！我恨你！」凱蒂大喊大叫。

賈姬對她的發怒大吃一驚，她看著凱蒂的眼睛和臉，她可以感覺凱蒂的怨恨。「寶貝，我不恨你用石頭打到我。可是我很生氣，而我不會讓你這樣做。」

「讓我走！你就是很恨我！你恨我！」凱蒂再次尖叫，淚水流到她的臉上。

「我愛你，凱蒂，我愛你！」賈姬回答，把她拉向她。

凱蒂再次大叫，掙扎著要離開。她往後倒，賈姬失去平衡，她們都跌倒在地上。凱蒂繼續大喊大叫：「讓我走！讓我走！讓我走！」

凱蒂試著又踢又打賈姬，可是她的雙臂被壓在她的兩側，而她的腳太靠近賈姬，不能使力。然後，凱蒂試著用頭來撞她，和抓她的手臂。賈姬緊緊抓住，她們兩人都躺在濕濕的土地上。賈姬很高興現在沒有石頭在凱蒂的手邊。

「你是安全的，寶貝。我很生氣你用石頭來打我，可是我真的愛你。我會抱著你，只要你需要我這樣做。」賈姬平靜地說。

「你恨我！」凱蒂又開始這樣說。現在她的聲音比較不激烈，而她的動作也較輕。

「不，凱蒂，我不恨你。我只是難過你把那朵花摘下來，可是你是為了我而做的，是我沒有告訴你那些花是用來看的。我一點都不恨你，而且我可以了解為什麼你會生氣，因為當你把花拿給我的時候，我沒有高興。」賈姬靜靜地說，而凱蒂在聽。

賈姬感覺她開始放鬆，她舉起手把凱蒂臉上的眼淚擦乾。「噢，寶貝，你在生氣。你在學習和我親近，你做一些事情希望我會喜歡，可是我沒有。你用石頭打我，不過我沒事了。」

凱蒂現在看著賈姬，她看到賈姬剛被石頭打到的地方有些血。「你在流血！」凱蒂驚恐地大叫起來。「你在流血！是我把你弄傷！」

「那只是小小的傷口，寶貝，我沒事。」賈姬帶著微笑說。

凱蒂注視著那個傷口。「不，不要抱我。求你！我不好！不要愛我！不要愛我！」凱蒂似乎受到驚嚇。

「噢，凱蒂，我很遺憾你會認為你是壞的！我很遺憾！我真的愛你，而且我會繼續愛你！」

「不，不要愛我！」凱蒂還是很悲痛。

「凱蒂，凱蒂，凱蒂，也許現在你在恨你自己，可是我沒有，」賈姬流著淚說。「我愛你，而我希望有一天你也學會愛你自己。」賈姬慢慢的在濕泥及草地上前後搖著凱蒂。凱蒂開始更為用力地啜泣，她往賈姬身上靠著。她把臉埋在賈姬的脖子裡，她的啜泣使她們兩人身體都在顫動。她們兩人繼續哭著。

凱蒂身體往後仰，看著賈姬的雙眼。她注視了一陣子，然後從她絕望之境裡說出：「好難，學習去愛是好難的，我做不到。好難。」

賈姬注視著這個孩子，她是在驚恐和孤獨以及羞愧中被養育。她注視著凱蒂，她了解到凱蒂在教導她一些事情，她永遠都不會忘記。她永遠都不可能知道這小小孩承受了多深的痛苦。她不會知道過去有多難，而現在仍然很難。賈姬的淚水和痛在她的喉嚨裡，使她很難說話。她把凱蒂拉近自己，在她耳邊低語。

「我知道很難，凱蒂。我知道很難。我要你繼續嘗試去做，我想要你學習到愛，這是值得的。我想要你知道！」賈姬說。

她們休息了一會兒。賈姬用手穿過凱蒂的頭髮，然後溫柔地微笑看著她的眼睛。當她們開始感覺到冷的時候，她們互相幫忙站起來，賈姬的手環抱著凱蒂走回家去。

「你們兩人發生了什麼事？」當她們走進廚房的門時，黛安有些驚訝地說。「你們掉進池塘裡嗎？」

「你為什麼會這樣說？」賈姬有些訝異地說。「我們只不過到森林裡有一趟安靜的散步。」

「是呀，」凱蒂微笑，看著賈姬。「我們只是去看樹和花。」她們兩人都笑了。

「你何不先洗澡，凱蒂，」賈姬說。「我想你比我還要濕。」

凱蒂朝她的房間走去，比往常顯得輕鬆愉快。

第二天，星期日，去完教堂之後，凱蒂和賈姬完成她們的森林漫步。賈姬告訴凱蒂她第二個最喜歡的春天花朵，是地錢。

❖ ❖ ❖

在接下來那個星期的治療，愛麗森想要幫助凱蒂整合她跟賈姬在星期六那天的重要經驗。她很小心地不把事件太單純化的表達出來，因為凱蒂有可能用一些話語來減輕那次情感經驗對她的衝擊。如果愛麗森要幫助凱蒂從那次經驗中獲得進一步助益，她就要促使凱蒂有能力再次擁有那樣的經驗：去經驗所有的感覺；雖然不像當時那麼緊張。

在建立了一種正向及豐富的情感氣氛，以及探索各種較小事件及想法之後，愛麗森把凱蒂的注意力轉向星期六當天。

「我聽說你跟賈姬在週末的時候，花了一些時間在泥巴上翻滾。」愛麗森不經意地說。

有片刻，凱蒂不確定她是什麼意思。當她了解到愛麗森所指的是什麼時，她似乎感到混亂，好像她不知道她的感覺是什麼。她想對這件事大笑和開玩笑，也想要逃離這個主題和它可能會引發些什麼。她小心翼翼地跟隨著愛麗森的輕鬆心情。「我們被泥巴蓋住，然後真的好冷。我們必須走進房子，是我先洗澡的。」

「我很驚訝你們兩人等不及夏天來到，那時候在泥巴上翻滾比較溫暖。小豬是那樣做的。」愛麗森微笑。

「我們不想要太熱，愛麗森，」賈姬說。「而且我們想要看看春天的泥巴會不會黏在我們頭髮上。」

「有嗎？」愛麗森問。

「有！」她們兩人一起回應。

「而你們的散步在開始時是那麼的和平及寧靜！」愛麗森說。「誰會猜得到它會如何收場！」

愛麗森等了一陣子。凱蒂不會自願做什麼。愛麗森就請賈姬用她的手圍繞著凱蒂。她希望在治療時間，再次創造她們的經驗。

愛麗森坐在靠近她們的椅子上，繼續說：「聽起來你們兩人在那次的散步中，都有很多感受。似乎對你們兩人都很不容易，也很特別。」

「的確，愛麗森。」賈姬說。

「凱蒂，我知道，你對我談這件事感到有點生氣。告訴你媽媽，你現在的感覺。」

「我不想要談這件事。」凱蒂安靜地說。

「我知道你不想，凱蒂。」愛麗森靜靜地說。

愛麗森請賈姬跟凱蒂談這件事。

賈姬也安靜地說：「我可以了解你真的不想要再談這件事……和再次去感覺那些感受。……那是很難，……對你……是很難。」

賈姬繼續說：「當你給我那朵花，而我表現很失望你把它採下來時，你覺得很混亂！」賈姬開始更大聲地說。「你在想『她不想要！她在生氣我把它摘下來！……我什麼事都做不好！……我是不好！我永遠都不能做對事情！……她恨我！……好吧，我也要恨她！』所有這些想法，一定都出現在你的腦海裡，凱蒂。你覺得很生氣！你好混亂！而且很憤怒！……也很難過，你以為我不喜歡你的花！你恨你自己，你也恨我！」

賈姬在說的時候，看著凱蒂。凱蒂現在很緊繃，而且似乎感到不安。她不想再有那些感覺。「不要再說這件事！」凱蒂大叫。

「你想要我閉嘴！」賈姬用類似的聲調回應。「你不想要像那天一樣有那種生氣的感覺。」

「閉嘴！」

「噢，凱蒂，」賈姬比較柔和地說：「你好希望我不要再說了。可是它對你而言太混亂……而且太重要……對我們兩人來說。我認為我們還是需要再談談，好讓愛麗森能夠幫助我們。」賈姬給凱蒂一個快速的擁抱，可是她沒有反應。

「凱蒂，告訴你媽媽，這件事對你來說有多難，」愛麗森說。「說，『媽，這件事對我來說很難。』」凱蒂靜靜地坐著，看起來緊張而茫然。「如果我替你說話，怎麼樣，凱蒂？ 我來說話，如果你想聽，你就聽？」

凱蒂點頭。

「媽，這件事對我來說很難。」愛麗森看著賈姬為凱蒂說。

「我了解，凱蒂。」賈姬回答。

愛麗森繼續為凱蒂說話：「媽，當你不喜歡那朵花的時候，我是很氣你的！我覺得我永遠也不會讓你高興！我覺得你對我兇！我覺得你不會愛我！那真的讓我很氣你！我氣你不喜歡我的花！」

愛麗森可以看出，凱蒂現在比較難過而不是緊張，似乎想看著賈姬，但又害怕這樣做。

「我氣你不喜歡我！」愛麗森帶著悲傷的語調說。

凱蒂開始哭起來，她試著把她的頭埋在賈姬那裡。賈姬輕輕的把她的臉弄出來，把它轉到可以再次看到她的樣子。

愛麗森靜靜地說，仍然表示悲傷：「我很難過你不喜歡我。」

凱蒂繼續在哭。當她說的時候，發出呻吟聲音：「我很難過你不喜歡我！」

愛麗森繼續為凱蒂說話：「我害怕你真的不愛我！我害怕我永遠都不會變好！我想我永遠是壞的！我不相信你真的會愛我！」

愛麗森靜靜地坐著，知道凱蒂正在掙扎要說話，可是有困難，因為凱蒂帶著眼淚在顫抖。最後，用一種絕望和不再抱有希望的聲調，她說：「我不覺得……你會……愛……我。」凱蒂驟然大哭。當凱蒂在哭的時候，賈姬輕搖她靜靜地哼唱。

過了一陣子，凱蒂開始比較安靜，她跟賈姬彼此對看，賈姬幫她擦拭眼淚和撫平她的頭髮。賈姬靠過去，然後低語著：「沒有泥巴，我們也可以這樣做。」凱蒂微笑，兩人又再次擁抱在一起。

「你們兩個好知道怎樣擁抱，」當愛麗森說的時候，她是在微笑。「我可以了解當天對你們兩人來說，是有多難。」

再一次的沉默之後，愛麗森安靜地補充說：「凱蒂，當你們兩人離開森林的時候，你丟了一些石頭，而且有兩次打到你的媽媽。告訴她，你當時的感受是什麼。」

凱蒂看著賈姬，然後表達她的害怕，當她用石頭打到賈姬的時候，賈姬一定在恨她。她安靜地說話，有眼神接觸，而同時繼續維持著放鬆地在賈姬的手臂裡。

「我想到你有這感覺，寶貝。我覺得當你用石頭打到我的時候，你大概認為我永遠都不可能再愛你，因為你所做的事。然後我抓住你，是為了保護我們的安全，可是也想要讓你知道，就算很生氣，而我還是愛你的。」

凱蒂對賈姬微笑，捏了她的手臂一下。她似乎感到很平靜。

「凱蒂，為什麼不告訴賈姬，這愛的事情真混亂！」愛麗森說。

「我正在搞清楚，可是，這愛的事情真難！」

「你搞清楚什麼，凱蒂？」賈姬安靜地問。

凱蒂停下來，凝視著賈姬。然後把臉轉過去，又轉回來。賈姬和愛麗森在等待，似乎她們會永遠在等待著。

「我搞清楚你是愛我的。」凱蒂最後說出來。

「我很高興！」賈姬說，微笑著，再次抱著她。

「好了，你們兩人，」愛麗森說。「讓我們回到工作上，把那有關愛的事留在這星期以後的時間吧。」

「我也將會在治療時間愛這個孩子，愛麗森。」賈姬說，然後她們一起大笑著。

「好吧，如果你一定要，」愛麗森說。「可是，我還是要知道你們兩人在石頭這事件之後做了什麼。」

「我應該告訴她，或是你想要自己說？」賈姬問凱蒂。

凱蒂想要笑，可是似乎有一點不好意思。最後她還是說：「我要用洗衣糟裡的刷子，把我們衣服上的所有泥巴清乾淨。然後用洗衣機把它們洗乾淨。」然後凱蒂微笑著。

「她也要幫忙我把 OK 繃貼在我的臉上。」賈姬補充，她們又再次笑了起來。

「好吧，兩位，我想今天我們就停在這裡。不要在森林裡迷了路！」

1995 年 5 月間，凱蒂繼續在探索她跟賈姬之間的關係，就像是一種全新的經驗，而確實如此。她開始注意到賈姬跟她是分開的個體，賈姬發現凱蒂常常整天凝視著她。當凱蒂看到賈姬在微笑的時候會別過頭去。當賈姬要求她拿一些東西時，她會馬上聽從。凱蒂似乎是有股衝動想要討好她，而這差不多戰勝了她早期努力要抗拒她的狀況。

凱蒂似乎也嘗試去了解賈姬做某事的動機。凱蒂在過去，總是假設賈姬對她所做的事，都是在對她兇、不喜歡她，或是不在乎她想要的是什麼，現在凱蒂似乎嘗試找出是否可能有其他的原因。也許賈姬只是想要教導她一些事情，也許賈姬只是想把某些事情完成，也許她需要協助，也許她喜歡幫助她。凱蒂在小心翼翼地注意著賈姬，以及學習她的媽媽是如何的。

凱蒂在她生活上的憤怒並沒有就此消失。她仍然會爆發，可是沒有那麼經常性，而且比較沒有那麼強烈。什麼增加了？那就是她把憤怒朝向自己。她開始打自己的臉，或是把頭撞向牆壁。當賈姬糾正她的時候，或不允許她去做一些事情的時候，她就會這樣做。她想要制止自己對賈姬的憤怒，而且甘願打自己，如果有必要這樣做的時候。

5 月 16 日，下課之後，賈姬注意到凱蒂打了自己一巴掌。這是發生在她被告知不可以騎腳踏車之後，賈姬說：「凱蒂，你似乎對自己非常苛責。我很難過，當你生我的氣的時候，你想要打你自己。」然後賈姬就走開。如果她試圖去「救」凱蒂脫離憤怒，她很害怕這樣的爆發會就此增加。賈姬想要凱蒂看到，她是唯一一個被她自己行為傷害的人，賈姬為她感到難過，可是凱蒂並沒有傷害賈姬。

第二天，當賈姬看到凱蒂自我傷害的行為，接著又表現出些許挫折的感覺，賈姬對她說：「凱蒂，為什麼當你生氣的時候，你覺得要打你自己？」

凱蒂在回應以前，看著賈姬一陣子。「我只覺得痛……然後……痛就不見了。」

賈姬靠過去抱著她。「凱蒂，你不再需要去感覺那樣子的痛。」

「這沒有很糟糕，它持續不久，當它停止時，我覺得很好。」凱蒂沒有任何感覺的說。如果有的話，她只是對賈姬的關心覺得不解。

「可是你真的沒有必要去感覺那痛，凱蒂。如果你不打你自己，一切事情還是一樣。你不用為我要原諒你所做的事而懲罰你自己。」

「不！」凱蒂用力地回應。「我要傷害我自己。這是唯一的方法讓我可以再感覺到好。可是不用擔心，媽媽，沒有問題。它不會很痛，而且之後我覺得比較好過。」

「噢，凱蒂，」當她繼續抱著凱蒂時，賈姬說：「我很難過你有那樣的想法及感覺，可是我可以了解。要你對自己感覺到好，這是很難的。我的愛可以給予協助，可是我猜這要花更長的時間。」

「不，你不了解！」凱蒂大叫。「我一定要這樣做！」

「我知道，凱蒂，」賈姬說。「你認為你不應該得到更好的對待。」

凱蒂從椅子上跳起來，當她這樣做的時候，椅子往後倒。凱蒂看著那掉下去的椅子，情緒爆發起來。她跑到後門去，在賈姬想要制止她之前，她已經在走廊上，她一隻手揮動著，把花盆打倒。賈姬沒有聽到花盆倒在地上的聲音，因為凱蒂在尖叫。在天竺葵散落一地之後，凱蒂在那裡，跌跪在那瓦片、泥土、樹根、樹幹以及花瓣之間。

「不！不！不！」凱蒂尖叫著。「是你讓我這樣做的！為什麼你不讓我打我自己？為什麼不？」她的手在泥土裡，似乎她在狂亂地想要把它們全部再復原。

「我不是要阻止你，凱蒂！」賈姬說。「我只是想要你知道，你不需要再這樣做。」

「我要！我要！你還是不了解！」凱蒂透過她的淚水抬頭看賈姬。「如果我不傷害我自己……如果我不……傷害……我自己，我會傷害……你……，或是你的花！」凱蒂突然放聲大哭。賈姬以前沒有看過她哭得如此厲害，她拿著一朵紅色的天竺葵到她臉邊。賈姬跪在她前面，把她拉進她的雙臂。

「我不想要傷害你的花！」凱蒂繼續嗚咽著。

「我知道，凱蒂。凱蒂，我知道。」賈姬溫和地前後搖她時安靜地說。

「為什麼你要我傷害你的花？」凱蒂從賈姬的雙臂裡問。

「我沒有，凱蒂，我沒有，」賈姬回答。「而我也不要你傷害你自己。我的花對我來說是特別的，可是沒有像你一樣特別。那是我希望有一天你會知道的。我也希望你發現，當你生氣的時候，你不需要傷害我或你。你憤怒的感覺，不需主宰你，凱蒂。它們不需要跟打和傷害連結在一起。感覺憤怒只不過是一種感覺，而且可以是一種訊號告知你有事情困擾你。當你憤怒的時候，試著跟我或是馬克說。或是找方法去想別的事情，或是寫下來，或是在你房間裡怒罵。你不需要傷害我或你，不管你是不是生氣，寶貝。」

「我恐怕還沒有學會如何去做那些事情，媽。」

「不是一下就可以完全做到，凱蒂，可是在這些方面，你越來越好了，而且你在努力。一定的，你有時候會做不到。我可以處理，而且我還是愛你的。我們的愛是比任何以前的瘋狂錯誤還要大。」

賈姬注意到凱蒂開始在她的手臂裡感到放鬆，她有好幾次深深地呼吸，實際上是在顫抖和戰慄。她溫和地搖著她。

過了五分鐘之後，凱蒂往後仰，拿起一朵花給賈姬。「我們可以再把它們種起來嗎？它們不會有問題吧？」

賈姬溫和地從凱蒂那裡拿起有點撕裂的天竺葵，然後說：「我想是的，寶貝。走到車庫後面，在長凳上，你會看到很多這類型的花盆，拿一個過來這裡。」

凱蒂跳起來，跑進車庫去。她立刻就回來，此時，她就像是某人拿著奧林匹克火炬在奉獻般。她和賈姬很小心的把花朵再裝入，然後放回它們的位置，在充滿陽光的圍欄中。

她們凝視著天竺葵，在耀眼的陽光下顯得更鮮紅。

在治療時，愛麗森也注意到有些改變。凱蒂對她們要處理她在家中行為的討論，沒有馬上進入防衛、生氣和抗拒的態度。她談到打賈姬的事件，沒有為此事指責賈姬，事實上她似乎對她所做的事呈現了一些良心不安，而且有點意願嘗試去理解它，而不是為此找藉口。當賈姬說到一些有關凱蒂處理得不錯的狀況時，她也呈現了些微感到自豪的初步跡象。也許凱蒂的羞愧感正在開始減弱和瓦解，也許它已經不再占據凱蒂的心智、心靈及行為。

1995 年 6 月 5 日，在治療時，愛麗森探索凱蒂在生氣時必須傷害自己的感受。她可待在談話中，看來她正在努力想要弄明白，當她生氣時，她打自己的事。凱蒂現在更可以接受談論有關任何她曾經有過的記憶。愛麗森平靜地問她是否記得麥克生氣的時候打了她。凱蒂放鬆地靠在賈姬的手臂裡。愛麗森坐在靠近她們的沙發上。

「他用他的皮帶來打我，因為他在看電視，我把他的電視關掉！他常常對我都很兇！」她很大聲地述說有關她的父親——麥克。

「凱蒂，當他這麼做的時候，你是怎麼想的？」

「我覺得我很壞！可是我不壞！是**他**很壞！」

愛麗森配合凱蒂的激動情緒，接著說：「他是你的父親！他應該給你安全感，愛你，而不是打你！」

凱蒂也用同樣的激動語調加入：「我還很小！而且我哭的時候，他也會打我！」

「哦，凱蒂，」愛麗森平靜地說，「因為你哭他打你！你是一個小女孩，因為你哭他就打你。」

「他打我！他打我！他還把手放在我的脖子上！我無法呼吸！」凱蒂顯得很害怕。她從賈姬身上跑走，看著天花板，尖叫著：「我無法呼吸！」她繼續無言地尖叫。

愛麗森對賈姬說：「看看她是否會讓你碰她、撫摸她，並告訴她，她現在是安全的。一遍又一遍地告訴她，她是安全的。如果她不讓你抱她，就盡可能的靠近她就可以。」愛麗森知道，當一個孩子重返過去的恐懼時，她的反應有時是不可預測的，她需要一個強調安全感和共同調節情感的反應，這可引導她自信地回到現在。

賈姬帶有些許緊張地說：「凱蒂，凱蒂，你是安全的。你跟我在一起，凱蒂，你是安全的。麥克永遠不會再傷害到你。你跟我在一起很安全，你跟我在一起很安全。」賈姬把手從凱蒂的手臂移到她的肩膀上，然後靠近了她，凱蒂讓賈姬把自己拉到她的身邊。「是的，凱蒂，你跟我在一起很安全。我不會讓麥克再次傷害你的。你跟我在一起是安全的。我永遠不會因為你哭而傷害你的，我永遠不會為了任何事來傷害你。你跟我在一起是安全的，凱蒂。」當凱蒂柔順地靠在她身上時，賈姬開始輕輕搖晃她，親吻了一下她的頭髮，撫摸著她的臉，一次又一次地告訴凱蒂，她是安全的。」

最後愛麗森靜靜地對賈姬說：「凱蒂讓她自己記起更多有關她被麥克虐待的事情，這是她以前從未這樣做過的。她似乎記得麥克因為她的哭鬧而傷害她……凱蒂感覺到她曾被傷害。……我想當她哭的時候，麥克一定曾經讓她感到窒息。他威脅她只為了她在哭……他嚇壞了他的小女兒……只為了她在哭。」

愛麗森靜靜地在她的桌子那裡等待了十五分鐘，正當凱蒂和賈姬逐漸分開了一點，微笑著。她們開始小小聲地說話，甚至開始笑起來。她們看著愛麗森。

愛麗森坐在她們旁邊的沙發，她用雙手圍繞著她們。一陣子之後，她對凱蒂說：「寶貝，我希望你不用記得甚至感覺到那麼多的傷痛才會好起來，才會從賈姬那裡學到有關愛。我真的是這樣期望，我很難過這對你是那麼難。你似乎記得你無法呼吸的時候。麥克讓你難以呼吸的時刻，那太可怕了。當你記起來的時候，又再次被嚇壞了。我很高興你讓賈姬幫助你感到安全。也許可以開始相信賈姬會保護你的安全，這樣你就不用再害怕了。」

凱蒂只是凝視著愛麗森，愛麗森繼續說：「我真的認為，為了要學習去愛好父母而經歷所有這些痛，是值得的。可是我不是你，寶貝，我不能想像它對你有多難。」

愛麗森發現當她把手放在凱蒂的手上時，淚水從自己的臉頰滾落下來，滴在凱蒂的手上。凱蒂抬起她的手，捏著愛麗森的手。然後拿了紙巾，非常的小心，為愛麗森擦拭她的眼淚。之後她閉起眼睛，依偎在賈姬身上。凱蒂、賈姬及愛麗森就這樣靜止著……

評論

當凱蒂開始出現進步的跡象時，賈姬是很高興的。可是，賈姬超出了單純只為她變好而滿足，她開始期望那進步持續下去，而不要再有擾亂的行為。當凱蒂呈現統整的困難時，賈姬開始對她生氣，而這些現象在幾個月以前，是賈姬可以接受的。

賈姬從凱蒂那裡預測到一些行為的改善，而當凱蒂不能符合她的標準時，她就很憤慨。她開始認為凱蒂的行為表示了若非她是個很差勁的媽媽，不然就是凱蒂不夠盡力。沒有覺察到這種心態，賈姬就不再能接納凱蒂的現況了。凱蒂馬上敏感到這些許變化，她認為是賈姬對她的一種拒絕，而且也知道這可以讓她獲得機會去控制賈姬的情緒。唯有覺察到自己失去了治療性的接納，賈姬才得以重新控制自己的情緒和整個家庭的氣氛。是什麼使得賈姬重獲這覺察？主要來自她對她過去與母親關係覺察的增加，當她可以看到舊有的母女互動模式是如何影響到她目前跟凱蒂的互動，她就可以減少那些模式的影響力。

當一個有嚴重問題的孩子取得了進步，然後似乎又回到了以前的失調、衝動行為的狀態時，通常照顧者就會像賈姬一樣做出反應。當我們開始期待與某人的關係是愉快的，而對方卻與我們沒有正向的連結時，我們很難不感到沮喪、氣餒，並可能開始懷疑對方對這關係的承諾。照顧者可能會開始想：「她不是真心的」或「她並不在乎」或「她只是沒有嘗試」，這使得照顧者處於危險之中，而說出：「那我也不想嘗試了。」

實際上，這種常見的倒退反應，是與神經系統有關，經常發生在孩子正在進步的時候。這被稱為「多巴胺癱瘓」。多巴胺在大腦中負責創造快樂，在這情況下，是對關係改善的愉悅做出回應。在預期會出現良好素質的關係時，大腦就會產生多巴胺，而當這些素質沒有出現時，多巴胺就會停止，而大腦很難相信這些素質會再出現，也因此很難在它們出現時感到快樂，有時要較長時間才能感受到。

「態度」的四種特質（遊玩、接納、好奇、同理）是彼此牽動的。當賈姬開始有困難接受凱蒂的行為時，她就很難去同理凱蒂學習依靠賈姬並接受她的安撫的過程中所面對的困難。她必定是對凱蒂所做的決定及決定的原因失去了好奇，她在反應上也沒有那麼好玩有趣了，因為她都集中在要求凱蒂的表現上。雖然賈姬可能一直強烈地要對她做出承諾，但她已經失去了跟凱蒂同樂的那種情感。賈姬正經歷著封鎖照顧，在這種感覺中，她仍然做著為人父母的工作，但是她的心卻不在她身上。一旦她重新建立她所有的態度，賈姬就會發現比較容易再次跟凱蒂情感調和，而且協助她度過她的羞愧。賈姬與馬克和愛麗森的關係對賈姬來說是非常重要的，讓她能夠度過這艱難的時刻，並再次找到照顧凱蒂的心。他們就像是賈姬的依附者，提供了安全和接納，以支持她可以再次作為凱蒂的依附者。

當凱蒂開始想要討好賈姬時，她是在跟賈姬形成安全依附關係上往前踏出一步。同時，凱蒂嘗試去了解賈姬的內在世界，她也開始去研究賈姬的動機、興趣及期望。自她從學步兒開始，這是她的第一次出現動機，想要她的父母喜歡她，和她的父母相像。而不是找方法來操控父母。這些努力反映出一個新的意義，就是要和父母建立關係，以及發現她是有價值的，足以對她生命中重要的人物帶來喜悅。因為這些原因，對凱蒂來說，她之前努力討好是很需要得到成功的。當她摘一朵花給賈姬時，發現賈姬不高興，而且沒有跟她的情感調和一致，凱蒂經驗到這行為是被她拒絕的。她新的努力失敗了！她的羞愧非常強烈，她馬上對賈姬轉為憤怒。

當像凱蒂這樣的小孩開始真心的去討好他們的父母時，他們有時候會失敗。或許賈姬應該更敏感到凱蒂給她那朵花的重要性，可是我們不能期望賈姬永遠那麼警覺，要對凱蒂的努力做出情感一致的回應。但當賈姬覺察到這所有努力的重要性是呈現凱蒂的進步時，她對自己的行為對凱蒂所造成的打擊，還是需要給一個真實的反應。如果凱蒂沒有在她努力去討好方面得到成功，賈姬要再次轉向使用那些「態度」，來協助她度過因為失敗而產生的羞愧感。如果賈姬能夠經常這樣做，當凱蒂努力要討好她而不成功時，她就可以統整她的失望，然後逐漸學習到這些失敗不會損害他們的關係。

很多時候，當沒有安全依附的孩子開始想要去討好母親，和找尋跟她互惠樂趣的經驗時，她不知道該如何處理對她母親的生氣。凱蒂正在開始嘗試避免對賈姬出現爆發性的生氣，可是她還是經常主觀地錯判賈姬對她的動機及行為。有時候她覺得賈姬沒有那麼想要跟她在一起，或是賈姬不公平。當她不想要對賈姬生氣時，她該如何處理她對賈姬的生氣？凱蒂的解決方式，通常都是把她的生氣轉向自己。很多有著像凱蒂同樣背景的孩子，都會從事自我虐待的行為，而有些則會在他們開始建立有意義、安全依附時才呈現一些這樣的行為。凱蒂會寧可傷害她自己，也不要冒險傷害賈姬或是她們正在發展中的關係。而且她也真的感覺到對自己的生氣，想到她對賈姬的生氣只是反映她的「壞自我」，那是她仍然需要去控制的。比起知道自己不是「壞」，她在知道賈姬不是「兇」的方面進步得多。

當賈姬嘗試阻止她傷害自己時，凱蒂覺得受困。凱蒂透過依循自己解決生氣的方式，她在觸怒賈姬。的確，她會這樣做的其中一個原因，是她想要討好賈姬，因為透過傷害她自己，她不會傷害到賈姬！而且凱蒂知道當她傷害自己時，她所感覺到的那個痛，相對於失去她生命中開始感覺到最重要的關係，所感覺到的痛還輕微。為什麼賈姬不能了解她呢？

凱蒂努力地討好賈姬，以及努力地把憤怒朝向自己的處理方式，都顯示了她在心理發展上的進步。她目前的內在動機出現了與她媽媽賈姬的關係，而不只是單純的受到操弄及掌控的驅使，她把這樣的關係統整到她感受到什麼是對她最有利的。她的解決方法也許不是最健康的，可是它們的性質與先前不同，比當她呈現發展性創傷的跡象時，孤單感中產生自我毀滅的動機來得好。比較起當初，她現在的發展階段，將使她更容易把自己的新經驗整合到她的自我感中。

當愛麗森引導凱蒂去探索她和麥克的關係時，凱蒂經歷強烈的再度重演當她在哭的時候，麥克恐嚇她，讓她感到窒息的經驗。雖然這樣激烈的情緒不是經常會發生在回憶起虐待事件時，可是它確實會發生的，這時候與孩子正在建立安全依附的照顧者，需要給予情感調節。在賈姬的安慰下，回想起那些創傷事件，讓凱蒂把這個事件整合到她的生活故事中，並且朝著解決它的方向前進，這樣，事件最終不再是極強烈和創傷性的經驗了。試圖逃避這樣的記憶，可能會使事件得不到解決，有可能會導致未來發生任何類似於當初的事件的壓力時造成失調。愛麗森是不會去引導凱蒂回想那些事件，一直到自己有信心，相信凱蒂能夠依靠賈姬，還有愛麗森來獲得慰藉和支持，那是凱蒂需要用來維持情緒的調節，和開始創造這些創傷事件新意義的過程。

如果有孩子像凱蒂那般激烈地再度經驗創傷，治療師要持續維持他的接納及同理的態度，告知他對一個孩子來說這是多麼難的經驗。治療師也要很鎮靜的告訴孩子，他在這此時此地並沒有受到虐待，孩子是很安全的跟治療師和父母在一起。治療師也要清楚地闡明孩子正在憶起的之前事件是虐待，如果可以，細緻的闡述孩子遭受虐待的方式。治療師也要談論有關孩子如何解釋自己被虐的意義（例如：我好壞），以及為了孩子的統整，給予新的解釋（例如：他用的方式不對）。但是，如果有任何意識到孩子對這樣的進一步探索感覺不夠安全，最好等待適合的日子再進行。重點始終是確保兒童在關注過去的創傷之前、期間和之後的安全。

第17章
夏天再臨

1995年6月9日，凱蒂第一次住在同一個寄養家庭裡整整一年沒有離開。賈姬想慶祝他們的共處一週年，如同過去的做法，簡單不鋪張。

那天早上，賈姬為凱蒂弄了一份她最喜歡的早餐：香腸和煎餅，當凱蒂坐上餐桌時，賈姬特別將早餐送到她前面。「這是給你的，孩子。這是慶祝你去年今天來到這裡，剛好一週年紀念。」賈姬說。「你可以選擇今天晚餐的甜點，而且我會給你一個額外的擁抱。」賈姬伸出手擁抱她。凱蒂似乎對早餐的注意更甚於那擁抱。

「那是什麼意思？」凱蒂問。「一週年紀念是什麼意思？」在她對賈姬回應之前，她已經快吃完她的早餐了。

「這表示你跟我們共住了一年，整整十二個月，三百六十五天。」賈姬回答。

凱蒂再仔細地想這事。「你的意思是說從這天開始，每天將會是第二次我跟你們住在一起？」

「就是那樣，寶貝。」賈姬回答。「所以在7月4日，放煙火那天，將會是你跟我們在一起看煙火的日子。同樣的，你8月的生日和我9月的生日，我們都是第二次在一起。」

「我可以在我生日時開派對嗎？」凱蒂問。「珊蒂和艾蜜莉還有艾莉絲跟艾瑞卡可以來嗎？」

「現在距離你的生日還有很長一段時間，寶貝。如果你可以處理生日的有關事項，那麼你可以有一個大型派對，」賈姬回答。「如果我認為你可以面對，在你生日前的五到十天時我會讓你知道。」

「我現在已經不一樣了，媽媽，你不覺得嗎？」

賈姬放下她的叉子，看著凱蒂。她的意思是什麼呢？她的意思是說她長得比較高大了一點，還是說她比較聰明，或是她又多了一歲？「你認為你自己怎麼不一樣了，寶貝？」

凱蒂坐了一陣子。「我不再壞了。」

「噢，寶貝！哇！你不再感覺你是壞的，真好。你開始看到你自己就像是我看到的你一樣，哇！」賈姬說。「而你現在也學到如何處理那些讓你感到煩惱和生氣的事情。」

「我過去一直感覺到自己是壞的，」凱蒂慢慢地說。「我只是不知道我感覺到壞。但我想我一定是從我還是嬰兒的時候就感覺到。現在我不再覺得自己很壞了。」

凱蒂面對著賈姬微笑，而沒有往別處看。

「為什麼你覺得你已經改變？」賈姬問。

「你和愛麗森教導我，說我是好小孩。」凱蒂很安靜地說。

「對我們這樣做，你是怎麼想的？」賈姬的詫異持續著。

「我不知道，」凱蒂安靜地說。「可是我想是因為你們愛我。」

「我想你是對的，寶貝。而我是……我是愛你的。」

「我知道，媽。」

賈姬站起來把凱蒂抱在懷裡。「我不想現在哭，寶貝，因為你可能也會開始哭起來，而你在五分鐘內就要上學去，今天你在學校的時候，我會想你。」

「媽，沒有問題的，」凱蒂說。「我下午就會回來，而在暑假前我只有兩天的課了。」

賈姬微笑，她們結束了早餐。凱蒂給了她的媽媽一個擁抱，然後坐上校車。

賈姬需要找人說一說。雖然愛麗森常常要她小心，不要對任何事情的發生太過興奮，除非它持續一陣子，可是賈姬認為這次是不同的。愛麗森會看出來凱蒂剛才的反應確實有一些特別，而這種特殊的反應已經發生好一陣子了。賈姬打電話給愛麗森，跟她分享這好消息，愛麗森同意有一些特殊的事已經發生了。她們在電話裡說話時都流下了眼淚。

賈姬的日記

1995年6月15日

暑假的第一天。凱蒂看起來很快樂和放鬆。真的覺得現在她是比以前更想留在家裡。她很快樂的在花園裡跟我一起工作，把豌豆捆起來，我們兩人都覺得有點熱。她說：「在奧卡斯特從來都沒有陽光。」我不知道她說的意思。她說：「當我跟莎莉和麥克在奧卡斯特住的時候，太陽都沒有照射在那裡。」我告訴她，我可以了解她為何有那樣的感覺。她回答：「不，媽，太陽真的從來都沒有照射那裡。」我說我很高興，太陽在維蘇保羅鎮照耀著，她同意，但沒有再說什麼。

1995年6月17日

我告訴凱蒂明天是父親節。她下午花了大部分時間在她的房間裡忙。她畫了六幅圖畫，有關馬克跟她做的事，有一幅是她躺在毛毯「吊床」上，馬克在推她，還畫了馬克帶她去森林看狐狸，和修理她的床頭燈，那是在一個月前，她在憤怒情況下，把它摔壞了。在每一幅畫上頭她寫著：「我爸爸真的做到」。在第七幅畫上，她寫著：「這就是為什麼我愛我的爸爸」。在答應她我不會說出去之後，我幫忙把它做成一本書。

1995年6月18日

父親節對凱蒂來說是一個成功。馬克很驚訝，也很感動。他抓起她，轉起圈來，之後讓她坐在電冰箱上。他告訴她，他會跟她做很多不同的事，那麼，在他生日時，她就有更多東西可以畫。他似乎真的對她很重要。我很高興看到馬克真的愛她。

1995年6月22日

自學校放假以來第一次發脾氣，生氣她不能跟黛安一起去游泳。她責怪我，雖然事情與我無關。在廚房及走廊間來回跺腳，我建議她在車庫那裡來回跺腳五次，她真的做了。為了給她休息，我「讓」她跟我在花園裡除草。她說我在戲弄她，可是，她是在微笑，然後還是幫忙了。在走進屋子途中，我用水龍頭噴她，這樣她才不會把泥土帶進廚房。當我要回花園，把我忘記的桶子拿回來時，她拿著水龍頭在等我，把我身上的泥土清乾淨。

1995年6月25日

她學校的朋友艾蜜莉，在今天下午來探訪。她們出出進進很多次。事實上，凱蒂讓我想起黛安在她這年齡的時候。有一次，凱蒂對艾蜜莉大叫，因為她把凱蒂的娃娃弄髒，可是在她要把最喜歡的娃娃帶進去之前，她很快恢復過來，並且跟艾蜜莉道歉。也許在下次，我會嘗試讓她去艾蜜莉的家。艾蜜莉走了之後，她很容易就可以平靜下來。對艾蜜莉的離開，她似乎感到放鬆，她不需要太過克制她的行為。有個安靜和親近的睡覺時間。

1995 年 6 月 28 日

去超市。凱蒂看到一位媽媽向著她的小男孩大叫，而且很粗魯的把他手上的玩具搶走，又拉著他，在通道盡頭對他大吼。她對那男孩被如此對待感到生氣。她說那媽媽一定是有毛病，因為她對他很兇，而且不知道如何告訴她的孩子把玩具放回去。她問，那男孩是否像她一樣需要有一個好的家，讓他可以安全，而且可以學習到父母是如何愛他們的孩子。當我告訴她孩子必須要受到很大的傷害，就像她以前一樣，兒童保護服務才會把孩子從他的家帶走，她似乎感到失望。她表示不懂，要如何決定怎樣才是夠糟糕的情況。

1995 年 7 月 2 日，在凱蒂治療時段中，愛麗森決定要給凱蒂看一些莎莉和麥克的照片，那是史提芬設法從他們那裡得來的。他拜訪他們，要求他們提供資訊及照片，作為凱蒂的生命小書，那是要用來準備凱蒂被領養用的。這本書包括了凱蒂從出生到被領養時的歷史，而且也可以作為她生命頭幾年的回顧。愛麗森有莎莉、麥克及凱蒂單獨的照片。有幾張是凱蒂嬰兒時的照片，還有另外幾張是當她較大時照的，有一張是莎莉抱著凱蒂，而另一張是凱蒂和父母兩人擺姿勢在照相。

愛麗森說：「凱蒂小孩，你媽媽告訴我，過去幾個星期以來，你似乎很快樂，而且把事情處理得相當好。你是這樣認為的嗎？」

「是，」凱蒂回答。然後她再加上：「今年暑假我覺得好玩。」

「真的很棒。甚至你上星期，因為我放假你沒有跟我見面，你都做得很好，我在想那表示著什麼嗎？」

「表示我不用再跟你見面！」凱蒂微笑。

「沒有那麼快，孩子，」愛麗森回答。「你以為你可以那麼容易擺脫我？休想。我還要繼續挑剔你，直到你五十歲！」

「不，你不會。我在我媽家學習如何成為一個一般孩子，而你說過那就是你要跟我見面的目的。」凱蒂微笑。

「好吧，聽你的！」愛麗森說。「還有賈姬也說你是。到底是什麼意思？」

「我不再覺得我是壞的。」凱蒂很簡單的說。

「哇，我很替你高興，你知道你是好孩子，」愛麗森說。「我知道，你真的有努力在做。」

「是的，而媽說我現在可以處理源源不絕的好玩事情。」凱蒂驕傲地說。

愛麗森好奇地看著賈姬。

「記得嗎，愛麗森，很久以前我們告訴凱蒂，她一次只可以處理一點有趣事件，所以我們要小心不要給她太多。最近我覺得她可以處理源源不絕的好玩事情，所以她比過去得到更多。而剛好也是夏天的時候。」

「不多久我就可以應付一大堆樂趣！」凱蒂說。

「一大堆！聽聽看你的話！很確定，你正在為自己定計畫。」愛麗森說。

「現在已經源源不絕了。」賈姬微笑。

「好吧，有趣的女孩，」愛麗森說。「所以你不再覺得你是壞的，而且你更能好好地處理你的憤怒和煩惱，更容易感到有樂趣和愛你的媽媽。你過了好忙的一年。」

凱蒂看著賈姬，微笑著；賈姬輕輕捏了她一下。

「你媽媽告訴我，你做了一份好棒的禮物送給爸爸作為父親節禮物，」愛麗森說。「我們很少說到你的爸爸，聽起來你跟他也相處得很不錯。」

「我把他跟我一起的情形畫下來，」凱蒂快速地說。「他說他會陪我做更多的事，這樣我就可以在他生日時，畫給他更多的畫。」

「多棒的計畫，寶貝，」愛麗森說。「聽起來他對你來說像是一位特別的爸爸。」

「他是。」凱蒂再次對賈姬微笑。賈姬再次輕輕地捏了她一下。

「賈姬和馬克，你現在的媽媽和爸爸，跟沙莉及麥克，你的第一位媽媽和爸爸，他們有什麼不一樣？」愛麗森說。

「莎莉和麥克說我是壞的，而賈姬和馬克說我是好的，」凱蒂說。「還有賈姬和馬克愛我。莎莉和麥克對我兇！」

「那真是大大的差別，凱蒂，」愛麗森說。「當你以前很難看出賈姬和馬克是如何跟你親父母不同時，我為你感到難過。當賈姬沒有讓你做你想做的事，或是要你留在她身邊時，過去你都一直對她很生氣。」

「我以為她也對我不好！」凱蒂說。「我不知道她只是在教我需要學習的事情。」

「是的，你以為她對你使壞，而你也必須要對她使壞！」愛麗森說。「我很好奇你是如何知道你們兩人都不是壞的。」

「當我對她不好的時候，媽還是繼續愛我。」凱蒂說。她似乎可以直接走到真相的核心。「我的心不再需要有一道牆圍住了。」

「你知道嗎？凱蒂，我認為你是對的。」愛麗森說。

「我知道。」凱蒂說。

愛麗森和賈姬彼此對看，微笑。凱蒂也微笑著，然後她捏了賈姬一下，她們都大笑起來。

「好吧！凱蒂，」愛麗森說，「我們還是有功課要做。」

凱蒂先是失望地看著愛麗森，然後鎮靜地看著她。

「史提芬給了我一些你跟莎莉和麥克住的時候的照片，還有其他你親父母的照片，」愛麗森說。「我現在想要跟你一起來看那些照片，也看看你有什麼想法。賈姬，當她在看這些照片時，你可以在沙發上靠近凱蒂坐嗎？」

「當然，愛麗森。」賈姬說。

愛麗森給凱蒂看的是她大概三個月大時的照片，仰臥在地上的毯子上。

「那是我嗎？」

「是的，寶貝。」

「噢，凱蒂，你那時候是多麼可愛的小嬰兒！」賈姬驚嘆著。「多麼大及可愛的眼睛。你的頭髮只有一點點。」

凱蒂凝視著她的照片，愛麗森和賈姬等待著她的反應，最後凱蒂看著賈姬。

「我真希望當你在三個月大時，是我在照顧你。」賈姬說。

「你會怎麼做？」凱蒂問。

賈姬把她拉向她的手臂裡，她開始慢慢的搖著身體，然後靜靜地說：「我會看著你的眼睛，然後看看你是多麼的美妙。我會搖著你就像現在一樣，之後，看著你那小小的手指頭，就像是這樣。然後我會溫柔地捏你，像這樣子，而且安靜地為你唱搖籃曲。我會小心地餵你和抱你。每天我會用好幾小時這樣做，然後你會知道你是好的，對我來說是特別的，我是愛你的。」

賈姬繼續凝視著她，直到凱蒂起來緊緊地抱著她。

「我希望當我出生時，你是我媽媽。」凱蒂說。「我希望我像黛安和麥修一樣曾經在你肚子裡。」

「對我來說那也會是很棒的事，凱蒂。」賈姬說。

凱蒂笑著說：「但是你現在可以給我唱搖籃曲了！」

她們微笑著，再次大笑起來。賈姬給她唱了一首搖籃曲，低聲說：「我愛你。」然後，賈姬幫凱蒂坐回她旁邊，愛麗森繼續給她多看一些她的照片。

當愛麗森給她看她大概在十八個月大，跟莎莉及麥克在一起的照片時，凱蒂開始變得靜靜的，而且顯得有些緊張。她凝視著照片，專心地看著每一個人。

「假裝莎莉和麥克在這裡，凱蒂，就像是他們在照片裡一樣，」愛麗森說。「說出任何你想跟他們說的話。」

凱蒂馬上開始對那照片說話。「你們為什麼對我那麼兇？為什麼你們不好好照顧我？你們對待我的方式是壞的。作為父母，是不可以用這樣的方式對待他們的孩子！你們讓我覺得我是壞的！你們對我有好多傷害。為什麼你們不好好的照顧我？」

凱蒂停下來，注視著那照片。

「告訴他們，他們永遠不會再傷害到你，凱蒂。」愛麗森說。

「你們永遠不會再傷害到我。賈姬是我的媽媽，而她保護我的安全。她愛我，也讓我知道我是好的，」凱蒂說。「我是好的，而你們不能再對我兇。」

愛麗森拿著照片，然後給凱蒂其中一張只有莎莉獨照的。「你想要說什麼嗎？就跟莎莉說，凱蒂。」

「為什麼你不照顧我？為什麼你讓麥克傷害我？」凱蒂靜靜的看著照片。「有時候我還是會想你，也期望你會好好照顧我。有時候我會期望你愛我，就像是賈姬愛我的方式一樣。」

「這是很悲傷的事，凱蒂，」賈姬說。「莎莉沒有做到好好的照顧你及愛你。我知道，有時候除了對她生氣，你也在想她和愛她。我猜，有時候莎莉是有抱你、安撫你，和讓你知道你對她是特別的。只是，她無法常常做，而那是你需要的。就像是任何一個嬰兒所需要的一樣。我可以了解，為什麼有時候你期望她可以更好的照顧你，這樣，她就可以還是你的媽媽，而且對你來說是一個很好的媽媽。」

過了一陣子之後，愛麗森給了凱蒂一張麥克的照片。「你想要跟麥克說什麼嗎，凱蒂？」

「我不會想你，你對我好壞，也好兇。你從來都不抱我，也不愛我。莎莉會，可是你不會！我一點都不會想你！」凱蒂所說的字句相當強烈，而且很確定。在那時候，她只感到對麥克有很多憤怒，也有可能對他有這樣的感覺已經有好長的一段時間。

在把所有照片放到桌子上之後，愛麗森告訴凱蒂，史提芬會做一本相簿給她，內容有那些照片還有很多是來自寄養照顧的生活，包括之前的三個家庭。

「我不想要有其他家庭的照片。」凱蒂說。

「為什麼，凱蒂？」愛麗森問。

「因為我在那些家庭裡都不快樂。我不想念他們。」凱蒂回答。

「關於之前的寄養家庭，你記得一些什麼？」愛麗森問。

凱蒂想了一下。「我記得他們不知道如何來照顧我，他們對我好生氣。他們沒有像媽那樣子的對待我。」

「賈姬跟露絲及蘇珊的方式有什麼不同嗎？」愛麗森問。

「當我恨她時，媽不會回恨我，」凱蒂說。「我不知道其他的媽媽恨不恨我，可是我感覺到她們不喜歡我，所以我就更不喜歡她們！」

「聽起來，當你跟其他媽媽住在一起的時候，你還是感覺到你是壞的，而她們沒有教會你，你是好的。」愛麗森說。

「是的。」凱蒂說。她開始失去興趣。愛麗森決定，這不足八歲的女孩，已經工作得夠多。她告訴凱蒂，她可以得到一個短時間的時段，所以她現在可以回家，然後再次打開她那源源不絕的樂趣。凱蒂同意。

當賈姬和凱蒂離開後，史提芬留下來幾分鐘，跟愛麗森談話。

「剛剛發生了什麼事？」他問。「那已經不是我六個月前，或甚至是三個月前認識的那個孩子了。」

「我想你是對的，」愛麗森回答。「這些變化是在三到六個月前發展起來的，但是它們大部分都在內在，很難看到。現在裡裡外外，凱蒂是一個很不一樣的孩子了。」

「為什麼？是什麼戲法？」

「這並不意外，賈姬和我跟她已經工作了十三個月。在第一個星期和第一次治療所發生的事，跟上星期所發生的事一樣重要。她終於可以注意到賈姬提供給她的，而且開始把它統整到一致的自我裡，而沒有自我憎恨、憤怒、孤立、絕望、羞愧和害怕。跟賈姬在一起，她開始感到安全，也因此她可以依賴她、信任她、被她安撫，也可以跟她共享樂趣。賈姬看見——真的發現到——有關這女孩美好的事情，連這女孩子也從來不知道它的存在；莎莉沒有常常看到它們。現在凱蒂也開始看見它們。」

「何以這來得那麼突然？」

「這已經發生了好一陣子，」愛麗森說。「我們注意到，在 1 月時，她可以有自我反思、接受賈姬的權威也有能力玩得開心，及經驗到真實的情感回饋的時候，一種自我統整及自我接納的內在過程已經發生了，它反映出她知道也信任和賈姬建立安全依附關係的外在過程。我們現在所看到的，我們可以假設，她把賈姬經驗到的她，統整到她對自己的經驗裡，一些她之前從來沒有跟任何人做過的事，包括莎莉。」

「這會不會持久？」

「我相信會，」愛麗森回答。「很確定的，未來凱蒂在壓力下，她也許會有點不能統整。但這種情況發生的時候，賈姬只要再次跟她『在一起』，把焦點一再放在那些『態度』上，然後在她身邊，為她提供更多的結構和監督。當她準備好，賈姬就會再次給她更多的機會去做自己想做的事情，和『一大堆』的樂趣。」

「因為凱蒂基本的心理狀態已經改變，我很相信是會持久的，」愛麗森說。「她現在知道什麼是愛。我不能想像她會再次倒退，就像當她在嬰兒時所做的一樣。她也知道，我的意思是她真的知道，她是好孩子，很棒的孩子。她也許偶爾會懷疑，可是她已經開始了解到真相，在她的直覺裡，她是不容易忘記的。」

「有些孩子的掙扎比凱蒂還要久。為此，我們真的是很幸運。有些孩子永遠得不到凱蒂現在似乎得到的程度。她的整個世界是開放的，有著她之前從來都沒有過的新的覺察。同理、良心苛責、真心的笑、友誼、很真實地享受那興奮的感覺、感到好奇、發現她的才能，這些，對凱蒂來說，原本都只是字句，與她的真實生活無關，現在它們是有關聯的，再等一年你再見到她，就會更不一樣。」

「但在我們談論再等一年之前，我們要討論有關領養的事情，」愛麗森說。「我想人民服務局不久就要開始處理她被領養的事情。我很確定她會有一段艱難的時刻，所以我們即將有機會看到她獲得了多少的統整。」

「我很高興你提出來，」史提芬說。「我打算要徵得凱瑟琳的許可，讓我可以繼續當凱蒂的個案社工，處理她被領養的過程。我現在有不同的督導，可以告知我如何準備凱蒂被領養的做法。事實上我也正計畫不久要打電話給賈姬和你，我們需要開會決定，用什麼樣的最佳方式，跟凱蒂說出有關領養和搬離的事情。」

1995 年 7 月 6 日，史提芬打電話給賈姬說，他和他負責領養工作的督導珍妮絲，想要跟她和愛麗森有一次見面，談論有關凱蒂領養的計畫。他說，他們需要討論領養的過程如何進行、誰先知會凱蒂，以及整個過程需要多久時間。他最後說，賈姬應該要好好想一想哪些父母類型是最適合凱蒂的。他說愛麗森 7 月 10 日星期一有空，賈姬表示可以出席。

那天傍晚，賈姬和馬克談論有關史提芬來電的事，那對凱蒂和他們有著什麼樣的意義？賈姬對這孩子有種保護的感覺，畢竟她已經跟賈姬住了一年的時間。她知道凱蒂必須獲知一些真相，可是，她不可以有多些時間來實實在在的鞏固她所做的努力嗎？她準備好了嚴酷的考驗嗎？一旦被告知她要搬離，會如何？當她被告知有其他人即將成為她的媽媽時，她對賈姬的依附，夠強烈到可以禁得起這個事實嗎？她會讓賈姬來安撫她嗎？賈姬和愛麗森定期性的對凱蒂提到，她只是暫時的跟賈姬在一起。寄養家庭是一個「協助孩子的家」，直到孩子可以去一個「永久的家」。凱蒂對這些資訊從來不怎麼回應。也許那時候對她而言，沒有多大意義，因為賈姬對凱蒂來說，還沒有非常特別。現在不一樣，她是無法避而不談了。

「馬克，我還是不知道。我了解蓋比他的狀況是比較開放及可以信賴，也許只是因為我們跟他有更長的時間在一起，在我們開始要進行他換家庭之前，我很清楚他是可以的。」

「我完全同意，」馬克回答。「對凱蒂來說，這仍然是一種新的感覺，而且比起蓋比，她的安全感還是少了一些。我也不想要她失去所有她努力得來的。」

「我會擔心她不夠愛我，而她無法哀悼失去我。如果她無法做到，我很害怕她永遠也不能跟其他人建立安全的依附。不過，我也知道她差不多快八歲了，在她可以跟她的領養父母見面前，我們不能期望她再多等一年。」賈姬說。

「為什麼我們要她經歷這些？」馬克問。「讓我們領養她。」

賈姬往後退，注視著她的丈夫。

「什麼？你剛才說什麼，馬克？」

「我們領養她。」他回答。

「你想要領養她？」賈姬問。「你真的想？」

「愛麗森和史提芬和其他人，似乎都說領養對她是最好的，」馬克說。「而我同意他們的看法。你愛她，我愛她，她真的在學著愛我們，而很確定的，她需要我們。所以……沒有什麼會比這更合理的。」

「你以前沒有說過任何有關那樣的事。」賈姬說。

「這只是最近才談到。如果你不想要領養她，我不想讓你感到有罪惡感。我知道你是多麼喜歡做寄養照顧者，這將不得不停止，至少現在是這樣。你是主要跟她工作的人。對我來說『讓我們來領養』是很簡單，但這對你的影響很大，而且大部分隨之而來的事都是你的責任。所以我沒有說什麼，除非你提出來。」

「為什麼你現在說出來呢，馬克？」賈姬問，真的感到很疑惑。

「當說到『領養』的時候，我看到你臉上的表情。我了解你。你在我眼前發抖。我知道你想要她，就跟你想要我們其他人一樣多。而且，既然我也想領養她，如果你不願意的話，我也不會這樣說。」

「你不是在說我們領養她是為了我，對吧，馬克？」賈姬問。

「我是說我們領養她，因為她已經在我們的血液裡，讓我們把它合法化，」馬克說。「現在你想要先哭，還是想要抱我，或是你想要兩樣同時一起做？」

他們是兩者同時進行。

1995 年 7 月 10 日，史提芬和領養工作的督導珍妮絲，與賈姬和愛麗森會面，討論有關領養的事情。珍妮絲在一般程序上已經給予史提芬指導，他們接下來是要為凱蒂做準備，他們在賈姬的家中討論如何進行。

「我想到我應該來你家，正式地告訴凱蒂，我會在她的生命故事中和她一起工作。在開始找尋一個適合她的家以前，我會解釋那是什麼，為什麼那麼重要。我會確認她知道，她對適合她的家庭的想法和感覺非常重要，所以她在這進行過程中，是很重要的。」史提芬帶點嚴肅的說。

「在我們要繼續說下去以前，史提芬，」賈姬安靜地說。「我想要說一些話。」

他們把注意力全都集中在她身上，因為他們感覺到賈姬正處於躊躇不決的狀態，而且說話有些不知所措，她很少如此，似乎有什麼事。

「馬克和我對這件事談了很多，」她最後說。「我們不想要她搬離。」

一片沉默。最後珍妮絲設法說：「可是，她已經七歲了，賈姬。我不認為我們可以考慮長期的寄養照顧。」

「我知道。」賈姬回答。再次沉默。然後她微笑起來。

「賈姬！」愛麗森激動地大叫起來，那是史提芬以前沒有聽過的。「你們想要領養凱蒂！」

「是的，愛麗森，我們要。」

「噢，賈姬！」愛麗森站起來走到賈姬那裡擁抱她。史提芬和珍妮絲坐在位置上看著整個狀況，他們感到有點不太確定，這不是他們預期會出現的。

「我很高興你做出這決定，賈姬，」最後史提芬說話。「可是幾個月以前，你說過你不會領養她。是什麼讓你改變主意？」

「我不知道，史提芬，」賈姬慢慢地回答。「我有一些感覺，凱蒂和蓋比是不一樣的。我知道要讓蓋比離開我們很難，可是，我可以很確定他可以依附他的領養父母，而且可以過一個好的生活。在我內心深處，我卻對凱蒂有所懷疑。我不知道她是否可以把她跟我學的，轉移到另一個媽媽那裡。我不知道她是否可以了解，在我們一起經歷了那麼久之後，我沒有選擇留住她。我不知道，她是否可以從搬離的創傷中復原。我現在不想失去她，史提芬。」

「我聽到你剛才說的話，賈姬，」愛麗森安靜地說。「我知道這孩子對你來說有多大的意義，我也知道她現在是有真實的獲得，而如果在明年，她被告知在幾個星期後她會被領養，她會容易做到轉移。是的，那會是傷害，可是她可以依賴我們去解決那創傷，為她的失落悲傷，然後準備跟另一父母建立安全的依附關係。因為你，賈姬，她現在是有復原力的。她可以繼續前進，而你可以在她的生活中成為次要的角色。你不必要感到被困住，而認為你一定要領養她，賈姬。」

「我沒有被困住的感覺，愛麗森。馬克和我想要領養她，」賈姬帶著越來越堅定的口吻說。「如果我可以跟你一樣的確定，她會夠健康轉移到另一個家庭，我不知道我們會如何做。可是我沒有你那樣的信心，這是我認知的現實。可是，我們不是救世主，我們知道我們不必領養她。我們想要她、我們選擇她、我們愛她，她現在是我們家庭的一份子，而我們想要把她留在我們家。如果她繼續進步，我們會為她的未來慶祝。如果她停止進步，我們還是要她。她現在是我的一部分，我不知道該如何去表達。」

「我們很確定會給你優先權申請領養她，」珍妮絲說。「可是，我們今天不能給你答覆，因為我們有整個程序。這包括跟你全家成員面談，連凱蒂在內。」

「我知道的，珍妮絲，」賈姬說。「馬克和我已經討論過，我們也已經跟三個大孩子提過，他們很支持。我們還沒有跟凱蒂說過，可是我想要你現在知道，因為當你要這樣做的時候我想像這會影響你如何跟凱蒂說。」

「賈姬，」愛麗森說，似乎有點難啟齒。「我知道你愛她。可是再次的，我想要你想清楚這件事。準備她被其他人領養是較有效的選擇，你真的想要領養她，還是你覺得你必須要？」

賈姬說：「愛麗森，在很多方面，我愛你比自己姊妹還要多。沒有你的知識及支持，我永遠不可能養育凱蒂或是蓋比。我相信你的判斷多於我能說的。」她暫停，很難說出口。

「我現在要請求的是，請相信我，」賈姬雙眼含著淚水說。「我對凱蒂的愛，帶來對她的認識了解，無法放進任何類別裡。她是我的一部分，而我是她的一部分。想要領養她，或是必須領養她，是一種錯誤的分辨方式。我相信你的判斷，她在別家也可以做到。我也相信我的判斷，為了凱蒂和我這是必須的。我有選擇，但是我也別無選擇。她可以在其他地方做到，可是因為某種原因，她一定要跟我一起才做得到。我知道這是必須，也是正確的。我充滿了快樂和害怕、感恩和謙卑。這是唯一的方式。」

愛麗森看著這位母親，一如她過去幾年很常做的。只是現在，她對賈姬有新的認識，她了解到自己和賈姬一起工作的不同。賈姬對凱蒂的愛，帶領她對凱蒂的認識了解，還有跟凱蒂的依附關係，而愛麗森是在一距離上觀看著。當然愛麗森會相信她的判斷。她怎麼可以不這樣做？

「我一點都不懷疑，賈姬。你比我更了解凱蒂和你的家人，那是我無法做到的。」最後愛麗森說，當她們注意到彼此都帶著淚水時，她們互相微笑，就像在過去常發生的情形一樣。

「馬克和我想要問你一個問題，」賈姬對愛麗森說。「是跟蓋比有關的。當他發現我們領養凱蒂，而不是他的時候，這會造成他在領養家庭裡出現什麼困難嗎？」

「我不認為，因為他表現得很好，」愛麗森說。「他似乎對他的新父母有非常安全的依附關係，而且，我認為他目前只單純的感到離開你的家對他是最好的，他大概不會感到疑惑為什麼如此。如果他在領養家庭沒有表現好，我才會擔心凱蒂留在你們家對他的影響。」

史提芬在想，再下來他要說什麼。這會面很確定是在意想不到的方向下發展。最後他也微笑著離開他的椅子。「我也可以抱你嗎？」他帶著遲疑的口吻問。他不是很確定這是否會把他從凱蒂領養工作者中轉離，他會晚一點再來擔心。

評論

很多時候，沒有依附安全的孩子開始跟他們新的父母形成安全依附關係的過程中，有著重要進步的時候，他們也會覺察到「現在是不一樣的了」。很多時候讓人感到驚訝的是，他們對自己內在發生的改變，還有他們跟父母的關係，擁有相當程度的領悟。有好幾次，孩子把他們的想法寫下來，讓他們可以動人心弦的表達出他們對這世界的新觀點。

凱蒂正在發現什麼是其他一般孩子視為理所當然的事，那就是在親生父母給予的安全關係中得到養育。同時，她也發現如何使用字句表達她的感覺和想法。當她可以覺察到有愛、互惠樂趣、被安撫、分享快樂、有趣的調侃、衝突後修復關係，和安靜時間一起學習認識這世界是怎樣的，她常常會自發地談論這些新的現實狀況。那些字句很明顯是真誠的，這表示最艱苦的工作已經過去。凱蒂曾經跟賈姬有過多種複雜的互為主體經驗，使得源源不絕的互為主體經驗釋放出來，凌駕在她的能力上，可以去發現有關她自己、父母和這個世界。

賈姬決定要領養凱蒂，並沒有改變一個事實：很多孩子可以跟他們的寄養父母建立安全依附關係，然後很成功地轉移到領養家庭。這些孩子仍會哀悼他們失去的寄養安置，可是，他們表現出有能力去度過悲傷的階段，而且可以接受被其他家庭領養。未來的領養家庭，沒有理由阻止孩子學習在寄養家庭中所認識到的自己和身為父母的樣貌。這樣的耽擱是荒廢時間，而且當孩子年齡越大，學習去安全依附的困難就更大。還有，如果領養父母發現那嚴重的問題是與未解決的創傷及缺乏安全依附有關時，很多父母不會願意去帶一個這樣的孩子進入他們的家。

雖然這個故事沒有強調這一點，史提芬、賈姬和愛麗森最好在凱蒂開始被安置在賈姬家時，就讓凱蒂很清楚知道她不會永久在那裡。賈姬也偶爾要談到凱蒂有一天要搬離，可能與此同時蒐集一些物品，讓她在未來呈現給她的原生或是領養父母看。最好是告知寄養孩子，這只是暫時的家，而最後他或她會回父母家或是到領養家。即使寄養父母有打算領養孩子的情況之下，他們還是應該認知這是暫時的家。先告訴孩子這是暫時的家，之後發現這是永久的，要比先前認為這也許是永久的家，然後被告知這只是暫時的，來得容易。

第 18 章

害怕與喜樂

1995 年 7 月 14 日，當史提分把車子開進庭院時，凱蒂正與賈姬在花園裡除草。這一天他會跟凱蒂談論有關領養的事情。賈姬不能確定凱蒂將會有什麼反應。每天凱蒂對賈姬和馬克的安全感及表達依附上似乎越來越強烈。這次討論有關她的未來，是否會讓她倒退或是可以毫不困難地處理？

「史提芬來了，寶貝，」賈姬說。「你過去跟他打招呼，然後把他帶到廚房。我等一下就會來。你可以給他檸檬汁和餅乾，如果他要咖啡，當我進來時，我會來弄。」

凱蒂不需要獎勵，把除草工作提早結束。她迎接史提芬時，就像他是從學校裡來的最好的朋友。當賈姬進廚房時，凱蒂和史提芬兩人已經在享用他們的飲料。

不知如何，凱蒂發現史提芬有一個小女兒叫瑞貝卡，她現在是兩歲半。史提芬給凱蒂看瑞貝卡的照片，而她開心地拿給賈姬看。

「她很可愛吧！」凱蒂說。

「她的確是！」賈姬說。「她讓我想起在愛麗森的辦公室裡，看到你的照片。」

「我沒有那樣可愛！」凱蒂說。

「再說一次，寶貝，」賈姬微笑著。「我要在史提芬面前給你一個『媽媽的擁抱』。」

「不要！」凱蒂咯咯地笑。最後他們用完了他們的餅乾及檸檬汁。

「凱蒂，」史提芬說，「我今天過來這裡主要是跟你說話。」

這是很不尋常的，史提芬的語調嚴肅，很快就引起凱蒂高度警戒的狀態，她站起來往賈姬那裡移動。在過去，她不會在遇到害怕時，主動去找尋賈姬給予安撫。

「我可以抱著你，如果你要的話，寶貝。」賈姬說。她把眼前這緊張的孩子拉到自己的膝上。

「凱蒂，」史提芬繼續，「幾個月之前，法官說你不會再回去跟莎莉和麥克一起住。他說他們沒有學習到如何當一個更好的父母，而你不應該再等下去直到知道你是否能跟他們住。」

凱蒂注視著史提芬，一動也不動，所以他繼續說下去。「現在，我們知道你不會跟莎莉和麥克再住在一起。是決定你要成長在怎麼樣的家庭的時候了，也就是你的領養家庭。這裡是你的寄養家——『協助孩子』的家；而現在是你要在一個『永久成長』的家的時候。你需要像其他孩子一樣，有一個永久的家，而不再是寄養孩子，常常要擔心搬遷。」

「我想要留在這裡，我想要跟我媽媽賈姬和爸爸馬克在一起。」凱蒂一口氣說。

「我知道你想要，凱蒂。這是一個很棒的家，一個很好的寄養家。可是現在，我不能答應你可以留下來。首先，賈姬和馬克必須要申請領養你。他們正在做了！所以現在我會回來詢問他們和你及你的姊姊、哥哥們很多問題，這樣我可以真正多了解有關你的家人。我必須要在給你承諾賈姬和馬克可以領養你之前，先確定這裡是最適合你的。」史提芬語帶困難地說。

「我想要留在這裡！我不要去別的地方！」凱蒂大叫。她看起來很害怕的樣子，她轉向賈姬那裡。「告訴史提芬，媽。告訴他我可以留在這裡。」當賈姬表現出遲疑時，她更害怕。

「寶貝，我知道你想要，我很高興你想跟我們在一起。我們想要你留在這裡。馬克和我想要永遠成為你的父母，」當賈姬把她抱近自己身邊時，很安靜的說。「我們很愛你，而我們也問了史提芬，是否可以讓你跟我們在一起。」

「為什麼你不可以決定，媽？」凱蒂感到困惑地問。

「凱蒂，因為當你搬到這裡來的時候，史提芬問我們是否願意成為你的家庭來協助你，那時我們是你的『協助孩子』家庭。現在，你需要一個『永久成長』的家，而那是不一樣的。爹地和我會申請領養你，像他說的，在決定以前，史提芬必須知道給你的是一個最好的成長家庭，所以他要多了解我們的家庭。」

「你是，媽！對我來說，你們是最好的家！」凱蒂需要把這害怕結束掉。她需要一個承諾，她可以永遠留在這個家。

「凱蒂，」史提芬說，「賈姬和馬克的家是很棒的。我真的很高興，他們想要領養你。他們想要永遠成為你的父母。我想他們對你將會是很好的父母。可是，我現在不能答應他們能夠領養你。賈姬、馬克和我會努力來確定，這裡對你的永久成長是最好的一個家。」

「現在就告訴我！」凱蒂尖叫。

「我不能，凱蒂，」史提芬說。「我會盡快告訴你。」

「不要！」凱蒂爆發起來。她把自己從賈姬那裡脫開，衝出房間去。賈姬聽到她把房門用力關上。

賈姬看著史提芬。「她怕得要死。她好需要很確定的知道，她可以跟我們在一起。我知道你無法給我們不確定的承諾，可是麻煩你，盡快的跟我們和孩子們做你們需要的任何面談，好讓你快速做出決定。麻煩你了，史提芬。等待對她是很痛苦的。每天都會是極大的掙扎。」

「今天下午，我會跟珍妮絲說，」史提芬回答。「我會打電話給你，給你一個大概的想法，我們會用多久時間處理。」

「謝謝，」賈姬說。「我知道你會盡力去做。」

不久，史提芬離開，賈姬去找凱蒂。她敲她的房門，沒有回應，可是她聽到凱蒂在哭。她打開門，凱蒂在床上縮成一團，手上抱著一個大大的填充兔子，眼淚從眼睛滑到兔子那裡，再擴散出去。她在抽搐，眼睛凝視著角落。

賈姬靜靜地關上門走到床邊，她躺在凱蒂背後用手圍繞住她，然後把凱蒂拉近她的身旁。她在凱蒂耳邊，低聲地喊她的名字，然後她安靜下來。不久她的呼吸和凱蒂的呼吸同步。她感到凱蒂在她的手臂裡顫抖，眼淚持續地流，彷彿永不終止。賈姬的環抱觸動到她。

「媽，」凱蒂開始說話，而這時候賈姬在想，她不可能再聽到她的聲音，而唯一出現的只有那無盡的淚水。「為什麼……不……那麼容易？為什麼常常要那麼難，好難？為什麼，媽？為什麼我……永遠都不可能快樂？」

「噢，我的凱蒂。我知道對你來說你有多害怕，我知道你有多想得到你可以留下來的承諾。我也想要。我想史提芬知道，留下來對你是最好的。馬克和我會回答他所有的問題，他可以真正認識我們。我想他會同意我們，這裡是你需要留下來的地方。」

賈姬再次沉默，她繼續在床上慢慢地搖著凱蒂，並且緊緊的抱著她，然後她低語著：「你和我會一起害怕，寶貝。在等待史提芬做決定的這段時間，我會跟你一起害怕。」

凱蒂轉身面向賈姬，她抱著賈姬，那兔子夾在她們當中。然後她親吻了賈姬臉頰一下。「好的，媽媽。如果我們其中一個人在害怕的時候，我們就彼此握住手。」

❖ ❖ ❖

7 月 17 日史提芬打電話給賈姬，告知珍妮絲和凱瑟琳都認為需要趕快做出決定，允許他不用對賈姬的家庭做調查，這樣他們就可以盡速做出決定。通常領養社工要花時間認識孩子，可是因為史提芬早就熟識凱蒂，所以時間也可以省下。在對家庭的調查完成後，他們要審查賈姬和馬克的申請，並做出決定。生命故事，可以晚一點完成。

由於他們獲得寄養照顧執照時，就已經做過了家庭調查，實際的調查通常不會花很多時間。一般來說，一個流程要用好幾個月，也許他們只要幾個星期就可以完成。賈姬鬆了一口氣，也告訴史提芬她的感激。他們約好在那個星期五，史提芬與賈姬和馬克面談。他們已經完成大部分的申請文件，也安排好在 7 月 24 日要做體檢。假如可以如賈姬所願，他們將會創下用最短時間，獲得批准領養孩子的紀錄。當然，凱蒂已經跟她住了十三個月，賈姬認為這應該有其價值。

7 月 23 日，去完教會之後，凱蒂被告知，她要把衣服掛好，而且把床鋪也整理好，才可以和黛安一起到池塘去游泳。十分鐘之後，黛安和凱蒂穿上她們的泳衣，帶著她們的毛巾登上車子。賈姬感到驚訝的是，她們現在是多麼容易和睦相處。在冬天的那段時間，黛安常常在想，有這麼一個易怒和卑鄙的女孩子跟他們住，是需要多大的智慧。

賈姬發現凱蒂的鞋子在客廳，她決定幫凱蒂放好。她打開凱蒂的睡房門時，看到她去教會的衣服在地上，而且她的床鋪也沒有整理。凱蒂沒有完成她的工作就離開！她已經有好幾個月沒有出現這樣的情形了。賈姬有很多時間可以考慮如何做出反應。

兩個小時後，她們游泳回來，賈姬在廚房門口迎接她們。「坐下，凱蒂。你游得如何？」賈姬開始問。

「太棒了，媽。黛安說不用多久，我就可以不用穿上我的救生衣來游。」

「那真是太好了，寶貝，」賈姬回答。「可是我在想，為什麼你在離開前，沒有整理你的床鋪和掛好你的衣服？」

「我忘記了，媽。」凱蒂很快地說。

「可是我才告訴過你，凱蒂，」賈姬說。「所以我的猜想是，你真的很想很快離開，而不想要等待你的工作完成。」

「我是忘記！」凱蒂大叫。

「凱蒂，我想不是這樣。 明天，如果黛安去游泳時，我希望你留在家裡，在花園裡幫忙我。」賈姬說。

「那不公平！」凱蒂大叫。「我忘記了。我現在去整理我的床和把衣服弄好。」

「好的，凱蒂，」賈姬安靜地說。「我希望你現在就去做，可是明天你還是不可以去游泳。」

「你好壞！」凱蒂大叫著。

凱蒂把濕毛巾往地上一丟，就跑進她的房間。她把房門開著，開始踢她的衣服。賈姬緊緊的跟著她，看到她的憤怒。

「凱蒂，不要這樣對待你的衣服。」賈姬說。

凱蒂在賈姬面前打轉和踢她。然後，她尖叫著往窗戶那裡跑過去。賈姬在她用拳頭打到窗戶之前，把她抓住。她把凱蒂抓起來，帶到她的床上。她跟凱蒂坐在一起，把她抱在胸前，這時候凱蒂不停地尖叫著。

凱蒂掙扎了差不多五分鐘的時間，她終於開始沒有力氣。又過了十分鐘的時間，她才能夠靜下來。當凱蒂在掙扎時，賈姬安靜地跟她說話，接受她的生氣，告訴她，她是安全的，允許她按照自己的速度。凱蒂剛開始會對她吼叫，想要阻止她說話。漸漸的她開始安靜下來，而賈姬不知道她在想什麼和有怎麼樣的感覺。

最後凱蒂安靜地說：「你不會再想要我，我又再傷害你。我不會停止傷害你，所以你是不會想要我的！」

「噢，凱蒂，如果你這樣想，那對你來說一定很難受。我真的還是想要你，我永遠不會停止想要你。你只是對我生氣所以踢我。我不喜歡被打。你知道的，你不再像以前那麼常傷害我。你認為那小小的一踢，就會讓我停止愛你嗎？噢，寶貝，我對你的愛不是那樣子的。」

「為什麼，媽？」凱蒂問。「為什麼你還是愛我？」

「因為，凱蒂，」賈姬回答。「因為你是我的孩子。就是因為這樣。不是因為你做，或說，或感覺，或想什麼，可以阻止我愛你。我是你媽媽，寶貝，就只是這樣子。我愛你的所有部分：你的快樂、你的生氣、你的悲傷、你的可愛、你的所有部分。」

凱蒂嘆氣，她更能在賈姬的手臂裡放鬆下來。賈姬繼續慢慢地搖著她，而且對她哼唱，五分鐘之後凱蒂睡著了。賈姬眼中充滿了淚水，她再次感到驚訝，凱蒂是如何常常觸動她，使她哭泣。她現在的哭，單純是因為這小孩在她的手上睡著了。

賈姬靜靜地把凱蒂放在床上，幫她蓋上被子，然後慢慢的躡手躡腳離開房間。在一個小時之後她去查看凱蒂，她在書桌上畫圖。她的床已經整理好，而她的衣服也撿起來了。

「你在做什麼，孩子？」賈姬問。

「我在畫黛安和我游泳的時候。她用手抓住我的腳，然後準備要丟我。」

「太棒了。」

「晚餐吃什麼，媽？」

「青椒和鬆餅，還有我們花園裡的菜做成的沙拉，你要幫忙我去採。」

「太好了。」

賈姬離開。如果他們要準時開飯，鬆餅必須要現在開始做。然後她和凱蒂走到花園去。

賈姬的日記

1995年7月24日

今天我跟凱蒂談論有關下星期她生日的事情，我說她可以在當天下午邀請四個朋友來。黛安和我會帶他們去游泳，我們會回來吃她點選的晚餐，然後我們會有蛋糕和冰淇淋，還有打開她的禮物。我告訴她，第二天家人會為她開派對。她既感到狂喜也覺得害怕，她想要一再從我那裡確認，她真的可以處理那麼大量的刺激。

1995年7月25日

凱蒂打電話給她的朋友。珊蒂在暑假時會不在，可是艾瑞卡、艾蜜莉和艾莉絲都可以來！凱蒂不敢相信。她一定要告訴我，她喜歡每一個人的哪些地方。根據她的說法，她們三個都是緬因州裡最棒的孩子。不，是全國。我說那天我們將會有全國最棒的四個孩子在這裡。她要求我把整個流程跟她走一遍，她似乎需要每天裡的每一分鐘都要安排好。不久，我要出去買東西，她跟黛安留在家。當我離開時，她們正在做一些什麼。整個晚餐時間，兩人都有好多的表情和咯咯笑的情形。

1995年7月27日

馬克帶凱蒂和黛安出去露營兩天。凱蒂顯得很忙亂！她會到處跑，幫忙他們收拾，和問很多問題。然後她會跑回來我這裡，每次都找一個新理由要我跟他們去。他們會在麋頭湖（Moosehead Lake）露營，而凱蒂再次跟我確定他們不會把帳篷搭靠近湖水。她和黛安還是有很多時候在說悄悄話。最後她們離開時，凱蒂給我一個特別久的擁抱，然後抓住黛安的手，頭也不回的離去。啊！她已經決定要突破困難去完成她的計畫。

1995年7月29日

下午兩點，我聽到車子開到車道，凱蒂在按喇叭。她跳出車子，差一點把我撞倒。她講了好多話！我知道他們每一個歷險，他們看到麋鹿和熊，他們租了一艘小船，而且在湖裡的一個小島上吃中餐。他們的熱狗很好吃，可是他們的汽水溫溫的。第一個晚上，凱蒂聽到聲音，她把黛安弄醒。那無濟於事，所以她們一起把馬克叫醒。她們那勇敢的領隊，用手電筒照到帳篷外，他發現了臭鼬家族在垃圾堆裡，是三位看門的人沒有把垃圾放好。那天晚上他們都沒辦法好好的睡。

1995年7月30日

教會禮拜結束，吃過午餐之後，凱蒂和黛安請我們家中其他成員到外面去。凱蒂要我和馬克坐在走廊上，然後她跑到車道上。她去年生日的跳繩出現了，當她和黛安喊出節奏時，凱蒂跳起來。在開始的時候，她有好幾次沒有跟到拍子。她是很認真的。之後她有好長一段時間沒有失誤，她興奮起來跑到走廊上，給我和馬克一個擁抱。她堅持我也要跳，當我有好幾次都失誤時，她咯咯地笑，然後她給我建議和支持，就像是黛安曾經如此對待過她。當我做到時，她拍手，為我感到驕傲。

1995年8月1日

現在治療過程比較普通，我們討論的都是這星期發生的事。事實上這樣的討論，也通常會出現很多的笑聲和逗弄。愛麗森常常小題大作說，我們是一個很棒也很瘋狂的家庭。當我們談到凱蒂做錯的事時，她只是出現了一點緊張或甚至沒有壓力。如果她對自己因能力所限做不到的事感到沮喪，她會很快的告訴愛麗森，那是什麼以及她是如何處理。今天凱蒂直接問愛麗森，她是否可以告訴史提芬她已經在一個適合她的家庭，不應該讓她搬到另外一個家去。愛麗森表示，她已經告知史提芬，而事實上，她也寫信做了那樣的推薦。凱蒂要求要看那封信，愛麗森給她看。凱蒂在愛麗森協助她認一些較困難的字之下，把信讀給我聽。那封信似乎也給了凱蒂信心，離開治療室時，她牽著我的手就像是現在每一件事都在她的控制之下。

1995年8月4日

這天終於來臨。凱蒂八歲了。這是我們家的習俗，我在她睡覺的時候，把一份小小的禮物放在她的枕頭下。她醒來時，發現了一個新的裝備，那是給她最愛的娃娃。她很驚訝也很高興，去年她沒有這樣的驚喜。當她的朋友來的時候，她馬上把它穿到了娃娃身上給她們看。艾瑞卡、艾蜜莉和艾莉絲，黛安叫她們三艾，好一個小組。她們四人整個下午都歡笑著，一起游泳、聊天、奔跑。感謝老天，還好黛安夠年輕可以趕得上她們。這天有幾次凱蒂會跑到我這裡來，給我一個快速的擁抱，然後又跑回她的朋友那裡。當我送她上床的時候，她給我一個緊緊的擁抱，我差點不能呼吸。當她抱著娃娃入睡時，她低聲的說：「謝謝，媽媽。」這是段漫長的一年，事實上是十四個月的時間。

1995 年 8 月 18 日，史提芬順道要告知凱蒂好消息。他正要去拜訪賈姬，同時也會告訴她，可是她不知道這消息，所以當他打電話告訴賈姬時，他說要安排時間和凱蒂會面。賈姬沒有告訴凱蒂史提芬會到午餐之後才來，大概距離他來的時間有一個小時之久。凱蒂用了一個小時打掃房子，賈姬感到凱蒂每天越來越像她！

當史提芬來的時候，凱蒂準備了牛奶和餅乾在等他。這是她的主意，而且她甚至對這做法開玩笑，說她一滴也不會弄倒。馬克也被要求來招待，凱蒂看到父親臉上有著那不知什麼時候該逗弄，什麼時候不該的不安神情，她也給了爸爸一些牛奶和餅乾。

在凱蒂的無盡等待之後，史提芬說：「凱蒂，就像你知道的，我已經跟你全部家人談過，甚至你媽媽和爸爸的一些朋友，有關你和你的家。回到辦公室之後，我們全體都在討論你的家人和我們的決定……這就是最適合你的家。我們想要你被賈姬和馬克領養。」

凱蒂尖叫著從椅子上站起來，抱著賈姬。她往後仰，看著賈姬，尖叫著，然後再次抱住她。一分一秒的過去，馬克和史提芬在那裡安靜地坐著。最後凱蒂往後仰，注視著賈姬。

「你是我的媽媽，永永遠遠。」

然後她抱著馬克說：「我愛你，爸爸。你是我的爸爸，也是永永遠遠的。」

凱蒂轉過去抱史提芬，然後她走開。他們聽到她跑到樓上去找黛安、麥修和約翰。三人當中，她找到兩位。賈姬、馬克和史提芬聽到他們在歡呼的聲音。凱蒂跑到樓下，呼喚溫西。那老狗找到了一些失去的精力，他們在客廳的地上滾起來。凱蒂再走回廚房，溫西緊跟在她後面。他們往外跑出去，而那些大人在後跟隨。凱蒂跳跳走走的，抓起她的腳踏車，往車道溜下去。溫西叫著，當牠在她旁邊奔跑時，牠甚至似乎要跳起來。靠近馬路時，她用力踩剎車，回轉，然後很快速的衝回房子。

她把腳踏車放在車旁，穿越花園，坐到鞦韆架上盪起來。然後急奔進原野去，她和溫西很快的失去他們的體力，他們回到房子裡。可是，她還沒有要結束，她回去弄了一條繩子，朝向楓樹下的鞦韆。她推動那鞦韆好幾次，直到它可以自己搖擺不會停下來時，她歡呼起來。她站著喘氣，並找尋一些也許她忘記了的什麼。她突然轉身，走了三大步，然後抱住那棵樹。溫西在樹的周遭跑了好幾圈，然後坐在她身邊。

賈姬、馬克和史提芬站在走廊上，一動也不動，靜靜的。

最後，賈姬敬畏的說：「她在宣告，這是她的家。」

「她是！」馬克說：「她現在真的在家了。」

「而她也在跟自己宣告。」

「是的。」

「我們那瘋狂、可愛和奇妙的女兒，」賈姬把她的手圍住馬克時，她說。「凱蒂・凱勒，我們的女兒。她會哭和笑……和為花園除草……和游泳及跳繩，你知道的，最基本的事情。」

「噢，她也會抱著樹。」

賈姬停下來，微笑著。

「在緬因州的維蘇保羅，這裡有著陽光。」

結語 EPILOGUE

2016 年 8 月 4 日：凱蒂二十九歲，她和丈夫彼得，以及他們的孩子，四歲的瑪姬，和兩歲的艾瑞克，在維蘇保羅度假的同時，慶祝她的生日。麥修和他的太太及兒子會從波特蘭過來，他在那裡當消防員。還有住在瓦特維爾不遠的約翰，他在那裡教高中科學，他的伴侶黛博拉也在那裡。可是住在哈特福德的戴安，在那裡當醫生，無法前來。

凱蒂現在是一個忙碌的科學家，一個海洋學家，在麻薩諸塞州鱈魚角的伍茲霍爾海洋研究所工作。她是一位充滿熱情的環保主義者，並且參與了一些研究，幫助全世界更深入了解全球暖化的影響，並提出一些小點子，以幫助海洋在溫度升高的世界中維持健康。彼得是一位非常稱職的父親，他對孩子們的主動關注，使得凱蒂能夠定期出海參與研究。因為孩子的年齡較小，她限制一次旅行只去幾天。

凱蒂總是很高興能回家與賈姬和馬克在一起。他們對她和她的家人的愛及關心仍然給她帶來了她二十一年前在家裡第一次發現的舒適和快樂的經歷。她很喜歡看到賈姬和馬克見到瑪姬和艾瑞克的那一刻，顯得多麼高興。而且告訴他們日常生活的故事，知道賈姬和馬克是如此的感興趣，真是太有趣了。每當她來訪時，她總是找機會與賈姬一起散步，通常會穿過白樺樹的小路，這是她在小時候，她們最喜歡走的路。她喜歡和賈姬在一起。她的出現給凱蒂帶來一種深切的安全感。她感受到被愛、被聽見和被理解，那是她無法形容出來的。每當她和孩子們在一起出現掙扎，對自己

的憤怒感到羞愧和擔心時，她就會打電話給賈姬，讓自己再次找回平靜、堅強和自信。賈姬在很多方面為凱蒂感到驕傲，也對她現在成為一位母親同樣感到驕傲。這讓凱蒂更能體驗到自己是個好母親。

凱蒂和賈姬帶著瑪姬到楓樹上的鞦韆，在黛安四歲的時候，馬克把它裝上去，一直都還可以使用。凱蒂一邊和賈姬聊天，一邊推著瑪姬。這時候的陽光正燦爛地照射著。當她們結束後，瑪姬拉著賈姬的手，開始走回家去。凱蒂停了一會兒，走到楓樹旁。她再次擁抱住她的樹，然後趕緊趕上她的母親和女兒。

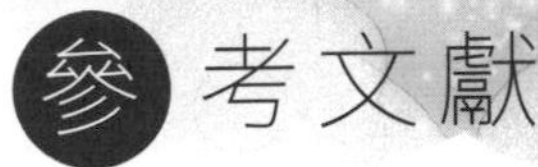

參考文獻 REFERENCES

Baylin, J., & Hughes, D. (2016). *The neurobiology of attachment focused therapy*. New York: W. W. Norton.

Cassidy, J., & Shaver, P. R. (Eds.). (2016). *Handbook of attachment* (3rd ed.). New York: Guilford.

Cicchetti, D. (1989). How research on child maltreatment has informed the study of child development: Perspectives from developmental psychopathology. In D. Cicchetti & V. Carlson (Eds.), *Child maltreatment* (pp. 377-431). New York: Cambridge University.

Cook, A., Spinazzola, J., Ford, J., Lanktree, C., Blaustein, M., Cloitre, M., . . . van der Kolk, B. (2005, May). Complex trauma in children and adolescents. *Psychiatric Annals, 35*(5), 390-398.

Dozier, M., Chase Stovall, K., Albus, E., & Bates, B. (2001). Attachment for infants in foster care: The role of caregiver state of mind. *Child Development, 72*, 1467-1477.

Egeland, B., & Erickson, M. F. (1987). Psychologically unavailable caregiving. In M. R. Brassard, R. Germain, & S. N. Hart (Eds.), *Psychological maltreatment of children and youth* (pp. 110-120). New York: Pergamon.

Feiring, C., Taska, L., & Lewis, M. (2002). Adjustment following sexual abuse discovery: The role of shame and attributional style. *Developmental Psychology, 38*, 79-92.

Golding, K. (2013). *Nurturing attachments training resource: Running parent groups for adoptive parents, foster or kinship careers*. London: Jessica Kingsley.

Golding, K., & Hughes, D. (2012). *Creating loving attachments*. London: Jessica Kingsley.

Greenspan, S. I., & Lieberman, A. F. (1988). A clinical approach to attachment. In J. Belsky & J. T. Nezworski (Eds.), *Clinical implications of attachment* (pp. 387-424). Hillsdale, NJ: Lawrence Erlbaum.

Hughes, D. (2004). An attachment-based treatment of maltreated children and young people. *Attachment and Human Development, 6*, 263-278.

———. (2006). *Building the bonds of attachment* (2nd ed.). New York: W. W. Norton.

———. (2007). *Attachment-focused family therapy*. New York: W. W. Norton.

———. (2009). *Attachment-focused parenting*. New York: W. W. Norton.

———. (2011). *Attachment-focused family therapy workbook*. New York: W. W. Norton.

———. (2014). Dyadic developmental psychotherapy: Toward a comprehensive, trauma-informed treatment for developmental trauma disorder. *The British Psychological Society, Child & Family Clinical Psychology Review, 2*, 13-18.

Hughes, D., & Baylin, J. (2012). *Brain-based parenting: The neuroscience of caregiving for healthy attachment*. New York: W. W. Norton.

Hughes, D., Golding, K., & Hudson, J. (2015). Dyadic developmental psychotherapy (DDP): The development of the theory, practice, and research base. *Adoption & Fostering, 39*, 356-365.

Kaufman, G. (1996). *The psychology of shame* (2nd ed.). New York: Springer.

Lyons-Ruth, K., & Jacobvitz, D. (2016). Attachment disorganization from infancy to adulthood: Neurobiological correlates, parenting contexts, and pathways to disorder. In J. Cassidy & P. Shaver (Eds.), *Handbook of attachment* (3rd ed.). (pp. 667-695). New York: Guilford.

Pears, K. C., & Fisher, P. A. (2005). Emotion understanding and theory of mind among maltreated children in foster care: Evidence of deficits. *Development and Psychopa- thology, 17*, 47-65.

Porges, S. (2011). *The polyvagal theory*. New York: W. W. Norton.

Schore, A. N. (1994). *Affect regulation and the origin of the self.* Hillsdale, NJ: Lawrence Erlbaum.

———. (2001). Effects of a secure attachment on right brain development, affect regulation, and infant mental health. *Infant Mental Health Journal, 22*, 7-67.

Schore, J. R., & Schore, A. N. (2008). Modern attachment theory: The central role of affect regulation in development and treatment. *Clinical Social Work Journal, 36*, 9-20.

Siegel, D. J. (2001). Toward an interpersonal neurobiology of the developing mind: Attachment relationships, "mindsight," and neural integration. *Infant Mental Health Journal, 22*, 67-94.

———. (2012). *The developing mind* (2nd ed.). New York: Guilford.

Sroufe, L. A., Egeland, B., Carlson, E., & Collins, W. A. (2005). *The development of the person*. New York: Guilford.

Steele, M., Hodge, J., Kaniuk, J., Hillman, S., & Henderson, K. (2003). Attachment representations and adoption: Associations between maternal states of mind and emotion narratives in previously maltreated children. *Journal of Child Psychotherapy, 29*, 187-205.

Stern, D. N. (1985). *The interpersonal world of the infant*. New York: Basic Books.

Tangney, J., & Dearing, R. (2002). *Shame and guilt.* New York: Guilford.

Trevarthen, C. (2001). Intrinsic motivation for companionship in understanding: The origin, development, and significance for infant mental health. *Infant Mental Health Journal, 22*, 95-131.

Trevarthen, C., & Aitken, K. J. (2001). Infant intersubjectivity: Research, theory, and clinical applications. *Journal of Child Psychology and Psychiatry, 42*, 3-48.

國家圖書館出版品預行編目（CIP）資料

依附關係的修復：喚醒嚴重創傷兒童的愛／Daniel A.
Hughes著；黃素娟譯. -- 二版. -- 新北市：心理，2019.11
面；　公分. --（心理治療系列；22169）
譯自：Building the bonds of attachment: awakening love
in deeply traumatized children
ISBN 978-986-191-888-4（平裝）

1.兒童保護　2.依附行為　3.受虐兒童　4.養子女
5.寄養家庭

548.13　　　　108017366

心理治療系列 22169

依附關係的修復：喚醒嚴重創傷兒童的愛（第二版）

作　　者：Daniel A. Hughes
校 閱 者：鄭玉英
譯　　者：黃素娟
執行編輯：林汝穎
總 編 輯：林敬堯
發 行 人：洪有義
出 版 者：心理出版社股份有限公司
地　　址：231 新北市新店區光明街 288 號 7 樓
電　　話：(02) 29150566
傳　　真：(02) 29152928
郵撥帳號：19293172 心理出版社股份有限公司
網　　址：http://www.psy.com.tw
電子信箱：psychoco@ms15.hinet.net
駐美代表：Lisa Wu（lisawu99@optonline.net）
排 版 者：菩薩蠻數位文化有限公司
印 刷 者：辰皓國際出版製作有限公司
初版一刷：2007 年 11 月
二版一刷：2019 年 11 月
I S B N：978-986-191-888-4
定　　價：新台幣 420 元